과학혁명

과학혁명
Scientific Revolutions

고인석, 여영서, 이영의, 이충형, 전영삼, 천현득 지음

서광사

과학혁명

고인석, 여영서, 이영의, 이충형, 전영삼, 천현득 지음

펴낸이 | 이숙
펴낸곳 | 도서출판 서광사
출판등록일 | 1977. 6. 30.
출판등록번호 | 제 406-2006-000010호

(10881) 경기도 파주시 회동길 77-12 (문발동)
대표전화 (031) 955-4331   팩시밀리 (031) 955-4336
E-mail: phil6060@naver.com
http://www.seokwangsa.co.kr | http://www.seokwangsa.kr

제1판 제1쇄 펴낸날 — 2024년 11월 30일

ISBN 978-89-306-2386-5   93160

과학철학은 "과학이란 무엇인가?"라는 질문에 답하고자 한다. 그 질문
은 과학의 본질을 묻고 있는데, 그 질문을 다루는 방식은 과학철학자마
다 다르다. 과학과 과학이 아닌 것의 구분 기준을 묻기도 하고, 과학적
지식의 특징이나 과학 이론의 특징을 묻기도 한다. 과학을 성공으로 이
끈 원동력이 무엇인지에 관심을 두면서 과학적 방법이 무엇인지를 탐
구하기도 하고, 증거와 가설 사이의 입증 관계를 분석하기도 한다.

　과학철학자로 유명하지만 물리학 박사이고 과학사학자이기도 한 토
머스 쿤은 "과학이 어떻게 변화해 왔는가?"를 물어 "과학이란 무엇인
가?"에 답한다. 쿤은 후자의 질문을 다루는 『과학혁명의 구조』(1962)
를 집필하기에 앞서 과학사의 가장 큰 사건 중 하나인 천문학의 혁명에
주목했다. 지구중심설과 태양중심설을 두고 과학자들이 어떻게 충돌했
는지를 상세하게 분석하고 기술한 『코페르니쿠스 혁명』(1957)을 먼저
출판했던 것이다.

　쿤 이전 시대의 과학철학자들 중에도 물리학자, 수학자, 경제학자 등
이 있었고 아인슈타인으로부터 자신의 상대성 이론을 어느 누구보다도

제대로 해설했다고 인정받은 과학철학자도 있었다. 과학에 대한 중요한 통찰을 많이 남겼지만, 그 과학철학자들은 과학이 무엇인지를 밝히기 위해 과학의 실제 변화 과정을 자세하게 들여다볼 생각을 하지 못했다. 쿤은 그것을 과학의 역사에서 찾아본 것이다. 덕분에 쿤은 과학의 변화에 대한 철학적 입장을 패러다임, 정상과학, 과학혁명 등의 개념으로 설득력 있게 전개할 수 있었다. 과학의 실제 변화 과정에 주목하는 과학철학은 쿤의 『과학혁명의 구조』 이후 새로운 흐름이 됐다.

과학의 역사에 주목했지만 쿤은 과학철학자이다. 쿤은 자신이 미국 철학회 회원은 아니지만 미국사학회 회원이라면서 자신을 과학사학자로 규정하기도 했다. 하지만 과학이 어떻게 변해 왔는지를 파악할 때 과학이 무엇인지를 더 잘 알 수 있다는 입장을 내세운 쿤은 과학철학자이다. 또, 죽을 때까지 자신의 공약불가능성 논제를 발전시키는 작업을 했던 쿤은 과학철학자이다. 무엇보다 『과학혁명의 구조』로 유명해진 쿤은 과학철학자이고, 쿤을 유명하게 만든 책, 『과학혁명의 구조』는 과학철학 책이다.

『과학혁명의 구조』를 소개하는 강연과 책이 많다. 국내 과학철학자의 전문서도 최근 몇 권이 출판됐다. (그중 한 명이 우리 저자 중 한 명인 천현득 교수이다.) 그럼에도 불구하고 저자들은 이 책을 쓸 이유가 있다고 판단했다. 단순히 쿤의 『과학혁명의 구조』를 어떻게 읽어야 할지 조언하는 해제를 써야겠다고 판단한 것이 아니다. 과학의 변화에 주목할 때 과학이란 무엇인가라는 질문에 어떤 더 좋은 답을 제시할 수 있을까? 쿤이 던진 과학철학의 문제들이 무엇이고, 그 문제들을 지금 이 시점에 다시 생각해 볼 이유는 무엇일까? 그런 질문에 답하면서 과학의 본질에 대해 무엇을 배울 수 있는지, 나아가 과학의 변화에 관한 현대 과학철학자들의 고민거리가 무엇인지를 쉽고 명확하게 소개하는 것이 이 책의 목표이다.

이 책은 『입증』(2018), 『인과』(2020), 『설명』(2022)에 이은 네 번째 공동연구의 결과이다. 입증, 인과, 설명 등에 대한 이론적 탐구를 기반으로 하더라도 현대 과학철학은 결국 과학사와 맞춰가는 과정을 거치지 않을 수 없다. 그렇다면 과학의 변화에 주목하며 과학이란 무엇인가라는 질문에 답하고자 하는 쿤과 쿤의 작업을, 현대적인 시각에서 재평가하고자 하는 우리의 작업 결과, 『과학혁명』은 현대 과학철학을 흥미롭게 공부할 수 있는 나침반이 될 것이다.

한국의 대표적인 과학철학자들과 함께 한 이번 공동 작업은 2023년 1월의 첫 기획 회의부터 흥미로운 토론으로 가득했다. 4차례의 기획 회의 후, 과학사의 사례를 적절하게 소개하면서 쿤이 『과학혁명의 구조』에서 제기한 질문들을 다시 검토하기로 결정한 뒤, 1장은 고인석이 『과학혁명의 구조』를 다시 살펴볼 필요성에 관해, 2장은 이충형이 정상과학 시기의 특징에 관해, 3장은 전영삼이 위기 시기의 특징에 관해, 4장은 여영서가 과학혁명 시기의 특징에 관해, 5장은 이영의가 패러다임 간의 공약불가능성에 관해, 마지막으로 6장은 천현득이 『과학혁명의 구조』 이후에 쿤의 사상이 어떻게 수용되고 발전됐는지에 관해 쓰기로 했다.

저자들은 2023년 8월부터 3차례에 걸친 초고 검토 회의와 2024년 1월의 전체 원고 검토 회의를 통해 개별적으로 입장을 조정했고 원고를 가다듬었다. 2024년 3월 회의에는 최원배, 박일호, 김동현, 정재민, 최승락 선생님께 검토 의견을 받았고, 편집자 역할을 맡은 여영서의 수정 제안까지 반영하여 2024년 4월에 최종 원고를 서광사에 넘겼다. 온라인 회의를 했음에도 모두가 모일 수 있는 회의 시간을 잡기가 어려워 토요일 저녁 8시에 모인 적이 많았는데, 그럼에도 매번 3시간씩 열정적으로 토론하며 모두 더 좋은 책을 만들기 위해 노력했다. 이런 노력이 책 곳곳에서 보일 것이라고 기대한다.

 꼼꼼하게 전체 원고를 읽고 검토해 준 최원배, 박일호, 김동현, 정재민, 최승락 선생님께 다시 한번 감사드린다. 퇴고 과정에서 『과학혁명의 구조』의 원서 쪽수를 일일이 확인하고 추가해 준 서울대 박사과정 강규태 선생도 감사하다. 마지막으로 이 책에 실린, 쿤의 『과학혁명의 구조』의 인용 부분은 국내 번역본 『과학혁명의 구조』(까치글방, 2013)의 번역을 그대로 따랐음을 밝힌다. 이 책을 마무리하는 데에 이런 저런 어려움이 많았고 특히 저자들의 수고도 컸었다. 그런 어려움을 같이 겪으며 우리의 책을 출판해 준 서광사에 감사의 말씀을 전한다.

2024년 10월

여영서

차례

일러두기

『과학혁명의 구조』(1962)는 『구조』로 약칭한다. 『구조』에서의 인용문은 국내 번역판 『과학혁명의 구조』(까치, 2013)의 번역문을 그대로 따랐으며, 인용 쪽수 표기는 독자들의 연구에 도움이 되고자 『과학혁명의 구조』(까치, 2013)의 쪽수와 SSR로 표기한 *The Structure of Scientific Revolutions* (University of Chicago Press: 4th edition, 2012)의 쪽수를 함께 표기한다.

1

과학의 역사에서 읽는 과학

1.1 쿤은 왜 『과학혁명의 구조』를 저술했나?

왜 『과학혁명의 구조』를 살피는가?

이 책에서 우리는 토머스 쿤Thomas Samuel Kuhn(1922-1996)이 제시한 과학혁명의 개념을 살펴볼 것이다. 그것은 과학의 변화를 이해하는 데 적용되는 개념인 동시에 과학의 속성에 관한 통찰들을 담고 있는 개념이다. 그리고 이 일은 일차적으로 쿤의 저서 『과학혁명의 구조』The Structure of Scientific Revolutions(이하 『구조』로 약칭)를 검토하는 방식으로 진행될 것이다.

이제 이 일을 시작하기에 앞서 우리가 지금 왜 쿤의 견해를 살피려고 하는지 말해 보자. 이 책에서 중심 자료로 다뤄질 『구조』는 발간된 지 60년이 넘었고, 쿤도 이미 흘러간 20세기의 인물인데 말이다. 물론 독서의 의미는 그것을 시작할 때 분명하지 않더라도 나중에 비로소 생생해질 수 있다. 그러나, 경험에 비추어 볼 때, 자신이 읽는 대상에 관하여 어떤 예견이나 생각의 방향성을 가지고 출발할 때 더 생산적인 독서가 된다.

"워낙 유명한 책이니까"나 "현대의 고전이니까"는 모두 일리가 있지만 아쉬운 대답이다. 실제로 『구조』는 현대의 고전이라고 불리기에 손색이 없는 책이다. 또 그것은 가장 많은 수의 각급 학교에서 권장 도서 목록에 등재된 책 가운데 하나다. 이것은 아마도 쿤의 저 책에서 우리가 여전히 배울 것이 있고, 또 그런 배움이 오늘의 우리에게 어떤 의미에선가 요긴한 배움이기 때문일 것이다. 그렇다면 우리는 저 책에서 무엇을 배울 수 있을까? 또 그것은 어떤 요긴한 배움일까?

이 책의 저자들은 『구조』의 내용을 풀어 설명하며 소개하고, 그것에 질문을 던지고, 그것에 제기된 비판을 비판자와 쿤의 관점을 오가며 검토할 것이다. 그리고 독자는 이런 과정에 간접으로 참여하면서 쿤의 저술에 나타난 생각의 일부에 공감하며 배우고, 또 어떤 곳에서는 과학에 대한 쿤의 생각에서 못마땅하거나 미심쩍은 점을 발견하게 되는지도 모른다. 중요한 것은, 그런 과정을 통해 독자가 과학을 바라보는 요긴한 시각들과 과학의 변화를 읽는 힘을 얻게 되리라는 점이다. 그리고 그것은 강력한 지적 소득이다.

쿤이 『구조』를 저술한 목적

책은 어느 것이든 특정한 속성과 분량의 정보를 담아 나르고, 독자는 거기서 얻은 정보로 자신의 앎과 정서와 태도를 정제(整齊)한다. 소설 같은 문학작품의 경우, 독서가 주는 효과가 글쓴이의 생각이나 그가 독자들에게서 기대했던 감상과 일치해야 하는 것은 아닐 것이다. 그러나 쿤의 『구조』처럼 학문적인 견해를 제시하려고 쓴 책이라면, 먼저 그것이 어떤 주장을 담고 있는지 파악할 필요가 있다. 그것이 그런 책을 통해 저자와 대화를 나누는 방식이고, 그 책에 투여된 저자의 오랜 지적 훈련과 준비, 숙고와 정련의 결실을 최대한 자신의 것으로 만드는 길이다. 저자의 주장에 찬성하거나 반대하는 일은 그 뒤에야 비로소 가능해진다.

이런 소득의 실현을 위해 먼저 관심을 기울여 살펴보아야 할 사항은 저자가 그 책을 왜 썼는가이다. 쿤은 왜 『구조』를 썼나? 『구조』의 저자는 그 책의 본문 첫 문단에서 저술의 목표를 분명히 밝힌다. 그것은 과학자들의 연구 활동을 담은 역사의 기록으로부터 생성될 수 있는 과학의 새로운 개념을 그려 내는 일이다.

"만일 역사가 일화나 연대기 이상의 것들로 채워진 보고(寶庫)라고 간주된다면, 역사는 우리가 지금 흘려 있는 과학의 이미지에 대해서 결정적인 변형을 일으킬 수 있을 것이다. [...] 이 글이 겨냥하는 것은 연구 활동 자체의 역사적인 기록으로부터 드러날 수 있는 전혀 새로운 과학의 개념을 그리는 것이다."[1]

쿤은 여기서 저술의 목표와 기본 전략을 함께 표명하고 있다. 『구조』의 목표는 과학의 새로운 개념을 제시하는 것이고, 그것에 도달하기 위한 전략은 과학의 역사를 고찰하는 것이다.

그는 우리가 "지금"—즉, 그가 이 책을 저술하던 시점에—특정한 과학의 이미지에 사로잡혀 있다고 하면서 이 책을 통해 그런 이미지를 갱신하겠노라고 예고하는데, 과학의 이미지를 갱신한다는 것은 무슨

[1]   토머스 쿤, 『과학혁명의 구조』, 김명자, 홍성욱 옮김, 까치글방, 2013, 61쪽. (SSR p. 1.)

말이고, 과학의 역사를 토대 삼아 그렇게 하겠다는 것은 또 무슨 말인가? 언급한 『구조』 첫 문단에서 저자가 언급하는 결정적인 변형이나 과학의 새로운 개념이 하나같이 당시 시점에 저자의 눈에 비친 과학의 이미지가 적절하지 않았다는 부정적 평가를 드러낸다는 점을 눈여겨보자.

쿤의 이러한 저술 의도를 이해하기 위해서는 이제 두 가지가 필요해 보인다. 하나는 저자 쿤이 비판과 극복의 대상으로 삼은 '기존의 과학 개념'이 어떤 것인지 살펴보는 일이고, 다른 하나는 과학의 역사, 특히 그가 근거로 삼으려 하는 '연구 활동을 담은 역사적 기록'이 어떤 것인지 짚어 보는 일이다.

먼저, 독자가 불필요한 고민을 하지 않도록, 앞에 언급된 '과학의 개념'과 '과학의 이미지'가 『구조』 첫머리의 맥락에서 각기 다른 것을 의미하는 표현으로 읽을 이유가 없음을 밝혀 둔다. 그것은 둘 다 "과학은 도대체 어떤 것인가?"라는 물음에 대한 답을 가리킨다. 그 답은 "과학은 이러이러한 것입니다"라는 형식으로 주어질 것이다. 그러나 "과학은 어떤 것인가?"라는 물음은 여전히 불분명하고, "과학은 이러이러한 것이다"라는 대답 역시 온갖 종류의 답들을 떠올리게 한다.

그러나 이런 종류의 불명료성은 당분간 용인하도록 하자. 그것은 "○○○은 어떤 사람인가?"라는 물음이 다양한 시선을 끌어들이는 것과 마찬가지다. 예컨대 "그는 경기도 하남시 소재 기업 △△△에 근무하는 14년차 중견 직원으로 해외 협력사 관련 업무를 총괄 담당하고 있다"는 대답과 "그는 혼자 두 아이 ○○과 ○○를 키우며 두 딸이 자립적인 인격체로 성장하도록 돕는 일을 최우선으로 여기는 워킹맘이다"라는 대답은, 동일 인물에 대한 대답일 수 있지만, 앞의 물음에 대한 서로 다른 관점을 함축하고 있다.

　과학은 무엇인가? '과학'은 인류가 영위해 온 특정한 종류의 활동을 가리키는 개념인 동시에 그런 활동의 결과물을 가리키는 개념이다. 그것은 어떤 종류의 활동인가? 또 그 결과물의 범위는 어디까지인가? 예를 들어, 기자Giza의 피라미드는 거기 포함되는가? 19년 7윤법은 어떠한가? 만일 피라미드가 과학이라면, 그것은 어떤 과학인가? 만일 아니라면, 그렇게 판정하는 기준은 무엇인가? 독자는 이 책에서 과학혁명에 관한 쿤의 견해를 살펴보는 가운데 "과학은 무엇인가?"라는 물음에 포함된 다양한 물음들에 대한 그의 대답을 확인하게 될 것이다.

기존의 과학 개념: 과학 교과서에 묘사된 과학

　해킹Ian Hacking은 2012년에 출간된 『구조』 50주년 기념본에 붙인 서론을 마무리하면서 쿤의 이 책이 과학의 이미지를 비가역적인 방식으로 바꾸었다고 평가한다. 그렇다면 쿤이 그렇게 바꾸기 전의 과학의 이미지는 어떠했나? 쿤이 『구조』의 서두에서 언급한 기존의 과학 이미지 또는 과학의 개념이 철학사의 맥락에서 어떤 견해를 지칭하는지는 명시적이지 않다. 그러나 우리는 그것을 쿤의 서술로부터 추정해 볼 수 있다.

　우선, 쿤에 따르면 그러한 이미지는 "필연적으로 설득과 교육을 위한 것"[2]으로 저술된 과학 교과서들에서 추출된 것이다. 그런데 과학 교과서가 교육을 위하여 저술되었다는 것은 자연스럽게 들리는 반면, 설득이 그것들의 목적이라는 말은 의아하다. 과학 교과서로 무엇을 설득하려 한다는 것인가? 쿤의 문맥에서 이 물음의 답을 찾아보자면, 그것은 독자를 기존의 과학에 대한 신뢰와 기대로 이끄는 설득이다. 좀 더

2　위의 책, 61쪽. (*SSR* p. 1.)

구체적으로, 그것은 과학의 발전이 "과학적 테크닉과 지식을 이루면서 날로 쌓여 가는 자료 더미"[3]에 과학자들이 도달한 새로운 성취의 요소들을 덧쌓아 올리면서 이루어지는 점진적이고 누적적인 상승의 과정이라는 인식으로 이끄는 설득이다. 과학이 그러한 종류의 합리성을 꾸준히 실현해 왔기 때문에, 지금의 과학은, 필연적으로, 인류가 도달할 수 있었던 최선의 과학이다. 과학 교과서는 그렇게 이루어진 현재의 과학, 곧 최선의 과학에서 계속 전수되어야만 할 핵심적인 내용을 추려 후속 세대에 전수하는 역할을 한다.

그런데 이러한 과학 교과서가 그려 보이는 것이 어떤 점에서 잘못된 이미지이기에 쿤은 그것을 바꾸려고 하는 것인가? 쿤은 과학 교과서로부터 과학이 어떤 것인지를 이해하는 일이 마치 한 나라의 문화에 대한 이미지를 관광안내 책자나 어학 교본에서 추출하는 것과 비슷하다고 평가한다. 한 나라의 관광청 같은 곳에서 간행하는 안내 소책자를 보면 거기에는 그 나라를 대표하는 멋진 관광지와 문화 행사 등의 모습이 각각의 중요한 매력을 잘 드러내는 방식으로 묘사되어 있다. 그것은 잠재적인 관광객의 마음을 끌어당기는 데 긍정적인 효과를 발휘하겠지만, 그 나라의 문화가 어떠한지를 알고자 하는 사람에게는 기껏해야 편중되고 각색된 이미지를 제공할 뿐이다. 쿤은 이런 식의 경로가 오도(誤導)의 속성을 지녔다고 비판한다. 여기서 '오도'는 과학의 내용을 배우고 익혀 한 분야의 전문가가 되고 그리하여 그 분야의 문제들을 해결하는 일에 종사하는 사람들을 잘못된 길로 이끈다는 의미가 아니다. 그의 **비판은 과학이 어떤 것인지 이해하고자 하는 사람들의** 관점을 염두에 둔 것이다.

---

3 위의 책, 62쪽. (*SSR* p. 2.)

왜 과학이 어떤 것인지를 이해하려는 사람들의 관점을 염두에 두어야 할까? 우리 모두가 그런 사람들이고, 또 그래야 하기 때문이다. 과학은 오늘의 사회를 지탱하고 조절하는 힘과 원리들의 원천이다. 모든 사람이 과학자가 될 수도 없고 그렇게 될 필요도 없지만, 21세기에 사는 우리는 모두 과학이 어떤 것인지, 어떤 식으로 작동하는지 알아야 한다. 이것은 눈앞에서 펼쳐지고 있는 역학적 현상과 결부된 힘을 찾아내서 운동에 관한 방정식을 세우고 미분방정식을 풀어 그 대상이 시간의 흐름에 따라 어떠한 행태를 보일지 알아내려는 사람―과학자나 과학도―의 관심사와 다르다. 과학자의 관심은 '대상'을 향해 있지만, 힘에 관한 뉴턴의 방정식이 어떤 인식적 지위에 있는지, 그것이 왜 그토록 다양한 상황에서 강력한 힘을 발휘하는 도구가 되는지를 따지는 관심은 '과학'을 향해 있다.

호모 사피엔스가 이룩한 가장 강력하고 소중한 공동의 자산인 과학에 대하여 "그것은 어떤 것인가?"라고 묻는 쿤의 작업은 메타적 작업, 철학적 작업이다. 다만 쿤의 작업은 과학을 대상으로 한 그 이전의 철학 작업들과 비교할 때 중요한 차별점을 지녔다. 그것은 그가 철학의 주된 방법론인 논리적-개념적 분석에만 의지하지 않고, 과학의 역사를 자료로 하는 경험적 탐색을 적극 활용했다는 점이다. 과학철학의 역사에서 『구조』가 지닌 고유한 힘과 위상이 이 점에 기인한다고 평가된다.

과학이 실제로 어떻게 작동하는지, 그것이 어떠한 방식으로 성장하고 변화하는지, 그리하여 과학이 진실로 어떤 것인지 과학자도 아닌 우리가 알 필요가 있을까? 또 훌륭한 과학자가 되기 위해서 이러한 물음에 관한 대답이 필요할까? 필자들은 이 물음을 어떻게 생각하는가가 과학기술이 추동하는 현재 사회가 도달해 있을 미래의 모습을 결정하는 중요한 메타 물음이라고 본다. 그리고 그것은 결국 이런 물음을 대하는 각 사람의 태도 표명을 요구하는 문제이기도 하다.

　『구조』의 저술 목적에 관한 이상의 논의를 간추려 보자. 사람들은 과학의 개념, 즉 과학이 어떤 것인지에 대한 이미지를 과학 교과서에서 얻고 있다. 그러나 그렇게 형성된 과학의 이미지는 과학이 실제로 지닌 속성들을 제대로 반영하지 못하며, 그래서 부적절하다.

　과학이 실제로 어떠한 것인지를 알고자 한다면 우리는 현실 속에서 과학이 어떻게 만들어지고 변화해 왔는지를 살펴야만 한다. 그것은 과학이 실제로 걸어온 길, 즉 과학의 역사에 대한 탐구를 요청한다. 그러나 과학 교과서들이 서술하는 것은 이런 실질적 과정이 아니라 그 결과이고, 그중에서도 수많은 실패가 아니라 성공의 결과물들, 그리하여 자기 이름이 붙은 법칙 같은 것들을 가지게 된 승자들의 업적과 그 응용에 관한 이야기이다. 그러나 이처럼 승자의 관점에서 재구성된 회고로 구성된 역사 서술은 이러한 목적에 부합하지 않는다. 쿤이 볼 때 이 일에 필요한 것은, 훗날 표준으로 자리 잡은 관점에서 보자면 하찮은 실패였을 뿐인 시도들을 포함하여 당시 연구 활동에 관한 구체적인 기록들 그리고 연구자들 간의 커뮤니케이션을 대상으로 하는 탐구이다. 『구조』에서 쿤은 이러한 의미의 '과학의 역사에 대한 고찰을 바탕으로 과학의 이미지 고쳐 그리기'를 시도한다.

과학을 보는 새로운 시선: 틀린 과학도 과학이다

　앞에서 살펴본 쿤의 문제설정은 명료하지만, 아직 문제에 대한 답이 드러난 것은 아니다. "그렇게 해서 얻어지는 과학의 새로운 이미지는 어떤 것인가?"라는 물음이 과학의 역사를 대상으로 하는 **경험적 탐구**를 요청한다는 점을 고려하면 그것은 당연한 일이다. 그런데 『구조』의 첫 장은 쿤이 도달한 답의 중요한 일부분을 공개한다. 그것은 과학이 발전하는 방식에 관한 새로운 통찰이었다. 그것은 어떤 '새로운' 통찰이었나?

이 물음에 답하기 위하여 우리는 쿤이 이 저서의 이론적 관점을 수립하는 데 작용했다고 생각되는 단순하면서도 까다로운 물음 하나를 살펴보아야 한다. 그것은 "틀린 과학을 과학으로 볼 것인가, 말 것인가?" 하는 선택이다. 여기서 틀린 과학이란, 이를테면 아리스토텔레스의 운동 이론, 플로지스톤 화학, 열에 관한 칼로릭 이론 같은 것들로, 한 시대를 풍미했지만 과학이 한층 더 발달한 오늘의 관점에서 볼 때 과학의 진리와는 동떨어진 사례들을 뜻한다.

이 물음이 까다롭게 느껴지는 이유는, 저것들이 틀린 생각들로 이루어져 있음에도 불구하고 그것을 **당시의 눈으로 보면** 각각 오늘날 우리가 받아들이고 있는 과학 이론들보다 덜 과학적이라고 하기 어렵다고 생각되기 때문이다. 그것들 각각이 당대의 자연 탐구자들이 대면했던 일련의 경험들과 그것을 최대한 합리적으로 설명하기 위하여 전개되었던 이론적 사색을 일정 범위에서 성공적으로 결합하면서 동시에 그 자체로 일관성을 지닌 개념과 논리의 체계를 만들어 냈기 때문이다.

이런 상황에서 우리는 이 물음에 대한 대답의 방식을 **선택**할 수 있다. 하나의 길은 예컨대 18세기의 플로지스톤 이론이 세상에 실재하지도 않는 플로지스톤이라는 것을 상정함으로써 연소와 금속의 변화를 설명하던 일을 과학이라는 개념의 정당한 적용 범위에서 제외하는 것이다. 그리고 다른 길은 그것이 현재 우리가 배우고 적용하는 화학과 뿌리 깊은 차이를 가지고 있을지라도 그것을 과학의 범위에서 배제하는 대신 오늘의 화학과 '다른 과학'이라고 평가하는 것이다. 두 선택은 모두 가능하다.

그러나 쿤은 과학사학자라면 후자를 선택해야 한다고 말한다. 이때

'과학사학자'란 일차적으로 이 책의 저자인 쿤 자신을 뜻하고, 이차적
으로는 쿤의 인도를 따라 과학사의 눈으로 과학철학의 문제들을 분석
하는 모든 동료들을 가리킨다. 쿤의 권유는 적어도 두 가지 이유에서
합리적이다. 첫째, 어떤 이론이 폐기 혹은 포기되었다는 것과 그것이
비과학적이라는 것은 개념 차원에서 다른 종류의 사태다. 따라서 어떤
이론이 폐기되거나 대체되어 지나간 시대의 역사로 편입되었다는 사실
이 그것을 비과학적인 이론으로 만들지는 않는다. 과학의 발전 과정에
서 버려진 모든 이론을 "알고 보니 과학이 아니었다"고 폄훼하는 것은
우스꽝스러운 어법일 것이다. 이러한 관계와 직결된 둘째 이유는, 만일
어떤 과학 이론이 후속 이론의 등장과 더불어 그 한계를 드러내면서 학
계의 관심사에서 탈락함과 동시에 비과학적인 것이 된다고 판정한다
면, 우리가 지금 철석같이 과학이라고 믿고 있는 것들 역시 장차 과학
이 아니라고 판명될 운명을 벗어나지 못하리라는 것이다.

이런 역지사지의 사유를 통해 우리는 대체되거나 폐기되었다는 사실
이 과학이 아님을 의미하지 않는다는 판단, 나아가 과거의 과학을 현재
의 기준으로 평가하기보다 당시의 관점에서 평가하는 것이 더 합리적
이라는 판단에 이르게 된다. 그리고 과학의 역사에 대한 이러한 성찰에
기반한 탐구의 열매로 우리는 오늘의 과학과 다르고 심지어 상충하기
도 하는 과학적인 이론들과 연구의 방식들이 존재하였음을 인식하게
된다.

그런데 이와 같은 인식은 이 책 『구조』의 중심 주제에 관하여 중요한
함의를 지닌다. 그것은 과학의 발전을 더 이상 누적(累積)의 과정이라
고 보기 어렵게 된다는 것이다. 여기 거론되고 있는 누적의 관점이란,
그 말 그대로, 퇴적층이 한 켜 한 켜 쌓여 올라가듯 한 시대의 과학도
역사의 흐름 속에서 이전 세대가 이룩한 과학지식의 토대 위에 한 층을

더 쌓는 방식으로 기여하고, 과학 전체는 이처럼 꾸준히 증가하는 부피의 지식 체계를 이룬다는 생각이다. 단, 쿤이 이러한 누적의 구도와 뚜렷이 대비되는 과학의 변화를 서술하면서도 과학의 점층적인 진보를 전면 부정하지는 않는 점에 유의하자. 이것은 복잡한 주제이고, 뒤의 5장에서 다루어질 것이다.

과학의 발전을 지식이 누적되는 과정으로 보는 견해는 유한한 인간의 진리 탐구에 관한 일반적 관념에 부합하는 것일 뿐만 아니라, 20세기 전반의 과학철학을 대표하는 논리경험주의의 견해와도 잘 어울리는 것이다. 또 그것은 『과학적 발견의 논리』가 1959년에 영어로 발간되면서 너른 반향을 불러일으켰던 포퍼Karl R. Popper(1902–1994)의 반증주의와도 어울린다고 할 수 있다. 포퍼가 중시한 것은 반증反證 falsification, 곧 어떤 과학 이론이 틀렸다고 밝혀지는 부정적이고 파괴적인 사건이었지만, 반증 이후의 과학이 반증된 이전 이론의 유효한 경험적 내용을 포섭할 것을 요구했기 때문이다. (과학의 발전 방식에 관한 논리경험주의와 포퍼의 생각은 1. 3에서 살펴보자.)

반면에 과학의 발전을 누적의 과정으로 보는 관점과 대비되는 토머스 쿤의 과학관은 특히 공약불가능성incommensurability 개념을 통해 그것의 고유한 특징을 드러냈다. 한 분야가 다루는 대상 영역에 이전의 과학과 나중의 과학이 던지는 시선이 달라지고 문제를 다루는 방식이 달라지는 근본적인 변화가 종종 일어난다는 쿤의 주장은 과학사의 사례들을 근거 삼아 설득력 있게 전개되었고, 과학의 발전에서 나타나는 이런 불연속성을 기술하는 공약불가능성 개념은 『구조』가 학계에 던진 가장 흥미롭고도 까다로운 화두가 되었다. 이 중요한 주제는 이 책의 4장과 5장에서 다루어질 것이다.

1.2 과학은 언제, 어디에서 생겨났나?

탐구의 출발점: 과학혁명이 탄생시킨 근대과학

앞에서 확인한 것처럼 『구조』의 목표가 과학의 역사를 고찰함으로써 과학의 개념을 새롭게 정립하는 것이라면, 저자는 어떤 작업을 해야 할 까? 그것은 당연히, 과학이 어떤 것인지, 그것이 어떻게 작동하고 어떻게 변해 가는지 관심을 기울이면서 과학의 역사를 고찰하는 일이다. 그런데 이 고찰은 어디에서 시작해야 할까? 과학의 역사가 구체적인 시공간의 맥락 속에 진행되어 왔다는 점을 고려할 때, 그것을 고찰하는 일은 시공간의 특정한 지점이나 범위를 고찰하는 데서 출발해야 할 것이다. 그런 출발점은 어디여야 할까?

먼저 떠오르는 대답은 과학이 처음 생겨난 지점에서 출발해야 한다는 것이다. 인터넷의 역사를 고찰함으로써 그것의 속성을 파악하겠다고 마음먹은 사람이라면 인터넷이 세상에 처음 등장한 장면부터 살펴보아야 하는 것과 마찬가지다. 그런데, 과학은 언제 어디서 시작되었나? 이것은 명료해 보이지만 답하기 어려운 물음이다. 어려움의 중요한 원천은 이 물음이 과학의 개념에 대한 규정을 요구한다는 점이다. 그런데 '과학의 개념'은 쿤이 『구조』의 논의를 통해 새로 정립해 보겠다는 대상이 아닌가! 목표로 삼은 대상이 있어야 출발할 수 있다면, 어려운 상황이다. 다른 접근이 필요하다.

또 하나의 가능한 대답은 아무 데서나 출발해도 된다는 것이다. 이것은 무책임하고 나쁜 대답처럼 들리지만, 어떤 특수한 전제를 가정하고 보면 일리 있는 대답이다. 그런 전제란, 과학이 어떤 본질적 속성, 즉 불변하고 또 모든 영역에 걸쳐 보편적인 속성을 지닌다는 것이다. 만일 과학이 그렇게 불변하는 보편의 속성을 지니고 있고 과학의 개념을 정

립하는 일이 그러한 속성을 파악하는 일에 직결되어 있다면, 인간의 역
사 속에서 과학이라고 할 수 있는 어떤 시기 어느 장면을 들여다보든
상관없이—충분히 잘 들여다보기만 한다면—거기서 과학의 상을 도
출할 수 있을 것이기 때문이다.

그러나 과학이 실제로 그처럼 보편적인 속성을 지녔는지는 아직 확
실하지 않은, 그래서 그 자체 검토의 대상이 되어야 할 문제다. 과학이
그런지 아닌지는 어떻게 검토할 수 있을까? 그것은 과학에 해당하는
실례들을 살펴봄으로써 가능할 것이다. 그것도 손에 잡히는 사례 몇몇
을 무심히 골라 살피는 것이 아니라 주도면밀하게 다양한 사례들을 살
펴야 한다. (예컨대, 우연히 고찰된 몇몇 사례가 모두 영국과 프랑스라
는 지리적 환경의 범위에서 발생했다고 해서 "과학은 영국과 프랑스의
문화적 토양에서 생성되었다는 특성을 지닌다"라고 속단해서는 안 될
것이다.) 그런데 이런 일을 상상해 보면서 역시 먼저 해결되어야만 할
어떤 선결문제가 있음을 감지하게 된다. 다양한 사례들을 살핀다고 했
는데 아무것이나 살피면 안 되고, '과학'을 가려 살펴야 하겠기 때문이
다. 그런데 인류의 역사에서 과학에 해당하는 것들을 어떻게, 무슨 기
준으로 분별할 수 있을까? 이것은 쿤이 이 책을 쓰기 한참 전부터 과학
철학의 중요한 주제로 토론되었던, '구획의 문제' demarcation problem를
소환하는 물음이다.

〈상자 1-1: 구획의 문제〉

구획이란 이편과 저편을 나누는 일이고, 과학철학에서 구획의 문제란
과학과 과학 아닌 것을 분명하게 나눌 기준을 세우는 문제를 뜻한다.
좀 더 정확히 말하면, 그것은 과학과 사이비 과학, 즉 과학의 외양을
띠고 있지만 실은 과학의 자격을 지니지 못한 것을 나누는 기준을

세우는 문제였다. 이 개념을 처음 명시적으로 거론한 것은 포퍼다. 그러나 그것은 이미 현대 과학철학의 산실이었다고 평가되는 1920년 대 빈 학단Vienna Circle에서 집중적으로 논의되었던 문제였다. 포퍼 는 『과학적 발견의 논리』에서 **"검증가능성**verifiability**이 아니라 반증 가능성** falsifiability**이 구획의 기준으로 간주되어야 한다"**라고 말한다. 이 문제에 대한 빈 학단의 답이 검증가능성이었음을 또렷이 의식하 고 있었기 때문이다.

어떤 진술이 검증가능하다는 것은 그것의 내용이 참임을 밝힐 수 있다는 말인 반면, 반증가능성이란 그것이 거짓임을 밝힐 수 있다는 것을 뜻한다. 한 가지, 빈 학단 당시 논의의 배경 언어였던 독일어에 서 '과학'을 뜻하는 낱말 '비쎈샤프트' Wissenschaft는 자연과학을 먼 저 떠올리게 하는 영어 낱말 '사이언스' science와 달리 인문학, 사회 과학, 자연과학 등을 모두 포괄하는 개념으로서, '학문'에 해당하는 말임에 유의하자. 빈 학단의 구성원들이 보기에 모든 학문은 모름지 기 '참'을 다루는 것이었고, 앞서 언급한 검증가능성은 그런 학문의 영역에서 이루어지는 논의가 무의미해지지 않을 최소의 조건이었다.

빈 학단의 핵심 인물이었던 카르납Rudolf Carnap은 당시 유럽 철학 계의 중요 인물로 부상한 하이데거Martin Heidegger의 형이상학에 등 장하는 "무가 스스로 무화한다" 같은 문장들을 논리적 관점에서 분 석함으로써 그의 논의가 이런 최소 조건을 충족하지 못하며 따라서 학문의 격위에 부합하지 않는 헛소리일 뿐이라고 비판하였다. 세기 말 빈을 중심으로 에른스트 마흐Ernst Mach(1838-1916) 등에 의해 촉발 되고 빈 학단이 계승했던 '형이상학 비판' Metaphysikkritik의 트렌드는 당시 학문의 영역 전반에서 "형이상학적인" 요소들을 제거하는 운동 을 일으켰다.

구획의 문제는 오늘의 현실에서도 여전히 중요해 보인다. 혈액형에 따른 성격 분류는 과학적인가? MBTI는 어떤가? 뇌에 칩을 이식해 서로 말하지 않고도 생각을 교환할 수 있게 되리라는 주장은 어떤가? MBTI나 브레인 칩 연구가 어떤 속성을 증명하면 사회가 그것을 과학 연구라고 지원할 수 있을까? 우리는 과학을 존중하는 시대에 살고 있다. 그러나 만일 무엇이 진정한 과학인지, 어떤 것이 과학적인 주장이고 과학적인 결정인지 구획의 기준이 분명하지 않다면, 이런 시대정신은 효력을 발휘하지 못할 것이다.

그러나 쿤은 『구조』에서 구획의 문제를 거론하지 않았다. (뒤에 논의될 '과학의 성숙'이라는 주제는 발달의 단계에 관한 평가일 뿐 구획의 칼날이 단죄하려는 사이비 과학의 문제와는 무관하다는 점에 유의하라.) 그러면 그는 어떻게 역사 탐구의 범위와 대상을 정하는가? 쿤은 『구조』에서 이 물음을 명시적으로 논하는 대신, 단순하면서도 설득력 있는 대안을 택한다. 그것은 과학인지 아닌지에 관한 토론이 불필요한, 확실한 지점에서 출발하는 것이다. 어디가 그런 지점인가? 그것은 오늘날 우리가 학교에서 배우고 또 활용하는 과학지식의 직접적인 원천에 해당하는 근대과학modern science이다. 그리고 뉴턴의 역학, 라부아지에의 화학, 프랭클린의 전기학 등이 그런 기준에 논란의 여지없이 부합하는 사례들이다.

과학철학계의 선배이자 절친한 동료로서 출간 전 『구조』의 초고를 읽은 파이어아벤트Paul K. Feyerabend는 쿤이 이 책에서 스스로 과학의 역사에 관한 객관적 서술자의 관점을 취하는 것처럼 말하지만 그의 논의가 사실상 "이래야 과학이다"라는 규범적 평가를 함축하고 있다고 논평했다.[4] 실제로 진정한 과학의 자격요건을 주제로 삼지 않았음에도 불구하고 이 저서 이후 학문의 분야들을 "성숙한 과학"이나 "미성숙한 과학"이라고 평가하는 일이 활발해진 점은 흥미롭다. 이런 평가는, 간략히 말하면, 다음 장에서 다루어질 '패러다임'이 형성되었는지를 기준으로 가능할 것이다. 그리고 이런 기준은 빈 학단이나 포퍼의 견해와 다르면서도 현실의 연구 활동을 평가하는 잣대로 작용할 수 있다는 점에서 상통한다.

1940년대와 1950년대에 버터필드Herbert Butterfield와 코이레Alexandre Koyré 같은 이들의 과학사 연구를 통해 17세기를 전후로 진행된 "과학혁명"Scientific Revolution과 그것의 결과물이라고 할 "근대과학"의 관념이 정착되었다.[5] 버터필드는 『근대과학의 기원, 1300-1800』(1950)에서 이러한 과학혁명의 과정 속에서 근대 사회와 근대적 정신modern mentality이 탄생했다고 평가하였고, 코이레도 이 과정을 주도한 근대과학의 아버지들founders of modern science이 중세를 끝내고 새 시대를 연 주인공들이었다고 평했다.

그런 식으로 시선을 근대과학에 맞추고 바라보면, 그 이전의 과학과 근대과학의 차이가 눈에 들어온다. 우리가 연금술과 오늘의 화학을 떠올릴 때 느껴지는 것처럼 그것은 확연한 차이다. 그러나 막상 누가 "그것은 어떤 차이입니까?"라고 물으면, 요점을 짚어 답하기 어렵다고 느

---

4 이런 사정에 관해서는 스탠포드 철학사전(https://plato.stanford.edu/)의 토머스 쿤 항목(특히 3절), 그리고 호이닝엔-휘네(Paul Hoyningen-Huene)가 발표한 "Two Letters of Paul Feyerabend to Thomas S. Kuhn on a Draft of *The Structure of Scientific Revolutions*", *Studies in History and Philosophy of Science, Part A* 26/3 (1995)을 참고하라.

5 『과학혁명의 구조』에서 '과학혁명'은 영어 소문자로 표기되고, 대개 복수형인 "scientific revolutions"로 등장한다. 과학혁명 개념의 애매성에 관한 5장의 논의를 참조하라.

껴진다. 그것은 무지 때문이 아니다. 과학혁명은 다양한 문제들이 서로 얽히고 연결된 넓은 영역에서 긴 시간에 걸쳐 이루어진 복합적인 사태를 뭉뚱그려 일컫는 이름이다. 버터필드나 코이레는 저 시기에 과학의 여러 영역에서 일어난 변동의 과정을 **하나의** 거시적 혁명에 대응시켰지만, 그곳에는 뚜렷이 여러 갈래의 변동 과정이 존재한다. 이런 복잡성은 시야를 근대화학의 탄생이라는 특정한 영역에 국한시키고 보더라도 뚜렷하다. 자연히, 근대과학이라는 범주는 그것을 탄생시킨 과학혁명의 이런 복잡성과 결부된 복잡성, 또는 비균질성을 포함하게 된다. 그러나 그럼에도 불구하고, 과학의 상을 포착하여 서술한다는 쿤의 과업에서 근대과학의 성립이 모종의 기준 구실을 했다는 사실은 분명해 보인다.

이런 점에서, 1940년대와 50년대에 축적된 과학사 연구는 1962년에 출간된 『구조』의 토대였던 동시에 그것의 관점을 규정하는 역할을 했다고 볼 수 있다. 앞에서 정리한 것처럼 쿤이 규범적 관점에서 과학의 조건을 정의하는 구획의 문제를 다루지 않고도 '과학의 역사를 고찰함으로써 과학의 개념을 새로이 정립하는 과업'의 출발점을 찾을 수 있었던 방법은 토론이 불필요한 확실한 곳에서 출발하는 것이었고, 과학의 개념을 파악하도록 해 주는 그런 영역의 중심에는 근대과학이 놓여 있다. 이러한 전략에 암묵적으로 전제되어 있는 것은 근대과학이 과학의 전형이라는 명제다. 실제로 쿤에게 메소포타미아의 과학이나 고대 이집트의 과학, 고대 중국의 과학은 과학의 개념을 정립한다는 프로젝트의 시야에 들어 있지 않았다.[6]

---

6   메소포타미아 과학과 이집트 과학에 관해서는 https://www.worldhistory.org/ Mesopotamian_Science/, 그리고 https://www.hps.cam.ac.uk/students/research-guide/ancient-egyptian-science 참조.

그런데 이러한 배제가 '틀린 과학도 과학'이라는, 또 그렇게 평가하는 것이 역사가의 관점에 부합한다는 쿤의 견해와 상충하는 것은 아닌가? 오늘의 관점에서 볼 때 틀렸거나 너무 미숙한 것이기 때문에 과학의 범위에서 배제된 것이 아니라면 왜 메소포타미아의 과학은 과학의 개념을 고찰하는 데 고려되지 않는 것인가? 반면에 프톨레마이오스 천문학이나 아리스토텔레스의 역학은 왜 비중 있게 검토되는 것인가?

먼저, 이런 배제는 틀린 과학도 과학의 범위에 포함해야 한다는 쿤의 평가와 상충하지 않는다. 그리고 그것은 쿤의 관심사가 모든 과학의 역사 전체를 포괄하는 그림을 그리는 것이 아니라 20세기 사회가 가진 과학에 대한 적절한 이해를 제공하는 일이라는 관점에서 설명 가능하다. 20세기의 인류가 영위하고 있는 과학 활동의 핵심 속성들은, 쿤의 관점에서 볼 때, 근대과학이 정착시킨 것들이다. 이런 관점에서 볼 때, 『구조』의 프로젝트가 근대과학을 기준으로 삼는 것은 자연스럽고도 합리적인 일이다. 단, 이것은 『구조』의 저자가 인정하는 과학의 범위가 근대과학으로 한정된다는 말과는 거리가 있다. 『구조』 2장에서 쿤은 정상과학과 패러다임이라는 핵심 개념들을 서술하는데, 그가 패러다임의 예로 언급하는 전통 가운데는 프톨레마이오스의 천문학과 아리스토텔레스의 동역학이 포함되어 있다. 또 그는 수학과 천문학의 경우 이미 고대에 패러다임이 정립되어 있었다고 평가한다.

한편, 틀린 과학도 과학의 범위에 포함해야 한다는 견해는 자연에 관한 틀린 이야기가 모두 과학의 자격을 갖는다는 견해와 같지 않다. 전자와 달리, 후자는 근거 없는 생각이다. 프톨레마이오스의 지구중심설로부터 코페르니쿠스의 태양중심설로 옮겨간 일은 천문학의 탄생이 아니라 천문학의 변화라고 평가된다. 그 이유는 무엇인가? 틀렸으면서도 과학이 되는 경우는 어떤 경우인가? 과학의 정의 특성defining characteris-

tics을 규정하는 일은, 그것이 『구조』의 핵심 주제였든 아니든, 과학철
학의 논의에서 어떻게든 정리해야 할 기본 과제다.

　『구조』의 저자가 과학의 역사에서 읽어 낸 과학의 특성은 다음 두 가
지로 요약할 수 있을 것 같다. 첫째는 과학이 실재하는 세계가 우리의
경험을 제약하는 힘과 그런 세계를 관찰하고 그 결과들을 갈무리하는
정신의 힘, 이러한 두 힘의 고유한 결합 혹은 조화 속에서 형성되고 변
화한다는 것. (여기서 쿤의 생각은 논리경험주의의 중심 견해와도 일
치한다.) 그리고 둘째는 과학이 전문가들의 집단적 활동이라는 방식으
로 작동한다는 것이다.[7] 그것이 두 힘의 어떤 식으로 고유한 결합인지,
그리고 과학 전문가들의 집단적 활동은 어떤 특성을 지니는지는 뒤의
장들에서 쿤의 개념들을 다루며 차츰 드러날 것이다.

『구조』의 관심사, 과학의 역동성

　이 지점에서, 『구조』가 공들여 서술하고 분석하는 토론의 주된 비중
은 '과학 이론은 어떠하다'가 아니라 '과학 이론은 어떻게 변화해 간
다'에 놓여 있다는 점을 눈여겨보도록 하자. 과학이 실제로 어떠한지
제대로 그려 보이겠다는 쿤의 접근 방식은 과학 이론의 본성이나 어떤
탐구가 과학적 탐구의 자격을 충족하는지 같은 문제가 아니라 과학의
역동성dynamics, 즉 과학이 변화하는 방식에 초점을 맞추고 있다. 쿤이
그려 내고자 했던 과학의 이미지는 어떤 사람의 인생에서 특정한 시기
에 그려진 초상화 같은 것이 아니었다. 그것은 과학의 구체적인 전문

7　『과학혁명의 구조』의 서문에서 쿤 스스로 언급하듯 이런 통찰은 루트비히 플렉
(Ludwik Fleck)의 저서 『과학적 사실의 생성과 발달: 사유방식과 사유공동체에 관한
서설(Entstehung und Entwicklung einer wissenschaftlichen Tatsache: Einführung
in die Lehre vom Denkstil und Denkkollektiv)』(1935)에 빚지고 있다.

분야들이 생겨나고, 발전하고, 심각한 변화를 겪으며 달라지는 모습이었고, 그의 시도는 그런 변화의 패턴을 포착하여 적절히 서술해 내는 일에 맞춰져 있었다. 정상과학, 패러다임, 변칙현상, 위기, 과학혁명, 공약불가능성 같은 『구조』의 주요 개념들은 과학의 역동성을 서술하기 위한 장치들이다.

이 저서의 원제목 "The structure of scientific revolutions"에 포함된 두 명사 '구조'와 '혁명'이 각각 단수형과 복수형으로 쓰인 것을 보라. 그것은 과학의 역사가 여러 갈래, 여러 차례의 과학혁명을 포함하고 있음을 암시하는 동시에 그것들이 모종의 공통된 구조를 공유하고 있다는 인식을 반영한다. 그리고 이 저서는 '혁명(들)'에 해당하는 사례들을 고찰함으로써 그것들이 어떤 핵심 구조를 공유하고 있는지를 분석, 서술한다. '과학혁명'이 복수로 표기됨으로써, 쿤이 『구조』에서 논하는 "과학혁명"이 앞서 언급된 버터필드의 "과학혁명"과 다른 개념이라는 사실이 이미 드러난다. 후자는 일종의 고유명사로서 16세기로부터 18세기까지에 걸쳐 유럽에서 진행되었던 특정한 역사적 과정을 가리키는 반면, 전자는 20세기 물리학의 획기적 변화나 심지어 아직 일어나지 않은 미래의 과학 변동까지도 포괄할 수 있는 일반명사이기 때문이다.

그러나 과학혁명은 『구조』가 서술하는 과학의 역동성의 전부가 아니다. 과학의 역동성, 곧 그것의 변화 과정은 한 전문 분야가 생성되는 데서 시작되고, 쿤이 정상과학이라고 부르는 시기를 거쳐, 정상과학의 활동이 쿤이 변칙현상이라고 부르는 난관들을 만나고, 이로 인한 위기가 심화된 나머지 결국 다른 방식의 정상과학으로 대체되는 식으로 진행된다. 그리고 이렇게 새로 시작된 정상과학 역시 또 다음 혁명의 대상이 될 것이다.

방금 약술한 역동적 과정은 어떤 문제 영역을 다루는 전문적인 연구 활동이 생겨나면서 시작된다. 그런데 쿤의 관점에서는 모종의 연구 활동이 존재한다는 것과 전문 분야의 생성 사이에 간격이 있다는 점을 유의해야 한다. 뭔가를 열심히 그리고 꾸준히 연구하는 사람들이 있다고 해서 전문 분야가 존재하는 것이 아니고 그들이 전문 분야 과학자인 것도 아니다. 그렇다면 언제 연구자는 전문 분야의 과학자가 되는가?

하나의 전문 분야가 생겨난다는 것은 어떤 대상 영역을 다루는 특정한 방식이 형성된다는 것을 의미한다. 연구자들 간에 그런 특정한 방식이 공유되기 전까지는 모종의 지적 활동은 있어도 아직 제대로 된, "성숙한mature" 과학은 아니다. 이런 성숙한 과학에서 진행되는 연구 활동을 쿤은 정상과학이라고 부른다. 이제 성숙한 과학이 되기 이전의 연구로부터 정상과학으로 이행하는, 그리하여 쿤이 서술하는 과학 변동의 주기가 시작되도록 하는 과정을 살펴보자.

정상과학이 시작되기 전의 연구

일찍이 신화의 시대부터 인간은 세계에서 일어나는 이런저런 현상들을 설명해 왔다. 왜 낮과 밤이 순환하는지, 왜 비가 오는지, 어떻게 엄마 뱃속에 아이가 생겨나는지, 왜 특정한 식물을 먹으면 죽는지 등. 고대 이집트인들은 금으로 된 배를 타고 하늘을 항해하는 태양신 라Ra가 죽은 자들의 영역인 지하세계를 지나고 있는 동안 어두운 밤이 된다고 보았고, 고대 그리스인들은 독삼나무hemlock의 독성이 여신 헤카테의 저주에 기인한다고 보았다. 그러나 그것은 과학적인 설명이 아니었다. 그것들은 그때그때 그런 설명의 방식을 공유하는 이들의 문화와 인지의 맥락 속에 적당한 모호성을 둘러 입고 안착했던 국소적 해명이었을 뿐이다. 호모 사피엔스는 이런 국소적 이해로부터 차츰 세계에 대한 더 폭넓고, 더 논리적이고, 더 정밀한 설명을 제공하는 과학들의 체계를 구성해 냈다.

그렇다면 한 영역의 과학은 언제 태어나는가? 위에서 언급한 고대 이집트인들과 그리스인들의 설명은 뚜렷이 신화적인 것이고 과학과 거리가 먼 반면, 행성들의 움직임에 관한 고대인들의 견해나 해양 생물에 관한 아리스토텔레스의 견해처럼 그것을 과학이라고 보는 것이 적절한지 아닌지 고민되는 사례들도 많다. 어디서부터 과학이라고 인정할 수 있을지 결정하는 일은 잠시 미루어 두자. 분명한 사실은, 과학이 과학이라고 부르기 망설여지는 미성숙한 단계로부터 시작된 과정을 통해 생겨난다는 것이다.

쿤도 과학들이 미성숙한 연구 활동의 단계로부터 생겨난다고 말한다. 그는 이런 단계에 "패러다임 이전"pre-paradigm이라는 개념을 적용한다. 그 분야의 패러다임이 생겨나기 전의 시기라는 뜻이다. 그런데 이쯤에서 한 가지, 쿤이 말하는 과학의 탄생이 예컨대 **물리, 화학, 생물, 심리, 경제 등을 모두 포괄하는 일반명사 '과학'에 대응하는 어떤 것**의 탄생을 의미하지 않는다는 사실을 분명히 해 두자. 쿤이 그의 저서에서 과학이라고 부르는 것은 늘 **특정한 분야의 과학**이다. 그래서 과학의 탄생도 언제나 어떤 특정한 분야의 과학이 탄생하는 일을 가리키고, 패러다임 교체도 예외 없이 특정 분야에서 패러다임이 바뀐 일을 뜻한다.

이런 미성숙한 단계의 특징은 연구 활동에 통일된 질서가 없다는 것이다. 쿤은 이런 시기에는 사람들이 현상의 같은 영역을 대하면서도 제각기 다른 방식으로 그 현상을 기술하고 해석한다고 말한다. 다음 장에서 패러다임과 정상과학의 개념을 살펴보겠지만, 그러기 전에 한 분야의 과학이 정상 궤도에 진입하기 전에 나타나는 현상을 좀 더 살펴보기로 하자. 어쩌면 이 이야기를 새로 접해 알게 된 신생 분야의 모습에 적용하여 "이 분야는 아직 쿤이 말한 패러다임 전의 단계에 머물러 있군요"라거나 "이 분야는 신생 분야지만 이미 쿤이 패러다임 이전 단계라고 말한 수준을 벗어났군요"라고 평가할 수 있을지도 모른다.

쿤은 이런 미성숙한 단계에서 진행되는 일로 사실 수집fact-gathering을 꼽는다. 그것은 특정한 연구 목적을 향한 시각에서 이루어지는 체계적인 관찰이라기보다 눈과 손이 닿는 대로 이루어지는 자료의 수집이다. 18, 19세기까지 자연사natural history 연구자들의 활동도 이런 특성을 보였다. 이들의 목적은, 보편적인 원리를 향한 자연철학자들의 탐구와 달리, 더 널리 다양한 사실들을 수집하여 관찰하고 서술하는 것이었다. 그러나 부지런히 경험 자료가 수집되고 있다고 해서 자연히 거기서 과학이 생겨나는 것은 아니다. 이 단계로부터 성숙한 과학으로의 질적 상승을 가져오는 것은 합리적인 이해를 향한 욕구, 왜 이런 사실들이 이렇게 펼쳐지는지에 대한 해명의 요청이다. 이런 요청은 인간 지성의 자연스러운 성향에서 비롯된다고 보아야 할 것이다. 이로부터 사실의 수집만으로는 완결될 수 없는, 사실 너머의 원리를 향한 궁리가 촉발된다.

혼란과 경쟁을 거쳐 시작되는 정상과학

쿤에 따르면, 어떤 분야든 발달의 초기에는 같은 영역의 현상들을 연구자마다, 혹은 연구자 그룹마다 제각기 다른 방식으로 해석하는 일이 벌어진다. 그리하여 수집된 자료의 더미가 비슷함에도 불구하고 그것을 이해하고 설명하는 상이한 방식들이 난립하게 된다. 그런데 이 단계에서 나타나는 견해의 다양성은 잠재적으로 이미 다음 단계를 잉태하고 있다. 그것이 단순히 다양한 사태를 관찰하고 그 결과를 모아 쌓는 것으로 만족하지 않고 그런 사태들을 하나로 묶어 설명해 줄 원리를 구하는 인간의 정신이 만들어 낸 결과물이기 때문이다. 이처럼 여럿을 통일하는 원리를 찾는 정신은 그런 원리에 대한 견해들이 난립하는 상황에 만족하지 않으며, 그리하여 "이런 사실들을 어떻게 이해해야 하나?"라는 문제에 관한 견해들은 서로 경쟁하게 된다.

이런 경쟁에서 승리하기 위해 모든 것을 만족스럽게 설명해 내야만 하는 것은 아니다. 경쟁을 종식시키고 패러다임의 지위를 얻게 되는 설명의 방식은 그것이 완전무결하기 때문이 아니라 단지 경쟁하는 다른 설명 방식들보다 어떻게든 더 나아 보임으로써, 그리하여 경쟁하는 여러 진영의 연구자들의 마음을 사로잡음으로써 그렇게 되는 것이다. 예컨대, 이런 승리는 여러 연구자의 공통된 관심을 모으고 있던 특정한 현상을 성공적으로 설명함으로써 확정되기도 한다. 18세기에 전기에 관한 연구에서 벤저민 프랭클린이 주도권을 쥘 수 있었던 결정적 계기로 쿤은 그가 레이던병에서 일어나는 현상을 매끄럽게 설명할 수 있었던 일을 든다.(『구조』, 83쪽 이하. 레이던병에 관한 3장의 서술도 참고하라.)

한 분야의 과학이 시작되는 과정을 서술한 『구조』 2장의 첫 부분에서 쿤은 정상과학의 개념을 소개한다. 정상과학은 이전에 이루어진 특정한 과학적 성취(들)에 확고하게 기반을 두고 진행되는 연구 활동을 뜻한다. '정상과학' normal science이라는 말은, 영어에서나 한국어에서나 마찬가지로, 그것이 정상이라는 인상을 준다. 그 분야를 연구하는 과학자들의 연구 활동이 정상적으로 진행되는 시기가 정상과학의 시기다. 그러나 이런 시기에 도달하는 과정에는 여러 견해와 여러 연구 방식이 서로 경쟁하는 혼란이 존재한다. 그러나 마침내 그런 견해와 방식들 가운데 하나가 혼란을 평정하면서 주도권을 쥐게 되고, 그럼으로써 첫 번째 정상과학의 시기가 시작된다. ("첫 번째 정상과학"이라고 한 것은, 그렇게 탄생한 분야에서 장차 두 번째 정상과학, 세 번째 정상과학에 해당하는 시기가 올 것임을 암시한다.) 과학의 한 분야가 태어난 것이다.

정상과학이 시작되기 전의 시기는 다양한 견해와 연구 방법이 난립하는 상태인 반면, 정상과학의 시기는 하나의 통일된 연구 방식이 정착된 시기다. 그런데 정상과학이 시작되려는 시기에 일어나는 또 한 가지 중요한 변화가 있다. 그것은 전문성의 심화가 진행된다는 것이다. 전문성의 심화는 그 분야에 관한 역량을 갖추는 일이 쉽지 않아지는 반면, 그런 역량을 갖추고 나면 거기서 다루어지는 특정한 종류의 문제들을 효과적으로 다룰 수 있게 된다는 것을 함축한다. 이런 변화를 거치면서, 그런 종류의 문제들을 다루는 일은 아무나 할 수 있는 일이 아니라 상당한 숙련의 기간을 거친 연구자에게나 가능한 전문적인 활동이 된다. 그렇기 때문에 정상과학의 탄생은 곧 한 전문적인 연구 분야로서의 과학의 탄생을 의미한다.

쿤은 수학과 천문학에서는 이미 고대에 그런 전문화가 이루어진 반면, 동역학은 중세 후반에, 전기학은 18세기 즈음에 그렇게 되었다고 본다. 그러나 전문 분야로 그렇게 탄생했다고 해서 변화가 완결된 것은 아니다. 특정한 연구 방식이 일궈 낸 성취가 연구자들의 마음을 사로잡음으로써 시작되는 정상과학의 시기는 모종의 고유한 질서와 기대가 지배하는 시기이지만, 바로 이어지는 새로운 역동적 변화가 시작되는 시기이기도 하다.

1.3 과학은 어떻게 변화하는가?

과학은 변한다

쿤의 주된 관심사 가운데 하나는 과학이 변화하는 방식, 그 패턴이었다. 세상 모든 것이 다 변하고, 과학도 예외가 아니다. 머릿속에 떠오르는 범위에서 과학의 역사를 되짚어 생각해 보거나 종종 눈에 띄는 과학기술 관련 보도를 상기해 보라. 과학이 변해 왔고 또 변하고 있다는 사실을 실감할 수 있을 것이다. (그러려면 과학의 역사를 조금 알거나 과학기술 관련 뉴스에 관심을 가질 필요가 있다.) 그런데 과학이 변한다는 것은 분명한 반면, 누군가 과학이 어떻게, 어떤 방식으로 변하느냐고 물어보면 어떻게 답해야 좋을지 막막하다.

과학은 어떻게, 어떤 방식으로 변하는가? 이 물음에서 '어떻게'라는 말은 다양한 의미를 머금고 있지만, 일단 그것을 '어떤 방식으로', 또는 '어떤 규칙성의 패턴을 따라서'라는 의미로 읽어 보자. 과학의 변화에 규칙적인 패턴이 있는가? 그렇다는 보장은 없다. 그래도 우선, 모종의 규칙적인 패턴이 있다는 가정하에 살펴보기로 하자. 사실 이런 전략은 합리적이다. 누군가가 과학의 변화에는 아무 규칙성도 없다는 주장을 정당화하려는 경우를 가정해 보더라도, 그렇게 하는 방법은 온갖 가능한 규칙성들을 적용해 본 후에 그것들이 모두 틀렸음을 논증하는 것뿐이다. 모종의 규칙적 패턴을 추정하고 실제로 그것이 맞는지 확인해 보는 것이 앞 문단의 물음을 다루는 적절한 방법이다. 단, 우리의 과제가 쓸데없을 만큼 어려워지지 않도록, 여기서 논의의 목표가 100%의 확실성 같은 것이 아니라는 점을 분명히 해 두자. 과학이 변하는 방식을 파악한다는 과제는, 예컨대 금융시장 변동의 패턴을 파악하려고 할 때나 한국의 사계절 날씨가 어떻게 변해 가는지를 파악하려 할 때와 마찬가지로, 귀납 사유의 눈높이를 취한다. 이 책의 주제인 과학혁명도 그런 눈높이에서 파악한 과학 변동의 방식이다. 과학혁명에 관한 쿤의 관점을 소상히 살펴보기에 앞서 이 절에서는 그것과 견줄 만한 다른 관점을 간략히 살펴보기로 한다.

먼저 과학의 변화가 누적의 과정이라고 보는 견해가 있다. 과학의 성과에 의해, 이전에 알지 못했던 자연의 원리를 하나씩 하나씩 알게 된다는 생각이다. 사람은 자신이 배우고 깨달은 것을 잊어버리는 일이 있다. 그러나 과학은 다르다. 과학은 특정한 개인이 아니라 인류라는 집합적 주체에 귀속되기 때문이다. 이 점을 고려하면 한 번 파악된 진실이 과학에서 소실될 일은 없어 보인다. 따라서 과학의 변화는 지속적인 지식의 누적 과정, 그 전진 속도의 증감은 있을지언정 뒷걸음질 치는 일은 결코 없는 꾸준한 양적, 질적 상승의 과정이라고 보면 되겠다.

이것은 과학의 변화에 관한 매력 넘치는 생각이지만, 중요한 약점을 지니고 있다. 그것이 과학의 변화가 어떤 식으로 이루어지는지 답하기 위하여 정작 현실의 과학을 살펴본 일이 없는 채 이루어진 답이라는 점이다. 그래서 그것은 합리적인 견해임에도 불구하고 실제 과학과 동떨어진 답일 수 있다. 과학의 변화가 어떤 일반적인 모습을 띠는지 말하기 위해서는 현실의 과학이 어떤 식으로 변해 왔는지를 살펴보아야 한다. 쿤이 『구조』에서 취한 접근법, 그리고 그의 과학철학이 그 이전의 과학철학과 차별되는 핵심 특성이 바로 이런 것이었다.

그런데 "과학은 어떻게 변화하는가?"라는 물음에 답을 시도하기에 앞서 해소되어야 할 불명료성이 아직 남아 있다. 과학이 변한다고, 혹은 발전한다고 할 때 그 '과학'이란 어떤 것인가? 그것은 이론, 즉 특징한 의미를 지닌 문장들의 집합을 뜻하는가, 아니면 그런 문장들로 표현되는 지식을 생산하는 전문가들의 집단적 활동인가? 이것도 저것도 아니라면, 그것은 어떤 것인가?

　이것은 정당한 물음이지만, 논의의 출발을 가로막는 심각한 물음은 아니다. 다만 그것은 '과학'이라는 개념이 다면적이라는 사실을 드러낸다. 과학의 변화가 거론되는 대부분의 맥락에서 그 말은 일차적으로 과학 연구 활동에서 정제되어 나온 결과물인 과학 이론을 의미할 것이다. 그러나 어떤 경우에는 '과학'이 연구 활동 자체를 의미할 수도 있다. 예를 들어, 실험실의 문화가 달라졌다거나 연구자의 남녀 비율이 유의미한 변화를 보이고 있다거나 하는 관점에서 과학의 변화를 평가하는 일이 필요한 맥락도 있다.

　쿤의 과학철학은 과학에 대한 메타적 고찰의 범위를 언어로 명시된 과학 이론에 대한 논리경험주의 식의 관심으로부터 과학 활동 전반에 관한 것으로 확장하는 데 기여했다. 그러나, 『구조』를 기준으로 볼 때, 과학에 대한 질적 평가의 중심에는 여전히 과학 이론에 대한 평가가 자리 잡고 있는 것으로 보인다. 그것은 의아한 일도 아니다. 현실의 과학자들 대부분이 목표로 하는 것 역시 훌륭한 실험실 문화를 가꾸는 일이나 최선의 연구윤리를 실천하는 것이라기보다 과학적 발견을 성취하고 그럼으로써 과학 이론에 변화를 가져오는 것이다. 이런 의미에서, "과학은 어떻게 변화하는가?"라는 물음은 우선 "과학 이론은 어떻게 변화하는가?"라는 뜻으로 이해하는 것이 적절할 것이다.

논리경험주의자들이 중시한 입증

　현대 과학철학의 넓고도 탄탄한 토대를 만든 것은 1930년대 후반부터 1960년대 초까지 활발하게 전개되었던 논리경험주의자들의 작업이 이룬 공헌이었다. 논리경험주의는 과학을 고찰하는 철학의 작업에서 방금 언급한 '과학 이론'에 초점을 두었으므로 이 절의 중심 물음을 검토하는 일의 출발점으로 삼을 만하다.

논리경험주의자들은 입증confirmation을 중시했다. 그래서 그들은 입증의 개념을 이론적으로 체계화하는 작업과 토론에 매달렸다. 입증은 경험과 이론, 또는 경험과 가설 간에 성립할 수 있는 관계로, 어떤 관찰이나 실험의 결과 같은 특정한 경험 사례에 의하여 가설이 긍정적으로 평가되는 사태를 뜻한다. "지난 석 달 동안 우리 연구실에서 진행한 실험의 결과에 비추어, 가설 H가 맞더군요!", "김박사의 이론이 예측한 대로, C23*의 증상이 나타난 환자들에게는 C19에 유효했던 치료제가 듣지 않았습니다" 같은 평가는 각각 '가설 H'와 '김박사의 이론'이 입증되었음을 표현하고 있다.

과학의 성과는 경험과 이론이 서로 앞서거니 뒤서거니 하면서 한데 엮어 만들어 내는 것이니, 경험과 이론이 성공적으로 연결되었다는 신호에 해당하는 입증은 과학을 구성하고 발전시키는 핵심 장치라고 생각된다. 경험과 이론의 연결, 혹은 일치를 중시하는 관점에서, 과학의 변화는 과학자들이 주도하는 우리 **경험의 확장 속에서 과학 이론들이 차츰 입증의 정도를 높여 가는 과정**에 해당한다고 생각할 수 있다.

문제는 입증이 해당 가설이 참임을 확정하지는 않는다는 점이다. 예를 들어 어떤 환자의 사례가 "약물 A는 B 질환의 증상을 완화한다"라는 가설에 긍정적이었다고 해서 "약물 A는 B 질환의 증상을 완화한다"라고 확언할 수는 없다. B 질환을 가진 다른 환자에게 어떤지 불분명할 뿐만 아니라 같은 환자에게 몇 년 후 다시 B 질환이 생겼을 경우 A의 투여가 어떤 결과를 낳을지도 불분명하기 때문이다. 그러나 입증 사례가 많고 다양할수록, 적어도 이론이 참일 개연성은 더 커지는 것이 아닐까? 어떤 전문 영역에 입증 사례가 한둘뿐인 가설과 수십 가지의 다양한 관찰이나 실험의 결과에서 입증된 가설이 나란히 존재하는 경우,

당연히 후자가 더 나은 과학 이론이라고 보아야 하지 않을까?

만일 그렇다면, 과학은 입증 게임이고 과학의 발전은 과학 이론의 입증 수준이 점점 더 높아져 가는 과정이라고 볼 수 있지 않을까?[8] 이것은 과학의 발전을 읽는 하나의 그럴싸한 방식이고 실제로 그런 과정의 일부에 잘 들어맞는 도식이지만, 과학의 발전 전체를 포괄할 수 있을 도식은 아니다. 특히 거기에는 입증이 실패하거나, 한 걸음 더 나아가 가설이 틀렸음이 밝혀지는 사태가 생길 수 있다는 점이 고려되지 않았기 때문이다. 만일 세계 어느 곳에서든 백조임이 분명한데도 몸의 깃털이 온통 검은색인 한 무리의 새가 확인되었다면, 그것으로 "백조는 희다"라는 가설은 틀렸음이 확정될 것이다. 이와 같은 사태, 즉 가설의 반증에 주목한 사람이 포퍼다.

포퍼의 반증주의로 본 과학의 발전

20세기 과학철학의 거장 가운데 한 사람인 포퍼는 논리경험주의자들의 작업을 빈 학단의 논리실증주의 시절부터 주의 깊게 추적해 왔고, 그 내용을 잘 이해하고 있었다. 그러나 그는 궁극적으로 입증이 과학에서 중요한 사건이라고 생각하지 않았다. 그가 볼 때 과학에서 중요한 의미를 지니는 사건은 반증, 다시 말해 이론이 틀렸음이 밝혀지는 일이었다. 그것은 중요할 뿐만 아니라 과학 이론에 고유한 인식적 가치를 부여하는 핵심 요소였다. 한마디로, 반증이 불가능한 주장, 다시 말해 그것이 틀렸음을 밝히는 것이 불가능한 주장은 과학적인 주장일 수 없

---

[8]   논리경험주의자들은 입증의 정도(degree of confirmation)라는 개념을 중시했지만, 이것의 명료한 정의를 확립하는 작업은 꾸준한 시도에도 불구하고 내내 난제였다. 이에 관하여 헴펠과 오펜하임이 공저한 논문 "A Definition of 'Degree of Confirmation'", *Philosophy of Science* 12/2 (1945)을 참조하라.

다. 포퍼의 이런 생각이 반증주의falsificationism다. 그리고 반증주의는
포퍼 과학철학의 토대 역할을 하는 견해다.[9]

입증의 중요한 한계는, 아무리 많이 쌓여도 가설이 참이라고 확신하
도록 하는 결정력을 가지지 못한다는 점이다. 다음과 같은 상황을 생각
해 보자. 어느 분야에 상이한 두 종류의 가설이 대립하고 있는데, 가설
A는 이미 다양한 현상에서 100건 이상의 입증 사례를 가지고 있는 반
면, 가설 B는 독자적인 입증 사례가 10건뿐이라고 하자. 다른 조건들이
같다면, **입증의 관점에서** 우리는 가설 A가 가설 B보다 더 신뢰할 만한
우수한 가설이라고 평가할 것이다. 그런데 이런 상황에서 과학자들이
A와 B를 저울질할 새로운 실험 몇 가지를 기획했다고 하자. 그리고 최
근 보고된 실험 3건의 결과는 가설 A의 예측과 동떨어진 것이어서 A로
는 도무지 제대로 설명할 수 없는 반면, 가설 B는 세 실험의 결과를 정
확히 설명할 수 있다고 하자. 이런 상황이라면, 세 가지 실험이 실행되
기 전 기존의 입증이 100 대 10의 뚜렷한 비대칭이었다고 해도 과학자
들은 B가 더 좋은 가설이라고 생각하게 될 것이고 반면에 A의 위상은
빠르게 하락할 것이다.

이것은 입증의 무게와 반증의 무게가 확연히 다름을 보여 준다. 입증
이 아무리 많이 쌓여도 그 가설을 참이라고 확신할 수는 없다. 이것은
일찍이 흄이 지적한 귀납의 문제와 직결된 한계다. 반면에 문제의 가설
을 반증하는 사례는, **그것이 확실한 반증 사례이기만 하다면**, 단 하나
만으로도 그 목적 즉 해당 이론이 틀렸음을 보이는 일을 성취한다.

포퍼의 과학철학은 역사주의 과학철학history-oriented philosophy of sci-

9 포퍼의 반증주의는 독일어로 1934년에 출간된 *Logik der Forschung*에서 제시되었
고, 1959년 영어로 출간된 이 저서의 개정증보판 *The Logic of Scientific Discovery*에서
한층 더 다듬어진 형태로 서술되었다.

ence으로 분류되지 않지만, 포퍼는 과학이 발전하는 방식에 관한 분명한 견해를 가지고 있었다. 방금 언급한 것처럼 포퍼는 과학을 과학답게 만드는 것이 과학 이론의 반증가능성이라고 보았고, 높은 반증가능성을 지니면서도 예리한 비판 정신으로 무장한 과학자들의 반증 시도를 극복하면서 존속하는 이론이 가치 있는 과학 이론이라고 평가했다.

포퍼는 과학을 이러한 반증주의의 관점에서 바라봄으로써 흄의 유산인 귀납의 문제를 극복할 수 있다고 보았다. 과학은 더 그럴듯한 이론, 즉 더 많은 경험과 잘 어울림으로써 참일 개연성이 큰 이론을 추구하는 방향으로 전진하지 않는다. 과학은 오히려 그 자체로 참일 확률이 작은 주장, 달리 말하면 반증될 확률이 큰 주장을 함으로써 고유의 가치를 실현한다. 예를 들면 "지구가 태양 주위를 공전하는 데 걸리는 시간은 360여 일이다"보다 "지구가 태양 주위를 공전하는 데 걸리는 시간은 365.2422일이다"가, "구리는 상온에서 도체로 작용한다"보다 "모든 금속은 상온에서 도체로 작용한다"가 참일 확률이 작다.

해당 영역의 다른 어느 이론보다 반증될 확률이 더 큼에도 불구하고 반증되지 않은 이론이 있다고 해 보자. 더구나 과학자들이 최선을 다해 그 이론을 반증하려고 애쓰는데도 그렇다고 해 보자. 포퍼는 앞에서 논한 입증의 개념과 구별하여, 가설이 이와 같은 반증의 시도를 견뎌 낸 경우 그것이 '용인되었다'corroborated고 한다. 입증과 용인corroboration은 둘 다 이론이 경험에 의하여 승인된 긍정적인 경우를 가리킨다는 점에서 같지만, 과학자들의 날카로운 공격을 견디어 낸 용인의 가치는 우호적인 관점에서 비슷한 종류의 증거들을 수집하는 방식으로도 쌓아 올릴 수 있는 입증의 가치와 엄연히 다르다는 것이 포퍼의 생각이다.

이런 생각의 관점에서 서술하자면, 과학의 발전은 제안된 이론들이 반증의 시도를 견디다가 반박되어 사라지는 과정의 연속이다. 포퍼가 생각하는 과학자들은 한편으로는 부지런히 반증가능성이 높으면서도 반증되지 않을 최선의 이론을 만들어 내고 다른 한편으로는 제안된 이론들을 있는 힘을 다해 반박하려고 애쓰는 사람들이다. 그리고 과학 이론의 역사는 이런 사람들의 치열한 노고 속에 만들어지고, 부서지고, 또다시 만들어지는 가설들의 역사다.

이것은 멋진 그림이다. 포퍼는 앞 문단에 서술된 것과 같은 과학자들의 태도를 "비판적"이라 하고, 과학이 실현하는 합리성의 요체가 바로 그런 비판적 정신에 있다고 말한다. 철저한 비판적 정신으로 무장하고서 진리에 한 걸음이라도 더 다가서려고 분투하는 포퍼식의 과학자 이미지에서 느껴지는 비장미 때문인지 모르겠지만, 포퍼의 이런 견해는 다른 과학철학 이론에 비해 과학자들 사이에서 인기가 높다.

그러나 과학이 실제로 이렇게 변해 가는지는 그런 인기와 별개의 문제다. 근대과학이 탄생하는 시발점이 되었다고 일컬어지는 16, 17세기 천문학의 변화만 보더라도 과학의 변화가 기존의 이론을 반박하려는 노력을 통해 성취된다는 서술은 맞지 않는다.

16, 17세기의 천문학에서 일어난 변화

고대 그리스에서 일찍이 태양중심설에 해당하는 견해가 제시된 일도 있지만, 4원소설의 토대 위에 우주에 관한 철학적 사색으로 구성된 아리스토텔레스의 우주론과 고대 알렉산드리아의 프톨레마이오스의 천문학이 결합함으로써 완성된 지구중심설은 16세기가 시작될 무렵까지 우주를 바라보는 인간의 표준적이고 지배적인 관점이었다. 16세기 전반부터 거의 한 세기에 걸쳐 이루어진 코페르니쿠스, 튀코 브라헤, 요한네스 케플러, 그리고 갈릴레오 갈릴레이 등의 공헌 덕분에 이러한 지배가 종식되었고, 그 결과 인류는 우주의 구조를 달리 생각하게 되었다. 그런데 이 변화의 과정은 포퍼가 묘사한 것과 같은 반증이나 논박으로 구성되지 않았다. 그렇다고 태양중심설과 지구중심설이 입증 경쟁으로 승부를 결정했다고 보기도 어렵다.

입증이나 반증의 도식을 적용하기 어렵게 만드는 점은, 무엇보다도 먼저, 도대체 **어느 이론이 주어진 경험 데이터를 설명하는 데 성공하는지 아니면 실패하는지가 객관적으로 분명해 보이지 않는다**는 것이었다. 증거들과 그것에 대한 해석이 평가되어야 할 이론과 얽혀 있었다. 그래서 증거가 그 자체로 입증이나 반증의 힘을 갖는지 불분명했다. 첫눈에 반증의 근거로 보이는 데이터들이, 해석의 과정은 복잡하지만 그래서 그만큼 더 세련된 방식으로 원래 이론의 정당성을 뒷받침하는 증거로 나타나기도 했다.

천문학의 변화 과정에 대한 이러한 연구는 실제로 쿤이 과학혁명과 패러다임의 개념을 포함하는 자신의 이론을 수립하는 데 중요한 영향을 미쳤다.[10] 그의 이론에 따르면, 과학의 분야들은 종종 "과학혁명"이라고 불릴 만한 중대한 변화를 겪는다. 이런 변화는 그 분야의 이론뿐만 아니라 그 분야의 대상 세계를 바라보는 과학자들의 관점을 변화시킨다.

과학의 변화가 항상 혁명의 방식으로 이루어지는 것은 아니다. 정상과학의 시기 동안에는 오히려 근본적인 변화가 억제되고 앞에서 언급된 누적적인 양상의 발전이 이루어진다. 그러므로 쿤이 과학의 누적적인 발전을 부정했다고 말한다면 잘못이다. 근본적인 변화가 억제된다고 해서 변화가 없는 것이 아니라는 점을 분명히 하자. 프톨레마이오스

---

10 이 과정을 분석한 쿤의 저서 『코페르니쿠스 혁명』(1957)은 『과학혁명의 구조』 초판보다 5년 먼저 출간되었고, 쿤의 첫 저서였다.

가 지구 중심의 우주 체계를 집대성한 이후 코페르니쿠스가 새로운 천문학을 제안하기 전까지 프톨레마이오스식 천문학은 꾸준히 변화했다. 천 년이 넘는 세월에 걸쳐 변화해 온 것은 주전원을 활용하여 지구 중심의 우주 체계를 그려 낸다는 점에서 내내 프톨레마이오스 천문학이었지만, 16세기의 그것은 기원후 2세기의 원래 버전보다 훨씬 풍부하고 또 세련된 것이었다. 그리고 과학의 변화는 이와 같은 정상과학 시기의 변화와 과학혁명을 통한 변화가 번갈아 나타나며 펼쳐진다.

〈상자 1-2: 프톨레마이오스 천문학의 발달〉

수성-금성-지구-화성-목성-토성-천왕성-해왕성 여덟 행성이 태양 주위를 도는 것이 아니라 지구가 우주의 중심이고 달과 태양과 수성, 금성, 화성, 목성, 토성이 그 주위를 돈다는 천동설이 천 년이 훨씬 넘는 세월 동안 천문학자들에게 진실로 통했다는 사실이 이상하다고 느껴지거나 그런 것을 믿었던 옛 천문학자들이 무능한 사람들로 보였던 독자도 있었을 것이다. 그러나 무엇이 무엇의 주위를 도는가 하는 판단은 그 자체로 까다로울 뿐만 아니라, 이에 덧붙여 천체들이 우주 공간 속에 어떻게 배치되어 있고 또 어떻게 움직이는지를 판정할 수 있는 자료가 밤하늘에서 빛나는 점들─별들─의 위치 변화밖에 없다는 사실을 고려하면 천문학자들이 그들의 탐구에서 우주의 구조에 대한 답을 도출하는 일이 얼마나 어려운 일인지 조금은 실감할 수 있다. 특히, 밤하늘은 3차원의 공간이지만 천문관측자의 시각에 그 데이터는 원근이 없는 2차원의 방식으로 주어진다는 점을 고려하자.

　기원후 2세기에 제시된 프톨레마이오스의 천문학은 830년을 전후로 바그다드에서 후나인 이븐 이샥Hunayn ibn Ishaq을 비롯한 아랍의 천문학자들에 의하여 번역되고 연구되면서 당시 이미 상당히 높은 수준에 도달해 있던 아랍권의 천문학을 자극했다. 이로부터 9세기 후반의 타비트 이븐 쿠라Thābit ibn Qurra, 뛰어난 기하학자이기도 했던 13세기의 알 투시Nasir al-Din al-Tusi, 15세기 사마르칸트에 천문관측 시설을 짓고 정밀한 관측을 토대로 프톨레마이오스 천문학을 발전시킨 울룩벡Ulugh Beg 등의 활약과 기여가 이어졌다. 알 투시는 천체의 겉보기 운동을 설명하기 위해 투시 쌍원Tusi couple이라고 불리는 새로운 수학적 도구를 제안하기도 했다.

한편 아랍 문명의 이러한 성과는 12세기에 유럽으로 전해졌고, 크레모나의 제라르Gerard of Cremona 등이 그렇게 전달된 프톨레마이오스 천문학을 연구하고 가르쳤다. 13세기에 카스티야의 왕 알폰소 10세는 천체들의 위치 변화에 관한 방대한 데이터를 집적한 알폰신표Alfonsine Tables의 제작을 주도했는데, 그것은 프톨레마이오스 천문학의 기반에서 『알마게스트』에 수록된 표들을 일층 개선해 가는 작업이었다.

프톨레마이오스 천문학이 아랍 문명의 경로로만 계승된 것은 아니다. 알렉산드리아의 테온Theon of Alexandria과 그의 딸 히파티아Hypatia(대략 370-415), 그리고 비잔티움 제국의 필로포누스Philoponus(대략 490-570) 등은 모두 프톨레마이오스 천문학을 수용하여 발전시킨 인물들로, 이들에 의해 프톨레마이오스 천문학의 기본 아이디어를 중심으로 하는 천문 관측, 천문 데이터 계산, 천문 기구의 개발이 이어졌다.

과학의 변화를 읽는 쿤의 도식은 전문가들의 활동과 과학 이론의 변화 메커니즘을 읽는 데 유용한 여러 개념과 관점을 제공한다. 그러나 그의 과학철학은 다양한 관점에서 비판의 대상이 되기도 했다. 더구나 이 절의 서두에서 말한 것처럼 과학은 부지런히 변하고, 그 변화의 속도는 날로 가속되고 있다. 이처럼 이중으로 역동적인 과학의 변화에도 불구하고 그 변화의 양상을 설명하는 과학철학의 프레임이 60년이 넘도록 고스란히 유효하다면 오히려 이상한 일일 것이다. 21세기의 과학철학은 쿤의 관점을 넘어설 것이다. 그러나 그러기 위해서는, 쿤을 제대로 넘어서기 위해서는, 쿤의 서술을 먼저 찬찬히 살펴야 한다. 이제 『구조』의 핵심 개념들과 거기에 얽힌 쿤의 생각을 검토하는 것으로 이 일을 시작하자.

2

정상과학과 패러다임

2.1 왜 이론이 아니고 패러다임인가?

수학 이론과 경험과학 이론의 차이

세상의 복잡다기한 현상을 몇 개의 기본 원리만으로 체계적으로 예측하고 설명하는 것이 '이론'이다. 서양에서 수천 년 동안 이론의 모범으로 받아들여진 것은 유클리드 기하학으로, 이는 기원전 3세기에 에우클레이데스(영어 명 유클리드)가 『원론』이라는 책에서 정식화한 다섯 개의 '공리'로 이뤄져 있다. 예를 들어 첫 번째 공리는 "임의의 서로 다른 두 점에 대하여 이 둘을 잇는 직선이 존재한다"인데, 이처럼 더 이상 정당화할 수 없어 보이는 가장 기본적인 명제를 공리로 삼은 것이다. 여기에 새로운 용어들의 뜻을 정해 주는 '정의'를 도입해, 유클리드 공간(즉, 이 다섯 개의 공리가 성립하는 공간)에서 성립하는 '정리'들을 모두 논리적으로 유도해 낼 수 있다. 모든 사람이 단숨에 이 다섯 개의 공리로부터 정리들을 유도해 낼 수 있는 것은 아니지만, 공리들로부터 모든 정리가 논리적으로 따라 나오기에, 논리적 추론 능력을 갖춘 이가 이 공리들을 안다면, 원리적으로 유클리드 기하학의 모든 정리들을 알 수 있는 것이다. 가령 이 공리들을 가지고 깊이 생각하면, 유클리드 공간 상의 임의의 삼각형 내각의 합은 $180°$라는 것을 논리적으로 추론해 낼 수 있다.

『원론』이 나온 뒤 이천여 년이 흐른 1687년, 뉴턴Isaac Newton (1642-1727)이 『자연철학의 수학적 원리』(이하 『프린키피아』)를 발표한다. 『프린키피아』는 『원론』의 모범을 따라, 운동 법칙들을 '공리'라고 부르고, 이로부터 따라 나오는 논리적 귀결을 '정리' 혹은 '따름정리'라고 부른다. 뉴턴은 세 개의 운동 법칙을 제시하는데, 이것이 바로 고등학교에서 배우는 운동의 삼법칙으로, 바로 (1) "외부로부터 물체에 힘이 작용하지 않으면, 정지해 있던 물체는 계속 정지해 있고 운동하던 물체는 계속 일정한 속도로 운동한다"라는 제1법칙(또는 '관성의 법칙'), (2) "물체의 가속도의 크기는 물체에 작용하는 알짜힘에 비례하고 물체의 질량에 반비례하며, 가속도의 방향은 힘의 방향과 같다"라는 제2법칙(소위 'F=ma'), 그리고 (3) "힘은 항상 두 물체 사이의 상호작용이며, 한 물체 A가 다른 물체 B에 힘(작용)을 가하면 B도 A에 크기가 같고 방향이 반대인 힘(반작용)을 가한다"라는 제3법칙(소위 '작용-반작용의 법칙')을 말한다. 그런데 논리적 추론 능력을 갖춘 이가 뉴턴 삼법칙을 안다면, (뉴턴의 삼법칙이 성립하는) 세상의 실제 물리현상을 예측하고 설명할 수 있게 되는가?

그렇지 않다. 수학에서 공리로부터 정리를 증명하는 일과 경험과학에서 이론을 가지고 실제로 일어나는 현상들을 예측, 설명하는 것은 아주 다르다. 기하학의 경우에는 추상적인 수학적 공간에 대한 공리 체계를 만들고 이로부터 정리들을 증명하는 수학적 기하학mathematical geometry의 작업과 이들 공리나 정리를 가지고 실제 물리적 시공간의 구조를 표상, 설명하려는 물리적 기하학physical geometry의 작업을 구분해야 한다. 물리적 기하학을 할 경우 공리만으로는 부족하고 이론에 등장하는 개념들을 실제 현상들과 연결 짓는 소위 교량원리bridge principles와 이론을 실제에 적용할 때 나타나는 여러 문제에 대한 준비된 답이 필요하다.

　구체적으로 뉴턴의 삼법칙을 이용해 지구의 운동을 예측하고 설명하는 경우를 생각해 보자. 먼저 제1법칙을 지구에 적용하려면, 지구가 정지해 있는지, 일정한 속도로 운동하고 있는지, 아니면 가속운동을 하고 있는지 알아야 한다. 그런데 프톨레마이오스 천문학에 의하면 지구는 우주의 중심에 정지해 있고, 코페르니쿠스 천문학에 의하면 지구는 태양 주위를 돌고 있다. 그렇다면 이 둘 중 어느 이론에 따라 제1법칙을 적용해야 하는가? 보다 근본적으로, 지구의 관점에서 보면 태양이 운동하고 있고, 태양의 관점에서 보면 지구가 운동하고 있는 것으로 보이는데, 제1법칙에서 말하는 '정지'와 '운동'은 누구의 관점에서 판단해야 하는가? 제1법칙 자체는 이에 대해 아무런 답을 주지 않는다. 제2법칙을 적용하려 할 때도 여러 문제가 일어난다. 가령 코페르니쿠스의 태양중심설을 받아들인 후 법칙을 적용한다고 하자. 이 경우 지구는 대략적인 원운동을 하고 있고 원운동은 가속운동이므로, 제2법칙에 따라 지구는 알짜힘을 받고 있어야 한다. 그런데 지구 주위는 진공이라 아무것도 없을 텐데 무엇이 지구에 이런 힘을 주는 것인가? 뉴턴은 이 힘이 태양이 주는 만유인력이라고 말한다. 그럼 이 힘은 아무런 중간 매개 없이 마치 마법처럼 태양으로부터 원격으로 작용하는 것인가? 그리고 이 우주의 크기가 유한하다면 만유인력에 따라 결국 모든 것들이 서로 잡아당겨 한 점으로 모이게 될 터인데 왜 안 모이고 있는 것인가?[1] 반면 우주의 크기가 무한하고 무한히 많은 수의 별이 균일하게 우주를 채우고 있다면, 우주의 모든 점에서 모든 방향으로 무한대의 힘이 작용할 텐데 어째서 우주는 평형을 유지하고 있는 것인가?[2] 제2법칙도 이 문제에 대해 아무런 답을 주지 않는다. 제3법칙도 마찬가지다. 태양이 지구에 작용을 가하는 것과 동시에 지구가 태양에 반작용을 가하는가 아니면 작용과 반작용 사이에 시간차가 있는가? 만약 전자라면 온 우주에 존재하는 별들 사이에 작용 반작용이 모두 동시에 일어나게 될 텐데, 그렇다면 이 우주에 절대적인 동시성이 존재하는 것인가? 그리고 뉴턴역학을 적용하려면 이런 절대적 동시성의 존재를 상정해야만 하는 것인가?

요점은 수학 이론과는 달리 경험과학 이론은 기본 법칙들을 모두 안다고 해서 이를 현실에 적용해 바로 문제를 풀 수 있는 것이 아니라는 것이다. 만약 몇 개의 교량원리만으로도 이론과 실제 현상들과 연결 지을 수 있다면, 이론은 몇 개의 법칙들과 교량원리들로 구성되고 이를 통해 관련 현상들을 모두 예측, 설명할 수 있다고 여전히 말할 수 있겠지만, 대부분의 과학 이론들은 그렇지 않다. 위에서 보았듯 많은 복잡한 문제들에 대한 답을 미리 준비해 놓고 있어야만 뉴턴역학을 실제 현상에 적용할 수 있는 것이다. 법칙을 포함해 이렇게 준비해 놓은 답들을 제공하는 것이 바로 '패러다임'이다.

---

1   이 문제는 소위 '벤틀리의 역설'이라 불리는 것으로 리처드 벤틀리(Richard Bentley)가 『프린키피아』가 발표된 후 5년 뒤인 1692년에 제기했고, 뉴턴은 바로 이 문제 때문에 우주가 무한해야 한다고 믿었다.
2   가령 지구로부터 한쪽 방향으로 1광년 간격으로 비슷한 질량을 가진 별들이 무한히 많이 있다고 하자. 이 별들이 지구에 주는 만유인력의 값들의 합은 $1/1^2 + 1/2^2 + 1/3^2 + \cdots$의 꼴이 되어 무한대로 발산하게 된다.

패러다임의 전제 조건: 놀라운 성취에 기반한 합의

여기서 "뉴턴의 역학을 이용해 지구의 운동을 예측, 설명하기 위해서는 '정지'와 '운동'의 기준은 무엇인지, 어떤 태양계 모형을 사용할지, 원격작용이 가능한지, 만유인력의 법칙이 모순을 일으키지 않는지 등에 대한 답이 필요하다면, 각자 자신의 답을 가지고 운동 삼법칙을 적용해 문제를 풀면 되지 않는가?"라는 의문이 들 수도 있다. 그러나, 각자 자신만의 답을 가지고 문제를 푸는 활동은 과학의 정상적 활동이 아니라는 것이 쿤의 대답이다. 과학자들이 지구의 운동에 대해서 각자 다른 가정을 가지고 다른 설명을 제시한다면 이 중에서 어떤 것을 받아들이고 어떤 것을 배격해야 한단 말인가? 이와 달리 과학은 놀라운 성취에 기초한 과학자 공동체의 합의가 존재하고 이에 기반한 공동 작업이 일어나는 활동이라는 것이 쿤의 주장이다.

이런 놀라운 성취의 예로 쿤이 제시하는 것 중 하나가 바로 뉴턴의 『프린키피아』다. 1609년에서 1619년 사이에 독일의 천문학자 요하네스 케플러Johannes Kepler(1571-1630)가 케플러의 삼법칙, 즉 (1) '행성은 타원 궤도로 공전한다' (2) '항성과 행성을 연결하는 선분이 같은 시간 동안 휩쓸고 지나가는 면적은 일정하다' (3) '행성의 공전주기의 제곱은 행성 궤도의 긴반지름의 세제곱에 비례한다' 라는 법칙을 발표한다. 이 법칙들은 튀코 브라헤Tycho Brahe(1546-1601)가 기록한 태양계 행성들의 관측 결과를 일반화한 것이어서 왜 이런 법칙이 성립하는지에 대한 좋은 설명이 없었다. 『프린키피아』는 거리의 제곱에 반비례하는 힘으로 태양이 행성들을 끌어당긴다면 이 세 법칙이 따라 나온다는 놀라운 설명을 제시한다. 그뿐만 아니라 태양과 다른 행성들의 질량을 계산해내고, 조수 힌싱이 왜 일어나는지 등에 대한 상세한 설명을 제시한다. 이런 놀라운 성취를 보게 되면, 이를 아직 풀리지 않은 다른 문제에도 적용해 새로운 풀이를 찾아낼 수 있겠다는 기대가 자연스럽게 생겨난다. 그리하여 과학자들이 집단적 노력을 통해 새로운 문제 풀이를 찾아낸다. 이러한 새로운 문제 풀이는 기존의 문제 풀이와 기본 가정을 공유하고 풀이 방식도 유사하기에 올바른 문제 풀이로 받아들여지게 되고, 이는 더욱 과학자들의 합의를 공고하게 만든다. 즉, 과학자들이 문제 풀이 과정에서 등장하는 여러 질문에 대한 답을 공유하고 있어야만 공동의 노력으로 현실의 여러 문제를 성공적으로 풀어내는 정상적 과학 활동이 가능하게 되고, 이렇게 과학자들이 공유하는 것이 바로 '패러다임'이라는 것이 쿤의 설명이다.

그리고 『프린키피아』는 뉴턴의 삼법칙을 적용하려 할 때 등장하는 문제들에 해답을 제공한다. 가령 거리의 제곱에 반비례하는 힘으로 태양이 행성들을 끌어당긴다면 케플러의 삼법칙이 따라 나옴을 보이는 부분(그림 참조)에서 뉴턴은 질량이 큰 태양으로 향하는 구심력에 의해 행성들이 움직이는 것을 상정하고 증명을 전개하고 있다. 즉, 이미 코페르니쿠스의 태양중심설에 부합하는 방식의 문제 풀이를 제시하고 있다. 또한 『프린키피아』 2판에 부록으로 덧붙인 《일반 주해General Scholium》에서는 절대적 동시성이 존재하는 절대공간이 존재한다고 주장하고 자신의 역학은 이러한 절대공간에서 성립한다고 주장한다. 『프린키피아』는 여러 문제 풀이와 함께 이를 적용할 때 나타나는 문제들에 대한 답도 제공하고 있는 것이다.

좁은 의미의 패러다임

그렇다면 패러다임이란 정확히 무엇인가? 『구조』가 출판된 후 많은 이들이 쿤이 제시한 패러다임 개념이 매우 불명료해 보인다고 비판했고 쿤은 여러 저작에서 이에 대한 답을 제시했다. 그 답은 크게 다음의

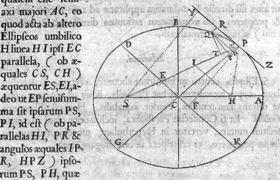

〈뉴턴의 『프린키피아』의 행성의 타원 궤도 증명〉

두 가지다. 먼저 1962년 출간된 『구조』의 초판에서 쿤이 강조하는 것이 "구체적인 문제 풀이"[3]다. 이는 후에 1970년에 출판된 2판의 후기에서 "범례"[4]라고 부르는 것으로, 가령 뉴턴의 『프린키피아』에서 제시된 여러 문제의 풀이법과 같이 해당 분야에서 성공적인 문제 풀이로 받아들여지는 것들의 집합을 말한다. 이는 단지 이미 풀린 문제들에 대한 해답을 넘어서서, 이를 모방하여 새로운 문제를 풀 수 있게끔 하는 길잡이 역할을 한다는 면에서, 말 그대로 연구 활동의 모범 사례, 즉 '패러다임' — 이 말은 원래 패턴, 예시, 표본 등을 의미 — 인 것이다. 이 점

---

3 토머스 쿤, 『과학혁명의 구조』, 김명자, 홍성욱 옮김, 까치글방, 2013, 310쪽. (*SSR* p. 175.)

4 위의 책, 310쪽. (*SSR* p. 187.)

이 기존의 과학관과는 다른 쿤의 가장 독창적이고 중요한 사고 중 하나라고 많은 학자가 평가한다. 과학 활동은 이미 쌓인 지식에 귀납, 가설-연역법, 반증과 같은 방법으로 새롭게 획득한 지식을 더하며 이뤄진다는 기존 과학관의 주장과는 달리, 과학이 이 방법들을 적용해 이뤄지는 것이 아니라 기존의 성공적 문제 풀이를 새로운 문제에 적용하면서 이뤄진다는 것이다. 쿤 역시 이런 구체적 문제 풀이의 집합이 "보다 심오한"[5] 의미의 패러다임이라고 말한다.

　그런데 왜 이런 구체적 문제 풀이가 이론이나 법칙 같은 것들보다 합의의 핵심을 이루는가? 어렸을 적 친구들과 함께 술래잡기 등의 놀이를 했던 기억을 상기해 보자. 당신은 지금 그 놀이의 정확한 규칙을 제시할 수 있는가? 아니 한 번이라도 그 놀이의 정확한 규칙이 무엇인지 배워 보거나 생각해 본 적이 있는가? 놀이를 하면서 어떤 것은 해도 되고 어떤 것은 해서는 안 된다는 여러 사례를 익혔겠지만, 이를 일반화하는 규칙을 명확히 하려는 노력은 별로 해 본 적이 없을 것이다. 그리고 그런 노력 없이도 놀이를 재밌게 즐겼을 것이다. 간혹 어떤 행동이 규칙에 맞는 것인지 아닌지 의견이 다를 경우에는 다수의 의견이나 경험이 많은 친구의 의견을 따라 결정했을 것이다. 과학도 마찬가지다. 과학자들에게 연구의 규칙을 물어보면 아무도 정확한 규칙이 무엇인지 제시할 수 없다. 어떤 연구가 좋은 연구인지 아닌지 과학자들 사이의 의견 불일치가 있는 경우, 좋은 연구라고 대다수가 동의하는 연구를 판단 근거로 결정하려 할 것이다. 따라서 공유된 규칙, 가정, 관점이 아니라 문제 풀이 사례들이 과학자들의 연구 지침이 된다는 것이 쿤의 생각이다.

5　위의 책, 294쪽. (*SSR* p. 175.)

교과서에 등장하는 이런 문제 풀이 사례에 더해 실험실에서 사용하는 잘 확립된 "실험 실습"[6] 사례도 쿤은 패러다임에 포함시킨다. 쿤의 『구조』가 등장한 후 50여 년 넘게 흐르는 동안 '패러다임' 이란 용어가 사회의 광범위한 영역에서 널리 사용되게 되었는데, 이렇게 좁은 의미로 사용하는 경우, 놀라운 성취에 기반한 성공적 문제 풀이와 실험들이 존재하고 과학자들이 이를 전적으로 받아들이고 이를 응용해 새로운 문제를 풀고 실험을 하는 공동 활동이 이뤄지는 경우에만 '패러다임' 이라고 불릴 만한 것이 존재하는 것이다.

넓은 의미의 패러다임

반면 넓은 의미의 '패러다임' 은 해당 분야의 과학자들이 공유하는 모든 것을 가리킨다. 이를 쿤은 2판 후기에서 '전문 분야 매트릭스(disciplinary matrix)' 라고 부른다. 여기서 "매트릭스"는 수학의 행렬처럼 "다양한 종류의 요소들로 질서 있게 이루어져"[7] 있는 것이라는 의미다. 전문 분야 매트릭스는 구체적으로 (1) 범례 (2) 기호적 일반화 (3) 모델 (4) 가치로 구성된다고 쿤은 소개한다.[8]

먼저 (1) 범례는 위에서 말했듯 좁은 의미의 패러다임에 해당하는 구체적 문제 풀이다. 그리고 (2) 기호적 일반화는 'F=ma' 나 'I=R/V' 와 같이 방정식으로 표현될 수 있는 자연법칙이나 관성의 법칙, 작용–반작용 법칙과 같은 보편 양화문("모든 ...은 ...이다") 형태의 법칙을 말한다. 따라서 뉴턴의 운동 삼법칙이 넓은 의미의 뉴턴역학 패러다임에 포함되는 것이다.

---

6   위의 책, 117쪽. (*SSR* p. 43.)

7   위의 책, 304쪽. (*SSR* p. 182.)

8   위의 책, 304-307쪽. (*SSR* pp. 182-184.) 참조

(3) 모델은 두 가지로 나뉜다. 첫째는 쿤이 "패러다임의 형이상학적 부분"[9]이라고도 부르는 것으로 '열은 물체의 운동에너지다', '모든 관찰가능한 현상은 원자들 사이의 혹은 물질과 장 사이의 상호작용에 기인한다'와 같이 직접 관찰가능하지 않은, 현상 이면의 세계가 어떻게 생겼는지에 대한 그림이다. 둘째는 구체적인 문제 풀이 과정에 사용되는 것으로 '전기 회로는 안정 상태의 유체 역학 시스템이다', '기체 분자는 작고 탄력 있는 당구공과 같다'와 같이 실제 세계의 모습과는 차이가 크리라 생각되지만[10] 문제 풀이에 유용하게 사용되는 모형들을 말한다. 또 다른 예를 들자면, 세계가 아주 작은 깨지지 않는 기본 입자로 이뤄져 있다는 원자론은, 19세기 많은 화학자가 여러 화학 현상을 예측하고 설명하는 데에 사용했지만 그렇다고 해서 당시 화학자들 대부분이 원자가 실재하고 세계가 원자로 구성되어 있다고 믿은 것은 아니었다. 즉, 실재 세계의 모습을 그대로 반영하지 않겠지만 문제 풀이에 유용한 대상계(이론 적용의 대상이 되는 시스템)에 대한 그림이 둘째 의미의 모형이다. 물론 첫 번째 의미의 모형 역시 문제 풀이에 사용될 수 있다. 앞에서 말한 코페르니쿠스의 태양계 모형은 태양계의 실제 모습을 그린 상으로 여겨지면서 동시에 태양계 천체의 운동을 예측, 설명하는 데에 사용되었던 것이다.

(4) 가치는 어떤 문제가 중요한 문제인지, 어떤 풀이가 좋은 풀이인지, 그리하여 어떤 이론을 받아들여야 하는지를 평가하는 기준이 된다.

---

9 위의 책, 306쪽. (*SSR* p. 184.)
10 기체 분자는 실제로 당구공과는 다르게 생겼을 것이다. 질소, 산소 등 많은 기체 분자는 이원자 분자로 당구공보다는 아령에 가깝게 생겼다. 또한 원자는 당구공처럼 속이 꽉 찬 모습이 아니라 대부분 비어 있는 공간으로 이뤄져 있다. 그럼에도 불구하고 기체 분자를 당구공과 같이 여기는 모형을 사용해 매우 많은 문제를 풀 수 있다.

과학자들에게 가장 깊이 받아들여지고 있는 가치는 예측과 관련된 것으로, 예측은 오차 범위 안에 들어야 하고, 정확할수록 좋은 것이라는 믿음이다. 이런 정확성에 더해 이론은 일관적이어야 하고, 단순할수록 좋은 것이며, 사회적으로 유용한 것이어야 한다는 일관성, 단순성, 유용성의 가치가 있다. 그리고 이런 가치들은 항상 작동하는 것이지만 서로 다른 입장이 충돌하는 위기 상황에서 특히 중요하다고 쿤은 말한다.

(1)-(3)의 요소들이 해당 분야에만 국한된 것인 데 반해, 가치는 "상이한 과학 공동체 사이에서 광범위하게 공유되고, 자연과학자 전체에 공동체라는 의미를 부여하는 데에 크게 기여한다"[11]고 쿤은 말한다. 그리고 앞의 (1)-(3)의 요소들보다 더 과학자 개인 성향에 따라 다르게 적용될 수 있다고 말한다. 정확성에 관한 판단은 과학자 개인마다 차이가 작지만, 반면 단순성과 일관성 등에 관한 판단은 크게 갈릴 수 있다. 아인슈타인은 양자역학의 일관성에 큰 문제가 있다고 보았지만, 보어는 이를 극복할 수 있는 문제로 여겼다는 것이 쿤이 드는 예다. 또한 이렇게 가치 적용의 개인차가 크게 존재할 수 있다는 점이 과학의 관리 능력을 크게 향상시킨다고 쿤은 말한다. 정상과학의 위기가 찾아올 때는 이 위기가 어떻게 해결될지 알 수 없기에 다양한 가능성을 탐색해야 하는데, 만약 경쟁하는 여러 대안 중에서 모든 이가 동일한 선택을 한다면, 모두 새로운 패러다임을 추구하게 되면서 정상과학이 중단되거나, 아니면 모두 기존 패러다임을 고집해 과학혁명은 전혀 혹은 거의 일어나지 않게 되는데, "공유된 규칙보다는 공유된 가치에 의존하는 편이 공동체가 위험을 분산시키고 연구 활동의 장기적 성공을 보장하

---

11 토머스 쿤, 『과학혁명의 구조』, 김명자, 홍성욱 옮김, 까치글방, 2013, 307쪽. (*SSR* p. 184.)

는 길"[12]이 된다는 것이다.

평가

과학은 인간의 지적 활동이 낳은 최고의 성과 중 하나다. 쿤 이전의 과학철학자들은 이러한 성과가 과학자들이 합리적인 규칙들을 따라 탐구를 수행했기 때문에 이뤄진 것으로 보았다. 이와 달리 쿤은 모범 문제 풀이와 실험 사례인 범례를 체득하고 이를 활용해 새로운 문제를 풀고 실험을 하는 활동이 과학 활동의 핵심이라고 말한다. 이는 쿤이 주는 가장 통찰력 있고 중요한 기여라고 많은 과학철학자가 평가한다.

인간의 최고 지적 활동이 규칙이 아닌 범례 체득과 활용을 근간으로 이뤄진다는 쿤의 주장이 맞다면, 혹시 규칙 적용이 아니라 범례 체득과 활용이 지성이 작동하는 더 근본적이고 보편적인 방식은 아닐까? 지난 수십 년간 인공지능 발전의 역사 역시 쿤의 주장과 궤를 같이하는 것으로 보인다. 방대한 지식 체계를 규칙으로 축약하여 입력해 컴퓨터가 이러한 규칙에 따라 판단을 내리도록 하는 시스템보다는, 컴퓨터에 많은 문제 풀이 사례를 입력한 후 스스로 패턴을 학습하게 하고 이에 따라 유사성을 판단해 새로운 문제를 풀게 하는 인공신경망 학습 시스템이 현재 여러 분야에서 훨씬 큰 성과를 내고 있기에 그렇다. 복잡한 여러 다른 과학 활동들이 정말로 쿤의 범례 개념을 통해 모두 잘 설명될지 그리고 지성의 핵심이 과연 이러한 방식으로 작동하는 것인지에 대해 앞으로 흥미진진한 탐구의 가능성이 열려 있다.

---

12 위의 책, 310쪽. (*SSR* p. 186.)

2.2 패러다임은 어떻게 새로운 발견을 이끌어 내는가?

미국 드라마 스타 트렉을 보면 등장인물인 스폭Spock(세 번째와 네 번째 손가락 사이를 벌리면서 경례하는 것으로 유명한 인물)의 고향으로 벌컨Vulcan이라는 이름의 행성이 등장한다. 스타 트렉은 20세기 가장 유명한 공상과학 소설가 중 하나인 진 로덴베리의 작품인데, 벌컨이라는 이름의 행성이 이 작품에 처음 등장하는 것은 아니다. 벌컨은 로마 신화의 불의 신 불카누스의 영어식 이름으로 화산을 영어로 ‘volcano’라고 하는 것도 불카누스에서 온 말이다. 19세기 후반, 당대 최고의 여러 천문학자가 태양계에 수성보다 더 태양에 가까운 궤도를 도는 매우 뜨거운 행성이 있다고 믿고 이를 불칸이라고 불렀다. 당시 주요 천문학 저널에 불칸을 관측하였다는 기록도 여럿 등장했다. 어떻게 해서 그 뛰어난 천문학자들이 있지도 않는 행성의 존재를 믿었던 것일까? 이 질문에 대한 깊이 있는 하나의 답을, 정상과학은 새로운 현상의 발견을 거의 추구하지 않음에도 불구하고 실제로는 새로운 것을 발견하는 데 가장 효율적이라는 쿤의 주장에서 찾을 수 있다.

정상과학은 놀라운 성취에 기반해 해당 분야에서 독점적 지위를 획득한 패러다임에 따라 이뤄지는 연구 활동이다. 이런 정상과학의 가장 두드러진 특징으로 쿤은 “새로운 발견을 얻어 내는 것을 거의 목표로 하지 않는다는 점”을 제시한다.[13] 정상과학 활동을 하는 과학자들은 새로운 종류의 현상을 찾으려는 노력을 하지 않고, 변칙현상을 발견하려 하지 않으며, 설사 변칙현상이 나타나도 대부분 무시하고, “새로운 이론의 창안을 목적으로 하지도 않으며, 다른 과학자들에 의해서 창안된

---

13 위의 책, 106쪽. (*SSR* p. 35.)

이론을 잘 받아들이지도 못한다"[14]고 말한다. 그런데도 쿤은 정상과학
이 오히려 새로운 것을 발견하는 데 가장 효율적이라고 주장한다. 어떻
게 그럴 수 있는가? 쿤은 구체적 문제들과 풀이 방법이 제시되어 있고
이에 따라 이 문제들을 풀 수 있다는 확신을 공유하는 것이 과학 발전
에 필수적이기 때문이라고 말한다. 풀 수 있다는 확신하에 소수의 전문
적인 문제들에 집중하게 함으로써, 패러다임은 과학자들로 하여금 자
연 일부를 다른 방식으로는 가능하지 않을 정도로 상세하고 심도 있게
연구하게 만든다는 것이다. 그리하여 패러다임은 어떤 연구를 수행하
면 어떤 결과가 나올 것이라는 "패러다임이 낳은 예상"[15]을 과학자들에
게 갖게 한다. 이러한 기대하에 더 자세하고 정밀한 연구를 수행하면
기존에는 보지 못했던 새로운 결과들을 산출되고, 그리고 설혹 전에 보
았다 하더라도 새롭다고 인지하지 못했던 결과들을 패러다임에 부합하
는 새로운 발견으로 인식할 수 있게 된다는 것이다. 더 나아가 패러다
임이 주는 정확한 기대하에서 수행되는 자세하고 정밀한 연구는 오히
려 패러다임에 어긋나 보이는 결과들 역시 더 잘 산출하고 인식할 수
있게 함으로써 정상과학 활동이 결국 혁명을 불러일으킨다는 것이다.

패러다임을 통한 새로운 천체의 발견

이 과정이 잘 드러나는 여러 역사적 사례가 있다. 먼저 쿤이 직접 드
는 예는 아니지만 쿤의 이론과 유사한 이론을 제시한 임레 라카토슈
Imre Lakatos가 드는 예인 핼리 혜성의 발견 사례를 살펴보자.[16] 뉴턴 이

---

14 위의 책, 92쪽. (*SSR* p. 24.)
15 위의 책, 130쪽. (*SSR* pp. 52-53.)
16 Lakatos, I., *The Methodology of Scientific Research Programmes* (Philosophical Papers: Volume 1), J. Worrall and G. Currie (eds.), Cambridge: Cambridge Uni-

전 유럽에는 혜성에 대해 대략 세 가지 견해가 있었다. 하나는 아리스토텔레스의 견해로 혜성은 실제 천체가 아니고 지구 대기의 와류로 생기는 대기권 현상이라는 것이었다. 이 견해는 1577년 관측의 명인 튀코 브라헤가 맨눈 관찰을 통해 혜성은 적어도 달보다는 더 멀리 있다는 것을 보임으로써 반박된다. 두 번째 견해는 동서양 공히 널리 퍼졌던 견해로 혜성은 인간의 죄에 분노한 하나님 혹은 하늘이 보낸 경고라는 것이었다. 마지막은 혜성은 직선 경로를 가지는 천체라는 케플러의 주장이었다.

그런데 1600년경에 망원경이 발명되고 이후 계속 발전을 거듭하여 전에는 맨눈으로 볼 수 없었던 천체들을 관찰할 수 있게 된다. 이에 더해 1687년 뉴턴의 역작 『프린키피아』가 출간된다. 여기서 제시된 뉴턴의 이론에 따르면 태양계 주위를 계속 도는 천체는 모두 타원 궤도를 가진다. 뉴턴의 친구이자 천문학자이며, 뉴턴의 『프린키피아』가 출판되기까지 뉴턴에게 지속적인 자극과 도움을 준 에드먼드 핼리Edmond Halley(1656-1742)는 뉴턴의 이론을 사용해 질량이 큰 행성인 목성과 토성의 중력에 의해 혜성들이 어떤 영향을 받을지를 연구한다. 그리고 이 연구를 여러 혜성 관찰 자료를 적용해 혜성의 궤도를 계산한 결과 1682년에 나타났던 혜성의 궤도 일부가 1607년에 나타났던 혜성 그리고 1531년에 나타났던 혜성의 궤도와 매우 유사함을 발견하게 된다. 그리하여 이 '세 개'의 혜성이 실제로는 대략 76년마다 반복적으로 돌아오는 동일한 혜성이라는 결론을 내리고, 다시 계산을 통해 이 혜성이 1758년에 다시 나타날 것으로 예측한다. 비록 뉴턴과 핼리는 살아서는 보지 못했지만, 이 혜성은 실제로 1758년 12월 25일에 다시 관측되어

---

versity Press, 1978, pp. 5, 184.

핼리의 예측이 맞아떨어지게 된다. 인류가 천체 관측을 시작한 이래 핼리 혜성이 반사한 빛을 본 사람들이 무수히 많았겠으나 뉴턴 이론을 통해 정확한 예측을 하고 그 예측이 맞음을 관찰한 다음에서야 이 무수한 관측 사례들이 하나의 혜성의 반복된 관찰 사례로 여겨지게 되고 새로운 혜성의 발견으로 이어지게 된 것이다. 쿤은 이 사례를 이미 관측된 존재를 새로운 패러다임하에서 재해석하는 것이라 하지 않고, 새로운 존재가 발견된 사례라고 주장한다.

패러다임이 유도하는 발견으로 쿤 자신이 제시하는 예는 천왕성 발견 사례 그리고 이후 여러 소행성들을 "급속히 발견"[17]하게 된 사례다. 천왕성의 발견은 핼리 혜성의 발견과 비슷한 사례다. 망원경이 발명되기 전에 천왕성은 맨눈으로 관찰하기 어려웠다. 1600년경에 망원경이 발견된 이후 여러 천문학자가, 현대의 계산에 따르면 천왕성이라고 추정되는 천체에 대한 관측 보고를 하게 된다. 하지만 행성에서 반사한 빛을 보는 것과 이를 행성으로 판단하는 일은 전혀 다른 일이다. 실제로 천왕성은 맨눈으로 관측할 수 있기는 하나 매우 어둡고 공전 속도가 느려 이를 행성으로 인식하기가 쉽지 않았다. 이때 망원경을 이용한 다양한 천체 관측 결과를 새로운 행성의 존재로 연결 지은 사람이 윌리엄 허셜William Herschel(1738-1822)이었다. 허셜은 뉴턴의 이론을 이 관측 결과들에 적용해 1781년에 이를 새로운 혜성이라고 발표했다가 1783년에 이르러 새로운 행성이라고 주장하게 된다. 핼리 혜성의 사례와 마찬가지로 이는 뉴턴역학을 통한 상세한 궤도 계산이 없었다면 불가능했을 일이었다. 이는 대단한 발견이었다. 천문학은 인류 역사상 가장 오

---

17 토머스 쿤, 『과학혁명의 구조』, 김명자, 홍성욱 옮김, 까치글방, 2013, 216쪽. (SSR p. 115.)

래된 학문으로, 지난 수천 년간 별을 관찰하고 기록해 온 동안, 새로운 행성의 존재가 인정된 것은 처음이었기 때문이다. 당시 유행했던 점성술은 인간의 운명이 태어날 때의 행성들 위치에 의해 결정된다고 하면서도 정작 태양계에 몇 개의 행성이 존재하는지에 대해 아무런 의미 있는 예측도 내어놓지 못했다.

새로운 행성 천왕성이 존재한다는 사실이 받아들여지게 되자 유사한 발견들이 쏟아지기 시작한다. 1801년 화성과 목성 사이에서 현재는 왜행성이라 불리는 세레스가 발견되고, 1802년 세레스와 거의 같은 궤도를 가지는 소행성 팔라스가 발견된다.[18] 특히 천왕성이 발견되었을 때 천왕성의 궤도가 그 유명한 티티우스-보데의 법칙과 맞아떨어져 당시 많은 천문학자들이 화성과 목성 사이에도 행성이 존재할 것이라 믿었는데, 이러한 믿음에 따라 천문학자들이 팀을 이뤄 황도면을 여러 구역으로 나눈 뒤 각자 맡은 구역을 관측하는 방식으로 여러 소행성을 찾아내게 된 것이다—당시 그들은 스스로 '하늘의 경찰들'Die Himmelspolizey이라고 부르며 새로운 천체들을 추적하는 작업을 조직적으로 진행했다. 패러다임이 구체적 문제와 이 문제에 어떤 정답이 있을 것이라는 상세한 예측을 주면 과학자들이 이를 찾아내려는 작업을 조직적으로 수행하면서 발견이 쏟아지게 되는 것이다.

'반증 사례'를 새로운 발견으로 역전시키는 패러다임

그런데 이후 천왕성의 궤도를 지속해서 관측한 결과, 천왕성이 뉴턴

---

18 자신과 비슷한 궤도를 갖는 다른 천체에 비해 크기가 월등히 크지 않은 태양계 천체 중 모양이 구형이면 왜(왜소)행성, 구형이 아니면 소행성이라 부른다. 세레스는 소행성대의 유일한 왜행성이다. 크기가 달보다 작은 명왕성은 근처에 더 크거나 비슷한 천체들이 여럿 있어서 왜행성으로 불린다.

역학의 예측치와는 크게 다르게 움직인다는 점을 발견하게 된다—천
왕성의 공전주기는 대략 84년으로 궤도의 절반만 관측하는 데에도
40여 년이 걸린다. 어떻게 된 일일까? 포퍼의 반증주의를 소박하게 적
용한다면, 과학자들은 뉴턴역학이 반증되었다고 결론 내리고 새로운
이론을 찾아 나서야 했다. 하지만 당시 뉴턴역학이 틀렸다고 생각한 천
문학자들은 거의 없었다. 1687년 뉴턴이 『프린키피아』를 발표하면서
확립된 뉴턴역학은 핼리 혜성, 천왕성, 소행성대 등의 새로운 천체의
발견을 이끌면서 놀라운 성공을 거듭해 왔기에 당시 과학자들 사이에
서 뉴턴역학에 대한 믿음은 거의 절대적이었다. 그렇다면 천왕성의 관
측 궤도는 왜 예측과 다른 것인가?

당시 천문학자들이 자연스럽게 내린 결론은 지금까지 발견되지 않은
행성이 더 있어서 이 행성이 천왕성의 궤도에 영향을 주기에 그렇다는
것이었다. 그리고 이 아직 발견되지 않은 행성까지 고려해서 뉴턴역학
을 사용해 예측치를 계산하면 관측치와 정확히 일치할 것이라는 생각
이었다. 뒤집어서, 관측치와 뉴턴역학으로부터 이 발견되지 않은 행성
의 질량과 궤도를 정확하게 계산할 수 있다는 생각이었다. 1843년 케
임브리지 대학을 갓 졸업한 23세의 존 쿠치 애덤스John Couch Adams
(1819-1892)는 바로 이 생각을 가지고 작업을 시작한다. 컴퓨터가 없던
당시 이러한 계산은 긴 시간과 노력, 그리고 새로운 문제 풀이 방식을
요구하는 도전적인 작업이었다. 애덤스는 1844년과 1845년 이 발견되
지 않은 행성의 위치 예측치를 얻어 냈고, 그리고 이 예측치를 가지고
당시 저명한 천문학자들인 케임브리지 천문대의 제임스 챌리스와 왕실
천문학자 조지 에어리에게 이 행성을 찾아달라고 부탁한다. 하지만 설
득이 충분하지 않아 챌리스와 에어리가 새 행성을 찾는 작업에 나서지
는 않았다. 실제로 애덤스가 해왕성의 위치를 얼마나 정확하게 예측해

챌리스와 에어리에게 알려 줬는지에 대해서는 지금까지도 논란이 있다. 최근의 연구들은 애덤스의 예측치는 실제 궤도와 큰 차이가 있었다고 주장하고, 애덤스의 역할이 정치적인 이유에 의해 역사적으로 부풀려져 왔다고 주장한다.

한편 대륙에서는 프랑스인인 위르뱅 르베리에Urbain Le Verrier (1811-1877)가 같은 생각을 가지고 작업을 진행하고 있었다. 그리하여 1846년 6월 파리 과학아카데미에서 새로운 행성의 위치 예측치를 발표한다. 이 발표를 본 에어리는 르베리에의 발표와 애덤스의 계산이 매우 유사하다는 것을 발견하고, 이들의 작업이 상당히 그럴듯하다고 생각하게 된다. 그래서 은밀하게 그해 7월과 8월 그리니치 천문대에서, 이들이 알려 준 예측치를 가지고 관측을 시도한다. 그런데 또 한 번 안타깝게도 에어리는 이 새 행성을 보기는 했지만 발견하지는 못하게 된다. 에어리는 1846년 8월 8일과 8월 12일에 이 행성을 보고 기록에 남겼지만, 이를 새로운 행성으로 인식하지 못하고 항성이라고 생각했던 것이다.

이러한 사실을 알지 못한 채, 르베리에는 그해 8월 31일 베를린 관측소의 요한 갈레에게 편지를 보내 자신의 예측치를 알려 주고 이에 따라 관측을 시행할 것을 설득했다. 9월 23일 편지를 받은 갈레는 바로 작업을 수행할 것을 결심하는데, 마침 운이 좋게도 갈레의 조수 중 한 사람이 르베리에가 새 행성이 나올 것이라고 알려 준 위치 주변에 대한 자세한 별 지도를 얼마 전에 작성했던 것이다. 이와 대조해 그날 밤 작업을 시작하고, 곧 한 시간도 안 되어 르베리에가 알려 준 위치에서 1도 정도밖에 차이가 나지 않는 위치에서 새 행성을 발견한다. 이 행성이 바로 해왕성이다.

해왕성의 발견은 뉴턴역학의 또 하나의 획기적인 성공 사례로 평가

되었다. 관측치와 어긋난 예측치를 냈던 뉴턴역학이 위기를 기회로 역전시켜 새로운 행성의 발견으로 이끈 것이다. 패러다임은 위기 상황에서도 새로운 발견을 이끄는 역할을 한다.

때론 '없는 것'까지 보게 해 주는 패러다임

아직 하나의 반전이 남아 있다. 1846년 해왕성의 발견은 태양계에 일곱 개의 행성(수, 금, 지, 화, 목, 토, 천)만이 존재한다는 보조 가설 하에 뉴턴역학을 사용해 얻은 예측치와 천왕성의 실제 궤도 관측치가 서로 다르다는 것을 알게 되면서 시작되었다. 그런데, 천왕성만 그런 것이 아니었다. 수성의 실제 궤도 관측치 역시 예측치와 유의미한 차이를 보인다는 점을 1840년 파리 천문대 소장인 프랑스 천문학자 프랑수아 아라고François Arago(1786-1853)가 발표한 것이다.

'펜 끝으로 해왕성을 발견한 사람'으로 국제적 명성을 얻은 르베리에는 수성의 경우에도 역시 같은 이유로 관측치와 예측치의 차이가 생기는 것이라 생각했다. 그리하여 수성 궤도 안쪽에 지금까지 발견되지 않은 새로운 행성이 있을 것이라 가정하고 이 행성의 위치를 예측한 결과를 1859년 발표한다. 그해 12월 아마추어 천문학자이자 의사인 에드몽 르카보가 새로운 행성을 발견했다고 르베리에에게 알려 온다. 이를 확인한 르베리에는 1860년 1월 이를 파리 과학아카데미에서 발표하고, 르카보는 이 발견의 공으로 프랑스 최고 훈장인 레지옹 도뇌르 훈장을 수여받게 된다. 그리고 르베리에는 이 행성을 태양에 가장 가깝게 돌기에 매우 뜨거우리라 생각해 로마의 불의 신의 이름을 따서 불칸이라고 이름 붙였다.

이후 계속해서 불칸을 보았다는 보고가 여럿 발표된다. 르베리에는 이러한 보고에 근거해 불칸의 더 정확한 궤도와 질량 값을 계산해 발표한다. 1877년에 사망할 때까지 르베리에는 불칸의 존재를 믿었다. 그리고 1878년 개기일식이 북미 지역에서 나타날 때 많은 천문학자가 불칸 관측을 시도하는데, 이들 중 여러 새로운 혜성들을 발견한 경력이 있던 왓슨과 스위프트 두 학자가 불칸을 발견했다고 보고한다. 하지만 이러한 보고들에도 불구하고 대다수 천문학자는 불칸을 발견하지 못했는데, 내행성 관측이 매우 어렵다는 점을 고려하면 아주 이상한 일은 아니었다.

1915년 큰 반전이 일어난다. 아인슈타인이 자신이 만든 일반 상대론을 이용하여 수성 궤도의 관측치와 예측치의 차이는 수성 안쪽에 아직 발견되지 않은 행성이 존재해서가 아니라 태양의 중력에 의해 공간이 휘기 때문이라고, 즉, 절대시공간을 상정하는 뉴턴역학이 틀렸기 때문이라고 주장하는 논문을 발표한다. 이는 1919년 에딩턴의 유명한 관측으로 확인되게 되는 것이다. 즉, 해왕성의 경우와 달리, 수성 궤도의 문제는 뉴턴역학에서 일반 상대론으로의 패러다임 교체로 해결되게 된다.

후대의 패러다임에서는 없다고 간주되게 되지만 선대의 패러다임에서는 있다고 철석같이 믿어졌던 것의 예는 이외에도 여럿 있다. 19세기 후반 빛이 파동임이 확인되자 대부분의 물리학자는 파동은 이를 전달하는 매질이 존재해야만 존재할 수 있기에 빛의 매질인 에테르^{aether}가 존재한다고 믿었고, 많은 물리학자가 에테르의 존재를 직간접적으로 확인했다고 주장하는 논문을 발표했다. 또한 산소 이론이 등장하기 전 연소 현상을 설명하기 위해 18세기에 등장한 플로지스톤 이론의 이론가들은 당연히 플로지스톤의 존재를 믿으며 이를 '관찰'하고 '측정'했다. 열이란 에너지의 한 형태라는 이론이 등장하기 전 열 현상을 설명하는 칼로릭 이론의 이론가들은 또한 칼로릭의 존재를 믿으며 이를 열심히 '관찰'하고 '측정'했다. 현대의 관점으로는 에테르, 플로지스톤, 칼로릭을 '관찰'하고 '측정'한 과학자들은 도깨비와 같은 허상을 좇은 사람들이라고 생각하기 쉽다. 하지만 이들은 실제로 관찰되는 현상들을 에테르, 플로지스톤, 칼로릭의 존재를 상정해 예측, 설명을 시도한 것이었고, 이런 시도를 통해 본의든 아니든 기존 에테르, 플로지스톤, 칼로릭 이론이 심각한 문제점을 가지고 있음을 드러나게 했다. 우리가 현재 있다고 믿는 많은 것들—가령 암흑 물질, 암흑 에너지, 초끈, 일부 기본 입자들—역시 같은 운명에 처할 수 있다. 이는 패러다임의 실패라기보다는 오히려 새로운 발견으로 이끄는 우수함의 결과로 이해해야 한다는 것이 쿤의 견해다.

이런 사례들로부터 쿤은 다음의 결론을 내린다. 새로운 발견이란 단순한 하나의 행위가 아니라 시간이 걸리는 복잡한 과정으로, 패러다임의 지도하에 "무엇을 예측해야 할지를 매우 정확히 알면서 무엇인가가 잘못되었음을 깨달을 수 있는 사람"[19]만 할 수 있는 것이다. 즉 처음부터 기존 '체제'의 전복을 꿈꾸는 주변인들이 아니라 정상과학의 활동을 가장 잘 수행할 줄 아는 과학자 중 무언가 잘못되어 있다고 생각한 베테랑이 새로운 발견을 이뤄 낸다는 것이다.

2.3 정상과학의 특성을 이용해 과학과 비과학을 구분할 수 있는가?

과학 활동의 핵심은 모범 문제 풀이를 응용한 다양한 문제 풀이 활동이며 이 활동이 주가 되는 과학이 '정상과학' normal science이라고 쿤은 말

---

19 토머스 쿤, 『과학혁명의 구조』, 김명자, 홍성욱 옮김, 까치글방, 2013, 146쪽. (*SSR* p. 65.)

한다. 또한 쿤은 과학혁명이 아니라 정상과학이 비과학과는 구분되는 과학의 특징을 더 잘 드러낸다고 말한다.[20] 이제 정상과학의 특성은 무엇인지, 그리고 이 특성들을 통해 어떻게 과학과 비과학을 구분할 수 있는지, 그리고 자연과학과 인문, 사회과학을 구분할 수 있는지 살펴보자.

정상과학의 정의와 특성

" '정상과학(normal science)'은 과거에 있었던 하나 이상의 과학적 성취에 확고히 기반을 둔 연구 활동"[21], 더 자세히 말하면, 특정 과학자 공동체가 이후의 과학 활동에 기초를 제공하는 것으로 한동안 받아들이는 과학적 성취에 확고히 기반한 연구 활동이다. 이런 과학적 성취들은 과학 교과서에 나온다. 교과서는 이런 성취를 이론화, 체계화하고 적용 사례를 소개하며 연습 문제도 제시한다. 앞 장에서 말했듯이, 이런 과학적 성취는 많은 추종자를 만들어 내는 동시에 후대 연구자들이 풀 문제를 남겨 놓기에, 새로운 과학 연구의 길잡이 역할을 하는 패러다임을 구성한다. 그리하여 정상과학은 패러다임이 이끄는 연구다.

아무리 놀라운 성취라 하더라도 완벽할 수는 없다. 그리하여 정상과학하의 과학자들은 패러다임을 더욱 완벽하게 만들려고 활동한다. 쿤은 정상과학하의 과학자들은 서로 얽혀 있는 세 가지 활동, 즉, (i) **중요 사실 수집**, (ii) **패러다임 확인**, (iii) **패러다임 정교화**에 집중한다고 말한다. 첫째, **중요 사실 수집**은 사물의 본성을 특히 잘 나타내 주는 사실

---

20 Kuhn, Thomas S., (1974), "Logic of Discovery or Psychology of Research?" in *The Philosophy of Karl Popper*, ed. by P. A. Schilpp, Open Court, p. 802.

21 토머스 쿤, 『과학혁명의 구조』, 김명자, 홍성욱 옮김, 까치글방, 2013, 73쪽. (*SSR* p. 10.)

이라고 패러다임이 보여 주는 것들을 정확하게 밝히는 활동으로, 예를 들어 별들의 정확한 위치와 광도, 물질의 물리 화학적 특성(전기전도도, 접촉포텐셜, 압축도 등)을 정밀하게 밝히는 활동 등을 말한다. 이런 사실들이 먼저 밝혀져야 이를 기반으로 더욱 심층적인 연구가 수행 가능한 것이다.

둘째, **패러다임 확인**은 패러다임이 주는 예측을 관찰, 실험을 통해 확인하는 활동이다. 더 이론적인 과학일수록 "직접 자연과 비교될 수 있는"[22] 영역이 많지 않기에 패러다임으로부터 예측을 유도해 관찰, 실험 결과와 부합하는가를 따지는 일은 많은 노력과 창의성을 필요로 하는 작업이 된다. 또한 이는 중요 사실 수집보다 훨씬 더 패러다임에 의존한다. 예를 들어 뉴턴의 『프린키피아』가 발간된 지 100년이 지난 후 뉴턴의 이론이 이미 널리 받아들여지고 있는 상황에서 애트우드 기계Atwood machine라는 실험 장치가 고안된다(그림 참조). 이는 고등학교 물리 교과서에 자주 등장하는 장치로, 도르래에 연결된 두 개의 추의 질량을 바꿔 가며 가속도를 측정해 뉴턴 제2법칙이 맞는지를 보이는 실험 장치다. 쿤은 "『프린키피아』가 없었다면 애트우드의 기계를 이용한 측정은 아무런 의미가 없었을 것"[23]이라고 말한다. 그런데 여기서 의문이 하나 들 것이다. 쿤의 말대로 당시 과학자들이 뉴턴의 패러다임을 아무런 의심 없이 받아들이고 있었다면 도

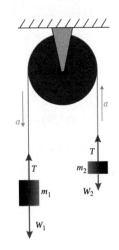

---

22 위의 책, 94쪽. (*SSR* p. 26.)
23 위의 책, 96쪽. (*SSR* p. 27.)

대체 왜 뉴턴의 법칙을 시험하는 장치를 만들어 패러다임이 맞는지를 확인하려 한 것인가? 이 점이 과학과 비과학을 나누는 기준을 잡을 때 매우 중요하다는 것을 뒤에서 보게 될 것이다.

셋째, **패러다임 정교화**는 패러다임에서 가장 중요한 역할을 하는 중력 상수, 아보가드로 수, 줄의 계수 등의 기본 상숫값을 더욱더 정확히 결정하는 활동이다. 이런 연구들은 오랜 시간에 걸쳐 계속 수행되어 점점 더 정교한 결과를 가져온다. 또한 정량적인 법칙들과 패러다임을 구체적으로 적용하는 방식 역시 계속 정교화된다.

이 활동들이 갖는 특성을 쿤은 퍼즐 풀이에 비유해 설명한다. 가령 십자말풀이를 생각해 보자. 십자말풀이는 반드시 따라야 할 규칙이 있다. 문제는 세 글자 답을 요구하는데, 네 글자 단어가 더 좋은 답이라고 생각해 세 칸 안에 네 글자를 욱여넣어서는 안 된다. 마찬가지로 패러다임을 마음대로 수정해 문제를 해결하려고 해서는 안 되고 패러다임이 정한 규칙에 따라 예상되는 답을 내놓아야만 정답으로 인정받을 수 있다. 또한 십자말풀이에는 이미 결정된 정답이 있다. 십자말풀이를 완성하지 못할 경우 이는 십자말풀이가 잘못된 것이 아니고, 문제 푸는 사람의 실력이 부족해 풀지 못한 것이다. 마찬가지로 패러다임을 이용한 예측이 관찰, 실험 결과와 일치하지 않는 경우, 이는 패러다임이 잘못되어서가 아니라 과학자의 능력 부족 탓—패러다임으로부터 제대로 예측을 끌어내지 못했거나 실험, 관찰을 잘못한 경우—이다. 그리하여, 정상과학 활동은 "마지막 마무리 작업mop-up work"[24]이다. 과학자들은 새로운 종류의 현상을 불러오려는 것을 목표로 하지 않으며, 변칙현상을 발견하려 하지 않으며, 설사 변칙현상이 나타나도 대부분 무시하

---

24 위의 책, 91쪽. (*SSR* p. 24.)

여 파악하지도 아니하며, 새로운 이론을 만들려는 노력을 하지 않으며, 그러한 노력을 하는 사람들에게 관대하지도 않은 것이다.

퍼즐 풀이만큼은 아니지만 쿤은 종종 패러다임에 대한 과학자들의 믿음과 태도를 종교적 신념과 교조적 태도에 비유한다. 과학자들은 패러다임에 대한 신념(혹은 신앙faith)을 가지고 있고, 패러다임을 바꾸려는 개별 과학자들의 결정은 "신념을 바탕으로 할 때에만 이루어질 수 있"[25]으며, 이러한 결정은 설득에 의한 선택이라기보다는 "개종"[26]이고, "정상과학은 과학자 공동체가 세계가 무엇인가를 알고 있다는 가정에 입각"[27]해 이뤄지는 것으로 과학의 성공은 대부분 "필요하다면 상당한 대가를 치르고서라도, 공동체가 그 가정을 기꺼이 옹호하려는 의지로부터 나온다"[28]라고 쿤은 말한다.

그렇다면 다음과 같은 의문이 든다. 과연 과학은 종교와 근본적으로 다른 것인가? 종교 역시 창시자나 선지자의 놀라운 기적과 성취에 기반해 만들어지고 이를 통해 후세의 종교 활동의 길잡이 노릇을 하는 패러다임이 만들어지지 않는가? 종교의 경전은 이러한 성취를 이론화, 체계화하고, 실생활에 적용해야 하는 여러 사례를 제시하고 있지 않는가? 후세의 종교 지도자나 수행자들 역시 기적이나 신의 계시와 같은 중요 사실을 수집하고, 교리를 확인하고 더욱 정교화하지 않는가? 무엇보다도 종교 역시 교리의 새로움을 추구하지 않으며, 새로운 신을 찾으려고 하지 않고, 새로운 신을 찾으려고 노력하는 사람들에게 관대하지도 않지 않은가? 종교의 성공 대부분은 필요시 상당한 비용을 치르

25 위의 책, 272쪽. (*SSR* p. 171.)
26 위의 책, 262쪽. (*SSR* p. 150-155.)
27 위의 책, 67쪽. (*SSR* p. 5.)
28 위의 책, 67쪽. (*SSR* p. 5.)

더라도 이러한 신앙을 지키려는 의지로부터 나오는 것이 아닌가?

하지만 과학과 종교가 이와 같은 유사점을 갖는다고 해서 여전히 근본적인 차이가 없는 것이 아니다. 이 근본적인 차이는 쿤이 강조해서 설명하지 않았을 뿐 이미 정상과학 활동에 대한 위의 설명에서 찾을 수 있다. 하나는 바로 찾을 수 있지만 과학과 비과학을 나누는 기준으로 일반화되기 어렵고, 다른 하나는『구조』외의 쿤의 다른 저작들도 읽어 봐야 분명하게 이해할 수 있지만 좀 더 근본적이며 과학과 비과학을 나누는 기준으로 일반화될 수 있는 차이다. 이 둘을 하나씩 살펴보자.

과학과 종교의 피상적 차이: 정확히 들어맞는 예측

정상과학 활동의 핵심은 모범 문제 풀이를 활용해 다양한 문제를 푸는 것이다. 그런데 이런 문제 풀이는 보통 예측을 수반한다. 가령 **패러다임 확인**은 패러다임으로부터 예측을 끌어내 실제로 자연과 부합하는가를 따지는 활동으로, 앞에서 언급된 애트우드 기계를 이용해 실험을 할 경우 두 추의 질량과 초기 속도가 결정되면 이후에 정확히 어떤 결과가 산출될지를 패러다임을 통해 정확히 예측할 수 있고, 이 예측이 맞는지 바로 확인할 수 있다. 즉, 다양한 문제를 푸는 정상과학 활동은 다양한 상황에서 잘 들어맞는 예측을 제공해 준다. 그리고 정확한 미래 예측은 인간의 생존과 번성에 엄청난 기여를 해 왔다.

이러한 예측을 제공하는 첫 번째 정상과학이 천문학이었다. 이는 문명이 시작했을 당시 가장 중요한 산업이 농업이었기에 그렇다. 농사를 짓기 위해서는 계절과 날씨가 앞으로 어떻게 변할지 아는 것이 필수적인데, 이른 봄에 날씨가 조금 따뜻해졌다고 바로 씨를 뿌렸다가는 다시 한파가 찾아와 한 해 농사를 망칠 수도 있었고, 우기가 시작되기 전에 수로를 정비해 놓지 않으면 홍수나 가뭄 피해를 볼 수도 있었기 때문이다. 이런 예측을 천문학이 제공했다. 왜냐면 날씨의 변화는 크게 계절의 변화를 따르고, 계절의 변화는 (천구의 회전 또는 지구의 공전에 의한 것이기에) 별자리의 변화와 맞물려 나타나기 때문인데, 이렇게 별자리의 변화를 통해 날씨의 변화를 예측할 수 있다는 믿음을 천문학의 패러다임들이 제공했던 것이다. 고대 바빌로니아, 이집트, 인도, 중국 문명에서는 세밀한 천문관측에 기반해 달력을 만들어 계절 변화를 예측해 농업에 활용했다. 이미 기원전 1300년경에 일식, 월식 등의 천체 현상을 관측한 기록이 있으며, 이집트의 달력을 참고해 율리우스 카이사르가 1년의 길이를 365.25일(현재는 365.242374일로 계산)로 정해 만든 율리우스력이 반포된 것이 기원전 46년의 일이다. 천문학이 발달함에 따라 일식, 월식 등의 예측은 매우 정확하게 이뤄져, 조선왕조실록에는 세종 4년 예측한 시간보다 15분 늦게 일식이 시작되었다는 이유로 담당 관리가 곤장을 맞았다는 기록이 있다. 현대에는 해 뜨는 시간, 해 지는 시각, 일식, 월식, 각 행성의 위치, 혜성의 출현 등을 아주 정확히 예측할 수 있다.

다른 현대의 성공적인 과학들도 마찬가지다. 과학적 지식을 통해 만들어진 기계, 건축물, 의료기술 역시 놀라운 예측적 성공에 바탕을 두고 있다. 스마트폰의 아이콘을 누르면 전화가 걸릴 것이고, 아세트아미노펜(타이레놀)을 먹으면 열이 내리고 통증이 가라앉을 것이며, MRI 영상이 보여 주는 대로 내시경 수술을 하면 바로 종양을 찾아내 제거할 수 있을 것이다. 정상과학 활동은 자주 이런 정밀하게 들어맞는 예측을 제공하는 것이다.

이것이 과학과 종교의 차이 중 하나다. 종교 활동은 과학 활동과 많은 유사점에도 불구하고 정확한 미래 예측을 제공하지도 목표로 하지도 않는다. 예측한 시간보다 15분 늦게 일식이 시작되었다는 이유로 담당 관리가 곤장을 맞았다는 사실은 바로 천문관이 해야 할 일이 무엇보다도 예측이라는 점을 정확히 말해 준다. 반면 종교의 창시자나 선지자가 아무리 놀라운 기적과 성취를 행한다 하더라도 그리고 이것이 후세의 종교 활동의 길잡이 노릇을 한다고 하더라도, 이는 예측 활동이 아니기에 쿤은 패러다임이라고 부르지 않을 것이다.

또한 과학의 예측력은 정상과학하에서 끊임없이 진보한다. 퍼즐 풀이로서의 정상과학은 "과학지식의 범위와 정확성의 꾸준한 확장"[29]을 가져오기에 매우 축적적이다. 그리고 과학자들의 패러다임에 대한 교조적 태도는 이러한 축적적 발전에 필수적이다. 소수의 전문적인 문제들에 집중하게 함으로써, 패러다임은 과학자들로 하여금 자연 일부를 다른 방식으로 가능하지 않을 정도로 "상세하고 깊게 탐구하도록 만드는"[30] 것이다. 그리고 여기서 종교와의 또 다른 중요한 차이가 드러난다. 패러다임은 어떤 연구를 수행하면 어떤 결과가 나올 것이라는 '패러다임이 주는 기대'를 과학자들에게 갖게 한다. 이러한 기대하에 더 자세하고 정밀한 연구를 수행하면 기존에는 보지 못했던 새로운 결과들이 산출된다. 그리하여 패러다임이 이끄는 자세하고 정밀한 연구는 오히려 패러다임에 어긋나 보이는 결과들 역시 더 잘 만들어 냄으로써 정상과학 활동이 위기를 가져오고 이들 중 일부는 혁명으로 이어지는 것이다(이는 다음 장에서 자세히 살펴볼 것이다). 결론적으로 많은 종교가 무조건적인 믿음을 방법만이 아닌 목표로 하는 것과는 다르게, 과학자들의 교조적 태도는 방법론적 교조일 뿐이고 실제로는 이를 통해서 위기와 혁명이 일어나는 것이다(과연 이런 방법론적 교조를 통해

---

29 위의 책, 129쪽. (*SSR* p. 52.)
30 위의 책, 92쪽. (*SSR* p. 24.)

과학혁명이 끊임없이 일어날지 아니면 기존 패러다임이 완전히 전복되는 큰 혁명은 더 이상 일어나지 않고 과학 활동이 하나의 균일한 형태로 수렴해 갈지에 따라 쿤 이론의 중요한 성패가 결정될 것이다).

그렇다면 종교와 유사한 면들은 과학의 핵심적인 특성들이 아니고 정확한 미래 예측을 제공한다는 특성만이 과학의 특징이 되는 것인가? 정말 그렇다면 정상과학에 대한 쿤의 긴 설명은 뜯어볼 것도 없이 정확한 예측력을 가졌다는 점을 과학의 고유한 성격으로 잡고, 이에 따라 과학과 비과학을 나누면 되지 않는가?

하지만 그렇게 할 수 없다라는 것이 쿤의 견해다. 과학과 비과학을 나누는 가장 중요한 기준은 여전히 정상과학하의 퍼즐 풀이 활동이 일어나는지의 여부라는 것이다. 왜 그런지 살펴보자.

과학과 비과학의 진정한 차이: 퍼즐 풀이 활동

정확한 미래 예측을 제공하는지의 여부로 과학과 비과학을 나눌 수 없는 이유는 정확한 미래 예측은 과학 중의 오직 일부만, 그것도 매우 성숙하고 안정된 경우에 제공하는 것이기 때문이다. 뉴턴이 막『프린키피아』를 완성한 시점을 생각해 보라.『프린키피아』는 거리의 제곱에 반비례하는 힘으로 태양이 행성들을 끌어당기는 만유인력의 법칙을 제시하고, 이로부터 케플러의 세 법칙을 유도하고 조수 현상이 왜 일어나는지 등에 대한 설명을 제시한다. 하지만 이를 가지고 바로 정확한 예측을 할 수 있는 게 아니다. 일식, 월식, 천체들의 위치를 예측하기 위해서는 천체들의 과거 위치에 대한 정확한 데이터가 필요하고, 모범 문제 풀이를 잘 응용하는 능력과 뛰어난 계산 능력을 갖춘 과학자가 필요하다. 마찬가지로 뉴턴역학을 이용해 가령 포탄의 궤적을 예측하기 위해서는 포탄의 모양과 속도, 풍향과 풍속에 따라 공기의 저항이 얼마나

변하는지를 알아야 한다. 즉, **중요 사실 수집**이 상당히 진행되고 패러
다임을 적용하는 능력이 상당히 발전된 다음에야 정확한 예측이 가능
해진다. 만약 정확한 미래 예측을 제공하는지의 여부로 과학과 비과학
을 나눈다면『프린키피아』가 나온 시점에서 뉴턴역학은 비과학이었다
가, 시간이 흘러 충분한 예측을 할 수 있게 된 다음에야 비로소 과학이
되었다고 결론 내려야 한다. 하지만『프린키피아』가 나온 시점이나 그
로부터 백 년이 흐른 다음의 시점 사이에 뉴턴역학의 과학성은 거의 변
하지 않았다고 보는 게 맞다. 뉴턴역학 패러다임 하에서의 과학자들의
퍼즐 풀이 활동의 성격이 변하지 않았기 때문이다. 또한 뉴턴역학에 위
기가 찾아오는 경우, 가령, 뉴턴역학으로부터 이끌어 낸 천왕성 궤도
예측치가 실제 관측치에 전혀 부합하지 않는 상황이 되었다고 해서, 뉴
턴역학이 갑자기 비과학이 되거나 아니면 예측이 맞는 영역에서는 과
학이면서 동시에 예측이 맞지 않는 천왕성과 관련해서는 비과학이 되
는 것도 아니다. 위기를 겪는 과학도 여전히 과학인 것이다. 또한 과학
으로 인정받는 많은 것들이 정확한 예측을 제공하지 못한다. 화산, 지
진학자들이 정확히 언제 화산이 폭발하고 지진이 일어나는지를 예측하
지 못한다고 해서 그들의 활동이 비과학인 것은 아니다.

　그렇다면, 기준을 완화해 정확한 예측의 제공이 아니라 예측 활동을
하는지의 여부로 과학, 비과학을 나누면 어떨까? 이 경우 반대로 너무
많은 것들이 과학에 포함된다. 쿤은 점성술을 예로 들어 설명한다.[31] 점
성술의 역사를 살펴보면, 개인의 운명과 자연재해 발생 등에 대한 수많
은 예측 사례가 등장한다. 그리고 이러한 예측들은 일부는 잘 들어맞았

---

31 Kuhn, Thomas S., "Logic of Discovery or Psychology of Research?" in *The
Philosophy of Karl Popper*, ed. by P. A. Schilpp, Open Court, 1974, 798-819, pp.
803-805.

다. 또한 예측이 실패했을 경우에도 왜 예측이 실패했는지에 대해 그럴 듯한 설명이 있어 왔다. 운명 예측의 당사자가 정확히 언제 태어났는지 그 기록이나 기억이 부정확해서 예측이 실패했었을 수도 있고, 태어났 었을 때의 행성들 위치가 잘못 계산되어서 그랬을 수도 있다고 말이다.

예측 활동을 하고 또 맞는 것으로 드러난 몇몇 예측을 제공했음에도 불구하고 쿤은 점성술은 과학이 아니라고 말한다. 점성술은 100여 년 전까지의 의술처럼 일종의 공예craft로서, 어느 정도 그럴듯해 보이는 이론을 바탕으로 해서 여러 활동이 이뤄지되 정상과학의 세 가지 활동, 즉, 중요 사실 수집, 패러다임 확인, 패러다임 정교화는 거의 이뤄지지 않았다는 것이다. 어느 특정인의 운명에 대한 점성술사의 예측이 실패 했는데, 그 점성술사가 예측 실패의 원인으로 이 사람이 정확히 언제 태어났는지 그 기록이나 기억이 부정확하다는 점, 그리고 태어났었을 때의 행성의 위치가 잘못 계산되었다는 점을 제시했다고 하자. 점성술 이 정상과학이라면 이제 점성술사들은 사람들의 탄생 시점을 정확히 측정하는 도구를 개발해야 하고 또 주어진 순간의 행성들 위치를 보다 더 정확하게 계산하는 법을 만들어서, 이 예측의 실패가 정말로 바로 그 이유 때문인지를 확인해야 한다. 즉 중요 사실 수집과 패러다임 정 교화가 이뤄져야 한다. 하지만 실제로 그런 일이 이뤄지지 않았다. 설 혹 누군가 중요 사실을 수집했다 하더라도, 이 사실을 사용해 점성술의 이론을 더욱 정교화하려는 노력을 수행하지 않았거나, 설혹 시도했다 하더라도 실제로 정교화가 성공적으로 이뤄지지 않았던 것이다. 다시 한번 애트우드 기계를 상기해 보라. 이 기계는 도르래에 연결된 두 개 의 추의 질량을 바꿔 가며 가속도를 측정해 뉴턴 제2법칙이 맞는지를 끊임없이 확인할 수 있게 해 준다. 학생들은 이 기계를 사용해 뉴턴 제 2법칙을 실제 사례에 적용하는 방식을 배운다. 그리고 실험 결과들은

(숙련된 실험자가 수행할 경우) 뉴턴 제2법칙의 예측과 정확히 일치한다. 그런데 점성술에는 애트우드 기계와 같은 것이 없다. 사람의 태어난 시간을 입력하면 운명 예측치가 나오고 그 사람의 실제 운명과 비교해 점성술이 참임을 끊임없이 확인시켜 주면서 새로운 점성술사를 교육시키는 장치가 점성술에는 없는 것이다. 즉, 점성술에서는 패러다임 확인 작업이 이뤄지지 않았던 것이다. 이러한 이유로 쿤은 "점성술에는 풀어야 할 퍼즐이 존재하지 않으며, 따라서 실행해야 할 과학이 없다"[32]고 결론 내린다.

신문, 방송에는 많은 전문가라는 사람들이 나와 주식, 부동산, 가상화폐 등의 가격에 대한 미래 전망을 내놓는다. 이들 중 일부는 주가 폭락이나 부동산 가격 폭등을 정확히 예측한 전문가라는 타이틀을 자랑한다. 하지만 이들이 하는 활동이 과학으로 인정받으려면 퍼즐 풀이 활동이 일어나야 한다. 먼저 이들이 내놓는 많은 예측들 각각이 정말로 맞는지 틀리는지를 스스로 확인해야 하고, 틀리면 왜 틀렸는지를 찾는 퍼즐 풀이 활동을 해야 한다. 이 과정을 통해 중요 사실 수집, 패러다임 확인, 패러다임 정교화가 일어나야만 이들의 활동이 정상과학 활동이 될 수 있는 것이다. 예측만 하고 체계화된 확인 작업을 하지 않는 것은 점성술의 경우와 다를 바 없다. 점성술의 예측도 간혹 맞고, 재난과 운명을 정확히 예측한 점성술사라는 타이틀을 가진 이도 있는 것이다.

결론적으로 쿤이 제시하는 과학과 비과학의 구획 기준은 퍼즐 풀이 활동이 주가 되는 정상과학의 존재 여부다. 앞에서도 보았듯이 퍼즐 풀이 활동이 고도화될수록 보다 정교한 예측력을 갖추게 된다. 하지만 예측력은 결과물이고 퍼즐 풀이 활동의 존재가 과학을 과학으로 만드는

32　위의 책, p. 804.

특성인 것이다.

인문학, 사회과학과의 구분

마지막으로 인문학, 사회과학이 과학인지, 과학이라면 자연과학과 어떻게 다른지에 대한 쿤의 견해를 살펴보자. 쿤은 과학을 세 단계─두 단계가 아니다─로 구분한다. 이미 성숙한 단계로 들어선 분야는 정상과학의 단계와 과학혁명의 단계를 반복한다. 뉴턴역학이 혁명을 거쳐 상대성 이론과 양자역학으로 대체되었고, 만약 또 혁명이 발생하면 다른 이론들로 대체될 것이다. 그렇다면 뉴턴역학 이전은 어떤가? 쿤은 뉴턴역학 이전에 역학 분야에 정상과학이 없었다고 말한다. 대신 여러 경쟁하는 학파들이 있었다. 이렇게 경쟁하는 학파들이 존재하면서 그중 어느 것도 다른 것을 압도할 만한 놀라운 성취를 통해 합의를 만들어 내지 못하는 상태의 과학을 쿤은 패러다임 이전pre-paradigm 상태의 과학 혹은 원시과학protoscience이라고 부른다. 이 글에서는 이를 전정상과학prenormal science이라고 하겠다.[33]

전정상과학 단계에서도 여러 학파가 개념, 현상, 기술 차원의 발전을 이뤄 내고 이것이 정상과학 도래의 밑거름을 제공한다. 그런데도, 쿤은

---

[33] 'pre-paradigm' 이라는 표현은 쿤이 『과학혁명의 구조』에서 여러 번 사용하는 용어이고, 'protoscience' 라는 표현은 쿤의 논문 "Reflections on My Critics" (pp. 244-246, *Criticism and the Growth of Knowledge* ed. Lakatos and A. Musgrave 231-278. Cambridge: Cambridge University Press, 1970)에 등장한다. 'prenormal science' 라는 표현은 『과학혁명의 구조』에 대한 가장 인정받는 해설서인 호이닝엔-휘네 Hoyningen-Huene의 저작 *Reconstructing Scientific Revolutions: Thomas S. Kuhn's Philosophy of Science* (Chicago: University of Chicago Press)에 등장하는데, 호이닝엔-휘네는 『과학혁명의 구조』의 2판 등에서 쿤이 정상과학 이전 단계의 경쟁하는 학파들도 제각각 패러다임을 가진 것으로 여길 수 있다고 말하기에 'pre-paradigm' 이라는 표현 대신 'prenormal science' 라는 용어를 사용하자고 제안한다.

전정상과학 활동을 하는 사람들은 과학자이기는 하지만 그들이 하는 활동은 "과학 이하의 무엇,"[34] 즉 과학에 미치지 못하는 것이라고 말한다. 당연하게 받아들이는 공통의 믿음 체계가 없는 상태에서 따라야 할 표준적인 연구 방법도 없고, 설명해야 할 대표적 자연현상도 없다. 따라서 각각의 과학자들은 자연의 탐구보다는 동료나 타 학파를 설득하는 데에 집중할 수밖에 없다. 예를 들어 18세기 초반 전기 현상에 관한 연구가 그러하다고 쿤은 설명한다. 어떤 한 그룹은 전기적 인력을 기본 현상으로 여기고 척력은 기본 현상이 아닌 인력의 역학적 반동 때문에 일어나는 것이라 여기고 연구를 진행했다. 반면 다른 그룹은 인력과 척력을 동등하게 기본적인 것으로 간주했다. 이 두 그룹은 모두 전기 현상이 전기를 띤 알갱이에 의한 것이라고 보았는데, 이 경우 전기가 흐르는 전류 현상을 설명하는 데에 어려움이 있었다. 반면 전기를 유체에 의한 효과로 본 제3의 그룹이 있었는데, 이들은 전류 현상을 설명할 수 있었는데 반해 왜 인력, 척력이 작용하는지를 잘 설명하지 못했다. 이처럼 여러 연구 그룹이 각자 장단점을 가지되 어느 그룹도 다양한 전기 현상을 충분히 포괄하는 설명을 제공하지 못하는 상황에서 어느 현상이 전기의 가장 기본적인 현상으로 반드시 설명되어야 하고, 어떤 방법으로 연구가 진행되어야 하는지에 대한 합의가 없었던 것이다. 쿤은 이런 상황이 전정상과학 단계의 전형적 상황이라 말한다. 아리스토텔레스 이전의 운동에 관한 연구, 보일 이전의 화학, 허튼 이전의 지질학 연구의 상황이 모두 그러했다는 것이다.

그렇다면 인문학, 사회과학은 어떠한가? 쿤은 포퍼를 인용하며 다음

---

34 토머스 쿤, 『과학혁명의 구조』, 김명자, 홍성욱 옮김, 까치글방, 2013, 77쪽. (*SSR* p. 13.)

과 같이 말한다.

> 칼 포퍼 경은 … 비판적 토론이 지식 확장의 유일한 실행 가능한 방법
> [이라고 하면서], 이 전통의 기원이 탈레스, 플라톤과 같은 그리스 철학
> 자들이 학파 간 그리고 학파 내에서 비판적 토론을 장려했던 것이라고
> 말합니다. … 하지만 이는 전혀 과학과 닮은 것이 아닙니다. … 오히려
> 이는 근본적인 사항들에 관한 주장, 반박, 토론의 전통으로 … 철학과
> 대부분의 사회과학을 특징짓는 것입니다. 이미 헬레니즘 시대에 수학,
> 천문학, 정역학, 기하광학은 이 방식을 버리고 퍼즐 풀이를 택했습니다.
> … [포퍼 경의 주장과는 반대로] 비판적 담론의 포기가 과학으로의 전환
> 을 특징짓는 것입니다. … 과학자는 경쟁 이론들 사이에서 선택해야 할
> 때만 철학자처럼 행동합니다.[35]

즉, 인문학, 사회과학이 해당 분야의 근본적인 문제에 관한 토론에만
집중하고, 중요 사실 수집, 패러다임 확인, 패러다임 정교화를 수반하
는 퍼즐 풀이 활동이 주가 되지 않는 한 결코 과학일 수 없다는 것이다.
또한 쿤은 "사회과학의 어느 부분이 과연 그러한 패러다임을 얼마만큼
획득했는가의 문제는 지금도 미결의 과제로 남아 있다"[36]라고 조심스
럽게 말한다. 다시 말하면, 쿤이 『구조』를 저술한 1960년대 당시에는
사회과학 중 어느 분야도 패러다임을 획득했다고 볼 증거를 발견하지

---

35 Kuhn, Thomas S., "Logic of Discovery or Psychology of Research?" in *The
Philosophy of Karl Popper*, ed. by P. A. Schilpp, Open Court, 1974, 798–819, p.
802.
36 토머스 쿤, 『과학혁명의 구조』, 김명자, 홍성욱 옮김, 까치글방, 2013, 80쪽. (*SSR*
p. 15.)

못했다는 말이다.

그렇다면 인문학, 사회과학은 원리적으로 정상과학이 될 수 없는 것인가 아니면 정상과학으로 발전할 가능성이 있지만 아직 그 단계에 도달하지 못하고 있는 것인가? 이에 대해 쿤은 1989년에 참여한 토론에서 아직 이 문제에 대해 확실한 답을 갖고 있지 못한다고 말한다. 그러면서도 적어도 경제학과 심리학에서는 패러다임 획득으로의 "전환이 진행 중인 것 같다"[37]라고 언급한다. 반면 인문학과 일부 사회과학은 "처음부터 끝까지 해석만을 추구하며 … 인간 행동을 이해하려고만 하지 행동을 지배하는 법칙을 발견하려고 하지 않는 것 같고"[38] 그리하여 "일부 분야들은 영원히 그런 상태로 머물 것 같다"[39]라고 말한다. 정말 쿤이 말한 대로 인문학, 사회과학이 영원히 그런 상태로 머물지는 역사가 판단할 일이다.

---

37 Kuhn, Thomas S., "The Natural and the Human Sciences" in *The Road Since Structure*, ed. by James Conant and John Haugeland, University of Chicago Press, 2000, 216–223, pp. 222–223.

38 위의 책, p. 223.

39 위의 책, p. 223.

3

변칙현상, 위기, 그리고 새 패러다임

앞서 우리는 과학에서 혁명적 변화에 대한 고찰이 왜 중요한지, 그리고 그에서 핵심 개념인 '패러다임'이 무엇인지 살펴보았다.

과학혁명은 한마디로 패러다임과 패러다임의 교체다. 이 장에서는 그러한 교체가 이루어지는 과정을 단계적으로 한층 더 세밀히 탐구해 보기로 한다.

과학혁명은 절로 이뤄지지 않는다. 그렇다고 마음먹고 의도적으로 이뤄지는 것도 아니다. 언뜻 모순처럼 보이는 이러한 대목에 바로 '변칙현상'이 자리 잡고 있다. 기존 패러다임으로 설명하기 어려운 현상이 변칙현상이다.

그 현상은 패러다임에 의해 유발되고, 동시에 패러다임을 폐하기도 한다. 거듭되는 변칙현상에 의해 기존 패러다임이 폐해질 시점에 이르렀을 때, 그것은 '위기'에 봉착한 셈이다. 하지만 위기가 꼭 나쁜 것만은 아니다. 그것은 동시에 '새 패러다임'을 추동하기 때문이다.

이처럼 변칙현상-위기-새 패러다임으로 이어지는 과학혁명의 단계를 여기서는 크게 세 가지 구체적인 사례들로써 고찰해 나아가기로 한다. 바로 레이던병, 플로지스톤 이론, 산소 이론이다.

하지만 주의할 점이 있다. 위의 세 단계는 각기 독립적인 것이 아니다. 실제로는 오히려 그 반대이다. 많은 부분 중첩돼 맞물려 진행되곤 한다. 또한 그 단계들은 단지 잘 확립된 단일 패러다임 차원에서만 볼 수 있는 게 아니다. 그것이 본격적으로 형성되기 이전, 일종의 패러다임 후보로서 이론 차원에서도 흔히 볼 수 있는 일이다. 바로 레이던병 사례가 그러하다. 나머지 두 사례는 한층 본격적인 패러다임 차원에서의 사례들이다. 세 단계 패턴은 패러다임 형성 이전의 이론으로부터 이후 패러다임에 이르기까지 연속선상에 놓여 있다. 그러므로 레이던병 사례로부터 출발해 보자.

3.1 변칙현상: 순한 양들이 어떻게 혁명을 유발할 수 있는가?

변칙현상

탁 트인 초원이다.

순한 얼굴의 양 무리 한 떼가 아무런 근심 없이 풀을 뜯고 있다.

그런데 이 양들이 '혁명'을 유발하였다? 상상할 수 있겠는가! 하지만 인간사 중 하나인 과학의 현장에서 실제 벌어지는 일이다.

과학혁명도 '혁명'의 하나다. 모든 혁명은 옛것을 폐하고 새것을 세운다. 지나간 시대의 과학 역사를 나름의 시선으로 살핀 쿤에 따르면, 잘 나가는 과학이 그렇지 못한 분야와 다른 비결이 있다. 바로 **패러다임의 존재**다. 앞 장을 통해 이미 살폈듯, 패러다임이란 어느 한때 당시 과학 종사자 집단에 모델이 될 만한 문제를 제공하는 한편 동시에 그에 대한 해법을 제시해 주는, 보편적으로 인정받는 과학적 성취를 말한다. 17~8세기라면, 뉴턴의 『프린키피아』와 『광학』이 그런 역할을 하였다. 다른 분야에서는 이런 패러다임이 아예 없거나, 있더라도 여러 미약한 패러다임 후보들이 공론空論처럼 분분하였을 따름이다.

　과학 종사자들이 매달릴 만한 문제도 제공되고, 어떻게 잘만 하면 그걸 풀 만한 해법도 제시되므로, 좋은 성과가 빠르고 풍성하게 나오기 마련이다. 이런 상황에서, 그들이 당시의 패러다임에서 스스로 벗어나기란 어렵다. 아니, 벗어나야 할 이유가 없다. 오히려 그들은 자신에게 병도 주고 약도 주는 패러다임에 푹 빠져 열과 성을 다해 그것에 순종하게 마련이다. 자신에게 꼴도 주고 지팡이로 인도해 주는 목자를 턱하니 믿고 의지하는 순한 양과 다를 바 없다. 그런데 어떻게 이들이 기존의 패러다임을 폐하고 새로운 패러다임을 추동하는 혁명의 주체가 될 수 있단 말인가! 여기에는 그 나름 이유 있는 아이러니가 있다.

　만일 문제의 패러다임이 끝까지 제 역할을 잘했다면, 어쩌면 혁명은 애초부터 없었을지 모른다. 하지만 역사는 늘 우리에게 무상함을 일깨워 준다. 역사 앞에서 무상함을 피해 가기란 쉽지 않다. 그동안 너무나 잘 작동해 아무 의심 없이 패러다임을 믿고 따랐는데, 어느 한순간 우리의 기대에서 벗어나는 현상들이 나타나곤 하기 때문이다. 흥미로운 점은, 그게 '빗나간' 현상임을 알게 되는 것 역시 패러다임에 기댔기 때문이라는 점이다. 그동안 패러다임에 의지했기 때문에 그로부터 일정한 기대가 생겨났듯, 그 기대에서 벗어날 때 그것이 '이상한' 것임을 인지하게 된다는 말이다. 애초에 아무런 기대가 없었다면, 그 기대에서 벗어나는 일도 있을 수 없다. 기대가 있어야 이상한 것에 대한 발견도 있게 마련이다. 이것이 아이러니의 시초다.

　기존 패러다임에 따라 갖게 된 기대가 무너져 이상한 것으로 보이기 시작하는 현상을 바로 **변칙현상**anomaly이라 부른다. 하지만 이러한 현상은 본격적으로 단일 패러다임이 형성되기 이전 이미 경쟁적 이론하에서부터 나타날 수 있다. 18세기에 출현한 **레이던병**Leyden jar이 보여준 현상, 그것이 바로 이러한 예에 속한다. 따라서 이에 대한 논의는 이후 본격적인 패러다임에 대한 논의에서도 연속적으로 활용될 수 있다. 결국 그 변칙현상을 제대로 다룰 수 있는 이론이 패러다임으로 승격될 수 있기 때문이다.

레이던병

호박amber을 모르지 않을 것이다. 지질 시대에 나무의 진이 땅속에 묻혀 수소·산소·탄소 등과 화합해 돌처럼 단단해진 황색 투명한 물질을 말한다. 그런데 이것이 예로부터 전기와 밀접한 연관이 있다는 사실까지 아는지는 모르겠다. 이미 기원전 600년경, 탈레스는 호박을 가죽이나 고양이털로 문지르면 깃털처럼 가벼운 물체를 끌어당긴다는 사실을 관찰로써 알고 있었다. 그는 이러한 현상을 자석이 갖는 자기력과 혼동하기도 하였으나, 아무튼 오늘날 우리가 '정전기' static electricity라 부르는 전기의 한 존재를 확실히 알고 있었다. 사실, '전기'에 해당하는 영어 'electricity' 역시 '호박'을 뜻하는 그리스어 '일렉트론' ἤλεκτρον에 연원한 것이다.

하지만 오랫동안 전기는 단지 호기심의 대상일 뿐, 그에 대한 본격적인 탐구는 이루어지지 않았다. 단지 17세기 초, 영국의 길버트W. Gilbert (1544-1603)가, 자철석과 같은 광물이 본래적으로 갖고 있는 자기와, 호박을 문질러 생기는 마찰 전기를 명확히 구별함으로써 전기에 대한 새로운 탐구의 신호를 보냈다.

이 신호에 응해, 17세기~18세기 초, 게리케Otto von Guericke, 그레이

Stephen Gray, 뒤 파이C. F. du Fay(1698-1739) 등이 전기 연구에 박차를 가했다. 게리케는 황을 녹여 만든 둥그런 공을 회전시켜 손과 마찰시킴으로써 전기를 일으키는 전기 발생 장치를 만들어 내었다. 그레이는 전기가 지나가는 도체와 그렇지 못한 부도체가 있음을 알고, 사람의 몸도 하나의 도체임을 확인하였다. 하지만 대체 전기란 무엇인가? 전기에 대한 관찰과 실험으로써 여러 현상을 알고 나면 필연적으로 따라 나오는 본질적 의문이다.

이에 관해서도 그레이는 나름대로 생각이 있었다. 전기란, 물체에 흐르는, 액체와 같은 일종의 유체라는 것이다. 이것은 전기의 현상들을 볼 때 매우 자연스러운 발상이다. 일단 발생된 전기는 도체를 통해 '흘러가는' 것으로 여겨졌기 때문이다. 부도체를 만나면 그 흐름이 멈출 따름이다. 뒤 파이는 한 걸음 더 나아갔다. 그는 그러한 흐름에 두 가지 서로 다른 종류의 것이 있다고 가정하였다. '유리와 같은' vitreous 것과 '수지(樹脂)와 같은' resinous 것이 그것이다. 바로 전기에서 보이는 척력과 인력 작용을 설명할 수 있는 가정이다. 같은 유리성 전기를 지닌 물체라면 서로 밀치고, 서로 다르게 각기 유리성과 수지성 전기를 지닌 물체라면 상호 당기게 마련이다. 후자의 경우, 서로 접촉하게 되면, 전기는 중성中性이 된다. 이를 과학사가들은 '(전기에 관한) 두 개의 유체 이론' two-fluid theory of electricity이라 부른다.

이처럼 전기에 대한 연구가 성해지면, 그에 따라 새로운 수요가 발생하게 마련이다. 바로 전기 그 자체에 대한 수요이다. 게리케가 발명한 장치에 따라 전기를 만들어 낸다 할지라도, 그것은 일시적일 따름이다. 장치가 멈추면 전기도 곧 사라진다. 이래서는 전기를 관찰하고 실험하는 데 지장이 막대하다. 그러므로 전기를 안정적으로 수급받을 수 있는 방안이 필요하다.

그런데 생각해 보면, 전기는 유체로 여겨졌다. 그러니 물을 병에 담아 보관하고 필요할 때마다 꺼내 쓰듯, 전기 역시 그렇게 못할 바가 없을 듯하였다. 1745년, 클라이스트Ewald Georg von Kleist(1700?-1748)의 생각이 그러했다. 처음에 그는 알코올(증류주)을 담은 작은 유리 약병에 전기를 모으려 하였다. 이미 물을 통해 전기를 흘리면 증류주에 불을 붙일 수 있다는 사실을 알고 있었기 때문이다. 병 입구에는 코르크 마개를 덮고, 그 마개에 못을 끼워 두었다. 전기 발생기로 마찰 전기를 발생시킨 후, 기다란 전도 막대를 거쳐, 그 못을 통해 약병에 전기를 담아둘 심산이었다. 그는 약병의 유리 때문에 유체인 전기가 새어 나가지 못할 것이라 믿었다.

모든 역사에서 때가 되면 그렇듯, 거의 같은 시기 또 다른 사람 뮈스헨부르크Pieter van Musschenbroek(1692-1761) 역시 클라이스트와 비슷한 실험을 행하였다. 클라이스트가 독일의 한 성직자였다면, 뮈스헨부르크는 네덜란드 레이던 대학의 물리학 교수였다. 물론 클라이스트 역시 그 이전에는 레이던 대학에서 과학을 공부한 바 있으며, 뮈스헨부르크는 대학 강의 외에 가업을 이어 대학이나 과학 애호가들에게 필요한 과학 및 의학 도구들을 제작하는 업을 병행하고 있었다. 사실 레이던병이 바로 그러한 이름을 갖게 된 까닭 역시, 쉽사리 떠올릴 수 있듯, 뮈스헨부르크가 살던 지명에 연원한다. 그렇다면 이들 모두 자신의 기대대로 문제의 병에 전기를 모을 수 있었을까…?

다행스럽게도 그들의 기대는 극적으로 충족되었다. 여기서 '극적'이란 단지 비유적인 표현만이 아니다. 그것은 실제 물리적인 표현이기도 하다. 클라이스트가 '우연히' 한손으로 병을 잡고 또 다른 손으로 마개의 못에 손을 대는 순간, 그는 너무나도 강한 쇼크를 느꼈다. 뮈스헨부르크 역시 물이 담긴 병을 한손으로 잡고 전기 발생 장치에 연결된 금속 줄을 다른 한손으로 그에 드리웠을 때 펄쩍 뛸 만한 강한 쇼크를 느꼈다. 성공이다! 강한 쇼크가 입증하듯, 문제의 병은 확실히 전기를 저장할 수 있었던 것이다. 클라이스트는 자신의 실험 결과를 서신으로 다른 전기 실험가들에게 알렸고, 뮈스헨부르크의 연구 결과 역시 1746년 파리 아카데미에서 보고·승인되었다.

사정이 이러하므로, 기존에 성공적이었던 성취에 과학자들이 매달리지 않을 수 없게 되었다. 거듭 말하거니와, 패러다임은 과학자들에게 병도 주고 약도 준다. 풀어야 할 문제를 주나, 동시에 그것을 어떻게 풀어야 하는가도 알려 준다. 본격 패러다임이 형성되기 이전, 이론의 차원에서도 마찬가지다. 그러니 그걸 잘만 따른다면 좋은 결과를 보게 마련이다. 이 점에서 레이던병의 사례 역시 예외가 아니었다. 레이던병을 발명한 사람들은 기존의 이론에 착하게 순종한 순한 양들이었다.

그런데 가만히 생각해 보면, 뭔가 이상하다. 레이던병의 못이나 줄에 손을 댔을 때 강한 쇼크가 느껴진 것으로 보아 그 병에 전기가 모아진 것은 확실하나, 동시에 강한 쇼크가 느껴진 것으로 보아 전기 방전放電이 일어난 것이다. 즉 그 못이나 줄을 통해 서로 다른 전기의 양극 사이에 전기 유체가 흐른 것이다. 그러나 왜 이러한 방전이 일어나는 것일까? 레이던병의 발명가들이나 주변 연구자들은 당장 이 점을 이해할 수 없었다.

새 패러다임을 향하여

전기에 관한, 뒤 파이의 두 개의 유체 이론은 전기를 띤 물체들의 척력과 인력 현상을 설명하는 데에는 만족스러웠다. 하지만 지금의 경우에는 사정이 다르다. 그 이론에 따르면, 어느 물체기 미찰에 의헤 전기를 띨 경우, 중성 상태였던 그 물체가 성질이 다른 두 가지 전기로 나뉘어 반대 방향으로 흘러가게 되어 있다. 그렇다면 처음에 마찰에 의해 발생한 어느 한 성질의 전기가 레이던병으로 흘러 들어갔을 것이다. 그리고 밀폐된 그 병에 그대로 모아지게 마련이다. 그런데 사람들이 그 병의 못이나 줄에 손을 댔을 때 어떻게 그 병 속의 전기가 다른 성질의 전기와 만날 수 있었을까? 물론 사람도 일종의 도체라는 점은 이미 알려져 있었다. 그러나 도체인 사람의 몸을 통해 병 속의 전기가 어디로 어떻게 흘러 또 다른 성질의 전기와 만나는 것인가?

이 문제에 관해, 뒤 파이의 두 개의 유체 이론은 병은 주었으나 더 이상 약을 주지는 못하였다. 이렇게 되면, 전기를 유체로 보는 이론, 더 특정하게 두 개의 유체 이론과 같은 이론하에서 레이던병의 현상은 뚜렷한 변칙현상으로 떠오르게 된다. 애초에 이론이 없었다면 변칙현상도 없다. 역으로 변칙현상은 기존의 이론을 전제로 한다.

다행히 오래지 않아, 지금의 변칙현상에 관해 그 새로운 실마리가 속속 등장하였다. 무엇보다 실험자가 한손으로 병을 잡고 있다는 점이 강한 쇼크에 매우 중요하다는 사실이 드러났다. 만일 그렇게 하지 않는다면 실험자가 못이나 줄에 손을 댄다 할지라도 방전은 일어나지 않는다는 점에서 쉽사리 드러날 수 있는 사실이다.

사정이 이러하다면, 실험자의 손을 대신할 무엇인가를 병 밖에 배치해도 유사한 결과를 얻을 터였다. 아닌 게 아니라, 1747년 영국의 베비스John Bevis는 병의 안과 밖에 납이나 주석과 같은 얇은 금속판을 댄 병을 가지고도 원래의 레이던병과 동일한 현상을 볼 수 있음을 밝혀내었다. 같은 해, 영국의 왓슨William Watson은 병 속에 물을 채우지 않고도 베비스가 만든 병과 같은 효과를 낼 수 있음을 보여 주었다. 이렇게 되면, 레이던병에 전기가 모아진다 할지라도, 그 전기는 물에 저장되는 것이 아님을 알 수 있게 된다. 그렇다면 이제 그 전기가 대체 어디에 어떻게 저장되는 것인가가 새로운 문젯거리로 등장한다. 변칙현상은, 그 것이 만족스럽게 해결되지 않는 한, 계속 새로운 문젯거리들을 야기하 게 마련이다.

만일 레이던병의 전기가 그 안에 든 물에 저장되는 것이 아니라면, 우선 그 병의 유리에 저장되는 것이 아닐까라는 생각은 자연스럽다. 1700년대 미국의 정치가이자 과학자인 프랭클린Benjamin Franklin(1706-1790)의 생각이 바로 그러했다. 물론 과학은 생각만으로 유지되지 않는 다. 경험적 근거를 부여할 만한 실험이 필요하다. 프랭클린은 유리병 대신 유리컵을 이용해 실험을 행하였다. 먼저 유리컵의 안과 밖으로 각 기 잘 맞는 금속컵을 끼운 상태로 유리컵 안을 대전시켰다. 이것은 유 리병을 유리컵으로, 그리고 금속판을 금속컵으로 대치시켰을 뿐, 원래 의 레이던병과 근본적으로 다를 바가 없다. 그러고 나서 그는 이제 그 세 개의 컵을 서로 조심스럽게 분리해 보았다. (예상대로) 이때 그것들 이 각기 분리된 상태로는 금속컵만으로 방전이 일어나지 않았다. 대신, 그것들을 다시 끼워 맞췄을 때에야 비로소 방전이 일어났다.

이것이 정말 프랭클린의 생각을 입증하는 올바른 실험이 될 수 있었 는가는 잠시 미뤄 두자. 아무튼 당시에는 한동안 그의 생각이 승인받고 통용되었다. 그렇다면 이로써 레이던병이 보여 주는 변칙현상으로 야 기된 문젯거리들이 모두 다 해소된 것일까? 만일 레이던병에 들어 있 는 물이 아닌 유리에 전기가 저장되는 것이라 할지라도, 절연체인 유리 에 어떻게 전기가 저장될 수 있는가는 여전히 남아 있는 문제였다. 왓 슨과 프랭클린은 레이던병에 대해 나름으로 혁신적 실험을 행했듯 이 러한 문제에 관해서도 나름대로 이론을 갖고 있었다. 이른바 '(전기에 관한) 단일 또는 한 개의 유체 이론' unitary, or one fluid, theory of electricity 이다.

이 이론에 따르면, 어느 물체를 마찰할 경우, 그 물체 내부로부터 성질이 서로 다른 두 가지 전기가 발생하는 것이 아니다. 대신, 전기는 오로지 한 유체의 흐름일 따름이며, 어느 물체에 그것이 과도하게 존재하거나 반대로 과소하게 존재할 경우 서로 반대의 전기로 나타날 뿐이다. 전자를 '양전기'라 한다면, 후자가 '음전기'이다. 그러므로 이때의 전기는 어느 물체 내부로부터 발생하는 것이 아니라, 오히려 그 외부로부터 물체에 부여된 것일 따름이다. 따라서 이와 같은 관점에서야말로 어느 물체에 전기가 '대전帶電, charge된다'는 말이 제대로 의미를 갖게 된다.

이러한 이론에 따라, 프랭클린은 레이던병에서 그 속의 줄이나 내부 표면은 마찰 전기를 받아 양으로 대전되나 그 외부 표면은 음으로 대전된다고 주장하였다. 이렇게 되면 병의 내·외부로 전기에 불균형 상태가 유지되다가, 사람이 양손으로 그 안과 밖을 이어 주는 순간 전기가 방전되며, 그 병은 전기에 과부족이 없는 '정상' 상태가 되는 것이다.

이와 같은 프랭클린의 생각이 오늘날의 관점에서 옳은 것이냐의 여부 역시 잠시 미뤄 두기로 하자. 역사적 관점에서 중요한 점은, 프랭클린식으로 볼 경우, 아무튼 레이던병이 보여 준 변칙현상에 관해 이해하기 어려운 한 가지 핵심적 문제에 대한 이해의 실마리가 풀리기 시작한다는 점이다. 이로써 마침내 프랭클린의 이론, 그리고 그에 따른 실험 방식이 당시 전기 연구에서 하나의 새 패러다임을 형성하게 되었다. 이 면에서, 변칙현상은 이전에는 생각지 못했던 새로운 실험, 새로운 이론이나 패러다임을 추동하는 중요한 원천이 되는 셈이다.

하지만 아직 유의할 점이 있다. 변칙현상에 의해 새로운 실험, 새로운 이론 및 패러다임이 추동된다 할지라도, 그로써 곧 그 새로운 것들이 전적으로 옳다거나 모든 문젯거리들을 다 해소할 수 있다는 의미는 결코 아니다. 이미 암시한 대로, 전기에 대한 프랭클린의 새 실험이나 이론은 오늘날의 관점에서 결코 올바르거나 충분하지 않다.

먼저, 유리컵 실험에서 전기는 사실 유리컵에 저장되지 않는다. 그것이 대전된 것처럼 나타났던 이유는, 그때의 유리컵이 습기를 포함하는 정도가 높아, 그 물기에 전기가 남아 있었을 수 있기 때문이다. 1922년 애든브룩G. L. Addenbrooke은 충분히 열을 가해 완전히 습기를 제거한 병으로써 프랭클린의 실험을 행했을 때 유리병이 아닌 그것을 둘러싼 금속판에 전기가 저장됨을 확인하였다. 또한 오늘날 우리가 전기란 음성에 해당되는 전자electron의 이동임을 알고 있는 상태에서 보면, 레이던병의 내부가 양전기로 대전되었다고 본 프랭클린의 시각 역시 잘못이다. 게다가, 프랭클린의 단일 유체 이론이 레이던병의 대전 현상을 설명할 수 있었다 할지라도, 전기에서의 인력 및 척력 현상까지 잘 설명할 수 있었던 것은 결코 아니다. 그 이론에 따르면, 예컨대 전기 유체가 과도하게 존재하는 두 물체가 서로 밀쳐 낸다는 점은 잘 이해할 수 있다. 또한 유체가 과도하게 존재하는 물체와 과소하게 존재하는 물체가 서로 끌어당긴다는 점 역시 이해 가능하다. 하지만 그 유체가 과소한 것으로 여겨지는 두 물체 또한 서로 밀쳐 내는 현상은 이해하기 어렵다. 이때에는 오히려 서로 끌어당겨야 하지 않겠는가?

그러므로 프랭클린의 실험이나 이론이 한동안 수용되었다 할지라도 이 때문에 곧 두 개의 유체 이론이 사라지거나 한 것은 결코 아니다. 전기가 두 개의 유체로 이뤄졌느냐 아니면 단일 유체로 이뤄졌느냐 하는 논쟁만 하더라도 근 한 세기 동안 유지되었던 것이다. 과학사에서 이러한 사실을 간파한 쿤은 따라서 변칙현상이 곧 기존 이론이나 패러다임에 대한 '반증 사례'에 해당하는 것은 아님을 강조하였다. 순수히 논리적으로만 본다면, '모든 A는 B다'라는 형태의 진술은 A이되 B가 아님을 보여 주는 단 하나의 (반증) 사례에 의해서도 거짓이 될 수 있다. 그러나 이와 같은 일은 과학의 실제에서 거의 있을 수 없다. 과학자들이 변칙현상을 바라볼 경우, 그들은 이론이나 패러다임을 단지 경험적 자연과만 비교하는 것이 아니다. 그들은 이론이나 패러다임을 또 다른 이론이나 패러다임과도 서로 비교하는 것이다. 곧 기존 이론이나 패러다임에 반하는 현상이 발견된다 할지라도, 기존 것과 비교해 아직 받아들일 만한 새것이 성립되지 않은 한, 그 현상은 기존의 것에 대한 도전으로 간주되지 않는다는 의미다.

이상으로 본다면, 과학자들은 오히려 순한 양이었기 때문에 변칙현상을 발견할 수 있었고, 변칙현상을 발견할 수 있었기 때문에 새 패러다임을 향해 나아갈 수 있었다. 만일 그 패러다임이 이후 진실로 주도적인 것이 된다면, 옛것이 폐해지고 새것이 도래하는 과학혁명이 이뤄진다 할 것이다. 실로 순한 양들이 혁명을 유발하는 셈이다.

하지만 레이던병의 경우, 그것이 비록 변칙현상을 보여 주었다 할지라도, 그에 의해 기존 패러다임이 지고 새 패러다임이 뜨는 혁명의 과정이 매우 확연했다고 말할 수는 없다. 적어도 전기 분야에서 프랭클린 이전에는 아직 본격 패러다임이 형성되지 않았기 때문이다. 사실, 기존 패러다임이 좀 더 정밀하고 그 영향력이 한층 더 포괄적일 때 변칙현상은 변칙현상으로서 한층 더 뚜렷하게 부각될 수 있다. 이 면에서, 레이던병 사례에서는 기존 이론이 본격적 패러다임의 역할을 제대로 하지 못하였다. 따라서 과학혁명의 혁명성을 좀 더 어필하기 위해서라면, 레이던병의 사례와는 또 다른 사례가 필요하다. 이는 다음 절들에서 살펴보기로 하자.

〈상자 3-1 : 레이던병의 원리〉

레이던병에서 어떻게 대전과 방전이 가능한가? 오늘날의 관점에서 그 원리를 안다면, 18세기 중반, 그를 둘러싼 과학의 전개를 이해하는 데 큰 도움이 될 수 있다. 우선, 오늘날 표준적으로 레이던병은 다음 그림과 같은 구조를 갖는 것으로 여겨진다.

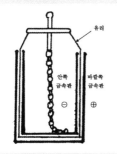

먼저 절연체로 마개가 되어 있는 유리병의 안과 밖을 얇은 금속(납이나 주석)판으로 둘러싼다. 물론 이 안과 밖의 금속판은 유리로 분리되어 서로 접촉 불가능하다. 병의 마개에는 못이 박혀 있고, 그 못에 금속 줄을 매달아 안쪽 판에 닿도록 늘어뜨린다. 이 병을 처음에는 알코올이나 물로 채웠으나, 반드시 그럴 필요는 없다는 점이 추후 밝혀졌다. 예컨대 1756년 무렵 이미 그러한 액체 없이, 그리고 유리 없이, 공기만으로도 문제가 없다는 점이 드러났다. 물론 오늘날의 관점에서는, 그러한 공기 없이 아예 진공에서라도, 두 판이 서로 격리만 돼 있다면, 아무런 문제가 없다.

아무튼 이와 같은 구조의 유리병에 이제 외부로부터 마찰 전기가 마개에 달린 못을 통해 병으로 유입되고, 그것이 금속 줄을 타고 안쪽의 금속판에 모이게 된다. 이때의 전기는, 오늘날의 관점에서, 음성이다. 그리고 이렇게 안쪽 판에 음전기가 모이게 되면, 그에 따라 바깥쪽 판에 그와 동일한 양의 양전기가 유도誘導된다. 따라서 이때 그 병의 유리나 공기처럼 두 판의 전기를 절연시켜 주는 물질을 '유전체'誘電體, dielectric라 부른다.

레이던병이 이 상태 그대로 있게 되면, 그 병 안에는 음전기가 모이게 된다. 즉 충전(充電)이 되는 것이다. 그런데 만일 18세기 실험가들이 그러했듯, 이 병의 외부를 한손으로 잡고, 또 다른 손으로 그 병의 못에 접촉을 시도하는 순간, 병 내부의 음전기를 띤 전자가 병 외부로 급격히 흘러, 방전이 이루어진다.

레이던병에 대한 이러한 원리 이해는, 물론 현행의 패러다임에 따른 것이다. 하지만 이에 관해서도 향후 어떤 변칙현상이 나타날지 알 수 없다. 18세기에 그러했듯.

3.2 위기: 뭔가 이상하다… 하지만 무엇이 잘못되었나?

변칙현상과 플로지스톤

'진리는 혼돈에서보다 오히려 오류에서 더 잘 드러난다.'

이미 17세기에 베이컨이 한 말로 알려져 있다. 앞서 레이던병의 등장 과정을 쿤식으로 분석하는 과정에서 잘 드러났듯, 변칙현상은 이론이나 패러다임 없이는 생각하기 어렵다. 그러므로 쿤 역시 레이던병은 자연을 그저 무심히 바라보거나 제멋대로 탐구하는 사람이라면 결코 밝혀낼 수 없었을 장치였을 것이라 생각한다.

그러나 앞 절에서 이미 언급한 대로, 패러다임은 과학자들에게 병도 주나 동시에 약도 준다. 달리 말해, 어느 패러다임하에서 처음에 '이상하게' 보이는 것이라 할지라도, 그것이 곧 모두 새로운 패러다임을 낳는 '변칙현상'이 되는 것은 아니다. 오히려 대부분의 경우, 그것은 일정한 패러다임하에서 과학자에게 풀어 볼 만한 도전적 '퍼즐'이 될 따름이다. 그리고 많은 경우, 그것은 사실 그러한 퍼즐에 불과해, 원래의 패러다임을 강화하는 또 다른 사례로 추가될 따름이다. 그렇다면 어느 사례가 진정한 '변칙현상'으로서, 기존의 패러다임을 실로 위협하고 새로운 패러다임을 부상케 하는 데에는 그것이 기존 패러다임으로부터 일정한 기대에서 벗어났다는 점만으로는 부족하다. 그 책임이 다른 어느 것이 아닌 바로 기존 패러다임 자체에 있다는 좀 더 분명한 인식이 필요하다.

물론 처음부터 그와 같은 인식이 확고할 수는 없다. 주도적 패러다임이 지배하는 정상과학 내에서 대부분의 과학 문제는 그 성격상 과학 교재 내의 연습 문제와 다르지 않다. 처음에 아무리 풀기 어려워 보일지라도, 패러다임이 인도하는 방식에 따라 잘만 풀어나간다면, 마침내 그 답에 이르게 마련이다. 만일 쉽사리 답에 이르지 못한다면, 그 죄는 문제 자체에 있기보다 그 문제를 푸는 과학자에게 있곤 하다. 그러므로 어느 현상이 패러다임에 따른 기대에서 벗어나 '이상하게' 보일지라도, 처음에 그것은 아직 풀지 못한 또 하나의 연습 문제에 불과할 따름이다.

사실, 발견된 어느 현상이 패러다임에 따른 기대에서 벗어나는 이유는 여러 가지일 수 있다. 예컨대 어느 과학자가 실험을 한 결과 뜻밖의 이상한 현상을 목도하게 되었다고 해 보자. 왜 그러할까? 실험 과정에서 그녀 자신의 실수가 있었을 수 있다. 예컨대 실험 도구를 잘못 조작했거나 시약을 잘못 처리했을 수 있다. 아니면 애초에 실험 도구 자체나 시약이 불량일 수도 있다. 이도 아니면, 실험실의 환경 문제일 수 있다. 실험실의 온도, 습도, 진동 등등 ….

게다가 해당 실험을 수행하는 과정에서 암암리에 받아들인 보조 가설auxiliary hypothesis에 문제가 있을 수도 있다. 예를 들어 온도계만 하더라도, 우리는 그 눈금이 대상 온도의 변화에 정확히 비례한다는 암묵적 가정에 의존한다. 그러나 이것이 사실이 아닐 수도 있다.

이렇게 따지자면, 원리상 무한히 의심이 가능하다. 물론 현실적으로는 또한 그동안 별문제 없던 것들이 많으므로, 주요하게 체크해 볼 만한 통상적인 것들을 점검해 보는 것으로 그칠 수밖에 없다고 생각할지 모른다. 하지만 이마저도 많은 시간이 걸리게 마련이다.

그러므로 어느 현상과 관련해 '뭔가 이상하다'는 느낌이 있었다 할지라도, '기존 패러다임 자체에 뭔가 잘못이 있다'고 생각하게 되기까지는 결코 간단한 과정이 아니다. 그럼에도 불구하고 과학의 역사에서 그렇게 되는 일이 실제 있었다는 사실은, 따라서 매우 흥미로우며 주의 깊게 탐구해 볼 만한 문제이다. 17~8세기, 연소에 관한 **플로지스톤 이론**phlogiston theory의 운명은 이 점에서 매우 모범적 사례이다.

일찍이 불을 다룰 수 있다는 점은 호모 사피엔스를 다른 동물들과 구별 짓는 중요한 능력이었다. 이 면에서 한때 불을 신성시했었다는 사실도 충분히 이해할 만하다. 그러나 그 정체를 파악하는 일은 오랫동안 쉽지 않았다. 어쩌면 그래서 더 신비롭게 여겨졌을지도 모를 일이다. 대체 불이란 무엇인가?

이에 대한 한 가지 자연스러운 발상은, 불이란 어떤 물질로부터 무엇인가가 맹렬히 튀어나와 나타나는 현상이라는 것이다. 위로 치솟는 불길을 보면 쉽사리 이해할 수 있을 법하다. 그렇다면 물질로부터 튀어나오는 '그 무엇'이란 대체 무엇인가? 독일의 슈탈Georg Ernst Stahl (1660-1734)은 그것을 '플로지스톤'phlogiston이라 명명하였다. 사실, 이러한 명명 자체는 그다지 중요한 일은 아니다. 왜냐하면 이 말은 그저 '불꽃'을 뜻하는 고대 그리스어 '플록스'phlóx, 그리고 다시 그로부터 '타오름'을 뜻하는 '플로기스톤'phlogistón에 연원할 따름이기 때문이다. 그러므로 이 말 자체가 불에 대해 새로이 알려 주는 바는 거의 없다. 그렇다면 다시 플로지스톤이란 무엇인가?

이 물음과 관련해 중요한 진전은 오히려 슈탈 이전에 1667년 역시 독일의 베허Johann Joachim Becher(1635-1682)에 의해 이루어졌다. 왜냐하면 그는 어느 물질에 불이 붙으면, 즉 그것이 연소하게 되면, 그것이 더 단순한 물질로 나누어진다는 사실에 주목해, 연소 시 연소되는 물질로부터 튀어나오는 그 물질을 나름대로 지목한 바 있기 때문이다. 그에 따르면, 물질은 기본적으로 '공기', '물', 그리고 세 가지 '흙'으로 이루어진다. 물론 이 각각은 오늘날 우리가 알고 있는 그것을 가리키지 않는다. 중요한 점은, 이렇게 생각할 때, 그의 관점에서 플로지스톤에 해당하는 물질을 좀 더 특정할 수 있게 된다는 점이다. 그리하여 그는 세 가지 흙에 '암석 흙'$^{terra\ lapidea}$, '유체 흙'$^{terra\ fluida}$, '기름진 흙'$^{terra\ pinguis}$이 있다고 보고, 이 가운데 바로 '기름진 흙'이야말로 문제의 물질에 해당한다고 생각하였다. 슈탈은 바로 그 기름진 흙에 '플로지스톤'이라는 이름을 붙인 것이다. 물론 그는 나름대로 그 성질에 대해 계속적 연구를 진행하였다.

자신의 연구에서 슈탈은 금속이란, 금속의 가루, 즉 금속재^{calx}와, 플로지스톤이 혼합된 것으로 보았다. 아마도 금속을 연소시키면 금속재가 남는다는 사실을 역으로 생각해 얻은 결과일 법하다. 그러나 쉽게 얻을 수 있다고 사소한 것은 결코 아니다. 왜냐하면 이로써 합리적으로 설명할 수 있는 것들이 적지 않았기 때문이다. 예컨대 물질 가운데에는, 익히 알려진 대로, 불에 잘 타는 게 있는가 하면 그렇지 않은 게 있다. 왜 그러한가? 플로지스톤의 관점에서라면, 대답이 어렵지 않다. 전자에는 플로지스톤이 풍부하게 함유돼 있는 반면, 후자에는 그렇지 않다는 것이다. 슈탈의 생각에, 숯은 거의 플로지스톤 덩어리로 여겨졌다. 그것이 불에 타고 나면 남는 것이 거의 없었기 때문이다. 그렇다면, 금속재를 숯으로 가열할 경우, 그것이 다시 금속으로 변한다는 사실 역시 쉽사리 설명 가능하다. 플로지스톤을 잃어 금속재로 변했던 금속이

다시 플로지스톤을 숯으로부터 되받아 원래의 금속으로 화한 것이다. 그렇다면 또 다음 경우는 어떠한가.

이미 슈탈 당시에, 연소가 이루어지기 위해서는 공기가 필요하다는 사실이 잘 알려져 있었다. 그중 하나로, 예컨대 밀폐된 유리 용기 안에서라면 물질의 연소가 제대로 이루어지지 않았기 때문이다. 처음에는 연소가 어느 정도 가능하나, 이윽고 연소가 멈추고 마는 것이다. 이건 왜 이러한가? 슈탈을 포함한 이후의 플로지스톤 이론가들은 이를 다음과 같이 설명하였다. 즉 공기에는 플로지스톤을 흡수하는 능력이 있으나, 그것이 일정한 공간 내에서 플로지스톤으로 가득 차게 되면 더 이상 그러한 능력을 갖지 못하게 된다는 것이다.

사정이 이러하니, 플로지스톤 이론이 한때의 패러다임으로 자리 잡는 데 손색이 없었다. 그런데 플로지스톤의 방출과 억제에 공기가 그처럼 중요하게 관여한다면, 플로지스톤의 정체를 밝히는 데 공기는 매우 중요한 연구 대상이 될 수밖에 없다. 꼭 이러한 목적은 아니나, 아닌 게 아니라 18세기의 화학자들은 공기와 같은 기체의 연구에서 좋은 성과를 내기 시작하였다. 그리고 이를 한동안 플로지스톤 이론으로 적절히 설명해 낼 수 있었다.

여러 '공기'들

18세기의 과학자들은 무엇보다 보통의 공기가 여러 특수한 기체들의 혼합물임을 밝혀내기 시작하였다. 영국의 블랙Joseph Black(1728-1799)은 이미 의과 대학생 시절 마그네슘의 산화물인 흰색 마그네시아가 우리 위의 산성 과다 치료에 효과가 있음을 알고 있었다. 블랙은 이에 관심을 갖고 마그네시아의 성질을 파악해 보고자 마음먹었다. 그러나 그것은 마그네시아의 성질보다 오히려 새로운 기체를 발견하는 계기가 되었다.

블랙 당시에 이미 과학자들은 알칼리(염기)에 두 가지가 있음을 알고 있었다. 약성weak과 가성苛性, caustic이다. '가성'이란 금속을 부식시킬 정도로 강한 성질임을 뜻한다. 마그네시아는 약성의 알칼리다. 그런데 흥미롭게도 약성 알칼리를 소석회와 함께 가열하면 가성 알칼리가 된다. 블랙은 마그네시아를 가열하면 그 무게가 줄어든다는 중요한 사실을 발견하였다. 이때 별도의 액체가 전혀 생기지 않았으므로, 그는 그 원인이 마그네시아로부터 빠져나온 모종의 '공기' 때문이라 생각하였다. 그는 그 공기를 '고정 공기' fixed air라 불렀다. 약성 알칼리로부터 그 공기가 빠져나가 가성 알칼리가 된 뒤, 가성 알칼리에 다시 그만큼의 해당 공기를 주입할 경우, 가성 알칼리가 약성 알칼리로 되돌아가는데, 이로써 그 공기가 가성 알칼리에 고정(흡수)돼 원래의 약성 알칼리로 되돌아간다고 생각했기 때문이다. 이렇게 발견한 고정 공기는, 그것을 불어넣을 경우 촛불이 꺼지는 것으로 보아, 보통의 공기와 구별되는 것임을 알았다. 하지만 그 공기는 어쨌든 보통의 공기로부터 생겨난 것이므로, 결국 보통의 공기 속에 그러한 고정 공기가 혼합되어 있는 것으로 생각할 수 있었다.

이제 블랙의 관점에서 보면, 고정 공기가 플로지스톤에 해당한다. 약성 알칼리로부터 그 플로지스톤이 방출되어 가성 알칼리가 되고, 다시 플로지스톤이 흡수되어 약성 알칼리가 되는 것이다. 블랙의 '고정 공기'는 오늘날의 이산화탄소에 해당한다. 그러나 블랙의 사례는 플로지스톤 이론으로 설명하는 데 무리가 없어 보인다.

블랙의 제자인 대니얼 러더퍼드Daniel Rutherford(1749-1819)는 블랙의 고정 공기에 대해 한층 더 연구해 나아갔다. 1772년, 그는 고정 공기를 가성 알칼리에 고정시킨 이후에도 고정 공기 이외에 보통의 공기 중에 남아 있는 또 다른 '공기'가 있음을 발견하였다. 흥미롭게도 그 '공기' 역시 고정 공기와 마찬가지로 촛불을 꺼지게 만들었다. 그는 이를 두고 그 '공기' 중에 플로지스톤이 꽉 차서 생긴 결과로 해석해, 그 새로운 '공기'를 '플로지스톤화된 공기'phlogisticated air라 불렀다. 이는 오늘날 질소에 해당한다.

그보다 앞서 1766년, 같은 영국인 캐번디시Henry Cavendish(1731-1810)는 금속과 묽은 염산이 반응해 방출되는 '공기' 또한 보통의 공기와 다름을 발견하였다. 보통의 공기에 그 '공기'를 혼합해 점화시켰을 때 그 비율이 클수록 폭발력이 좋음을 알고, 그는 그 공기를 '가연성 공기'in-flammable air라 불렀다. 이는 오늘날 수소에 해당하는 것이나, 그는 그것이 금속으로부터 방출되는 플로지스톤이라 생각하였다.

원래 성직자였던 영국의 프리스틀리Joseph Priestley(1733-1804) 또한 보통의 공기가 단일 성분이 아니라는 사실을 알고 있었다. 이미 1744년, 그는 지름이 12인치의 렌즈로 햇빛을 모아 유리 용기 속의 수은 금속재를 가열해 그것을 다시 수은으로 바꾸는 실험을 행해 보았다. 이 과정에서 용기 속에 모종의 '공기'가 모아졌는데, 이 '공기' 역시 보통의 공기와는 달라 보였다. 불이 붙은 초를 그 기체 안에 넣으면, 보통의 공기에서보다 훨씬 더 밝게 타오르는 것이었다. 또한 그 '공기'로 채운 용기 속에 생쥐를 넣은 실험에서, 보통 공기에서라면 15분 정도 살 수 있을 생쥐들이 그 '공기' 속에서는 훨씬 더 오래 살 수 있었다. 거듭된 실험으로, 프리스틀리는 호흡과 관련해 새로운 '공기'가 보통 공기보다 4~5배 더 좋다는 사실을 알게 되었다.

프리스틀리가 발견한 그 새 '공기'는 촛불의 연소를 돕는다는 점에서, 플로지스톤 이론의 관점에서라면, 플로지스톤이 빠져나간 공기로 볼 수 있다. 플로지스톤이 빠져나가면, 그만큼 어떤 물질로부터 플로지스톤이 방출되는 것을 더 잘 도울 수 있기 때문이다. 그러므로 그는 그 '공기'를 '탈플로지스톤 공기' dephlogisticated air라 불렀다.

그러나 이 공기를 발견한 사람은 프리스틀리만이 아니었다. 오히려 그보다 2년 앞서 스웨덴의 셸레 Carl W. Sheele(1742-1786)는 질산을(그리고 그 또한 수은재를) 가열하면 빨간 불꽃과 함께 이른바 '불 공기' fire air가 발생한다는 사실을 알고 있었다. 그는 이 '공기'가 연소를 돕는 것으로 보여 이와 같은 이름을 붙인 것이다. 그러나 이는 사실 프리스틀리가 명명한 탈플로지스톤 공기와 다르지 않다.

물론, 짐작하듯, 프리스틀리의 '탈플로지스톤 공기'든 셸레의 '불 공기'든 그것은 오늘날의 산소에 해당한다. 그리고 오늘날 우리는 어느 물질의 연소란 바로 그와 같은 산소가 해당 물질과 결합하는 과정이라 생각한다. 그러나 위의 역사적 과정을 보면, 이른바 '공기'를 연구하던 18세기의 과학자들은 물질의 연소를 플로지스톤 방식으로 이해하는 데 하등 어려움을 느끼지 않은 것으로 보인다. 그렇다면 대체 무엇 때문에 그러한 이해 방식으로부터 오늘날의 이해 방식으로 전환이 필요했던 것인가. 여기에는 또 그럴 만한 곡절이 있다.

플로지스톤 이론의 위기

만일 플로지스톤 이론이 옳다면, 그로부터 자연히 떠올릴 수 있는 생각이 있다. 즉, 어느 물질이 연소해 그로부터 플로지스톤이 공기 중으로 빠져나간다면, 연소 후 그 산물의 무게는 줄어들어야만 한다는 것이다. 그러나 납이나 주석과 같은 몇몇 금속에서는 연소 후 오히려 그 무게가 증가한다는 사실이 이미 별도로 밝혀져 있었다. 예컨대 적어도 17세기까지만 하더라도 이슬람의 몇몇 학자들은 그러한 사실을 알고 있었다. 흥미로운 점은, 이러한 사실을 슈탈 역시 이미 알고 있었으나,

그는 이에 대해 아무런 설명도 하지 않았다는 점이다. 이와 같은 사정에 대해 쿤은, 화학 반응을 통해 그 물질 성분의 부피, 색, 결이 바뀔 수 있다면, 그것의 무게만 바뀌지 않을 이유가 있겠는가고 묻고, 그 당시 무게란 물질의 고유 양을 정하는 측도로 언제나 받아들여졌던 것도 아니었다고 주장한다. 게다가 연소된 금속의 무게 증가는 오히려 예외적 현상으로 취급되었다고 본다. 오히려 (예컨대 목재와 같이) 자연 상태의 물체의 경우에는 대부분, 플로지스톤 이론에서 당연히 그래야 한다고 보았듯이, 연소 시 그 무게가 줄어들곤 하였다. 요컨대 연소 시 일부 금속의 무게가 증가한다는 사실은 한동안 무시해도 좋을 만한 사소한 문제였던 셈이다.

그러나 플로지스톤 이론하에서 '공기' 연구를 하는 과정에서 발달한 정확한 정량 측정의 기술이 아이러니컬하게도 그것을 더 이상 사소한 문제로 남겨 놓지 않게 되었다. 예컨대 수평 저울을 쓴다든가, 반응하는 기체들의 산물을 보존하는 일들이 화학의 표준으로 자리 잡게 됨으로써, 연소 시 무게 증가의 사례들이 점점 더 늘어날 수밖에 없게 되었다. 게다가 뉴턴의 이론이 받아들여짐에 따라 무게의 증가는 곧 물질의 고유 양의 증가로 여겨지게 되었다.

이로써 연소 시 물질의 무게가 증가하는 현상은 플로지스톤 이론이 주도하는 패러다임하에서 진정한 '변칙현상'으로 비쳐지고, 그 잘못이 '다른 것 아닌 바로 플로지스톤 이론에 있는 게 아니냐'는 의구심을 낳게 되었다. 흥미로운 점은, 주도적 패러다임이 지배하는 정상과학이 새로운 것을 지향하기보다 오히려 처음에는 그것을 억제하는 경향을 띠는 추구의 한 과정이나, 그럼에도 불구하고 또한 동시에 그처럼 새로운 것을 불러일으키는 데 상당히 효과적이라는 점이다.

물론, 이처럼 플로지스톤 이론에 대해 변칙현상들의 사례가 증가한다고 해서, 그것이 곧 그 이론의 포기를 의미하는 것은 아니다. 사실상 어느 한 이론이 변칙현상에 부딪힌다 할지라도, 그에 따라 그 이론을 적절히 조절할 수 있는 방식은 여러 가지다. 플로지스톤 이론과 관련해 그러한 대처 중 유명한 것이 바로 보일Robert Boyle의 제안이었다. 그는 플로지스톤이 음negative의 무게를 가졌을지도 모른다는 식으로 그와 같은 변칙현상을 설명했던 것이다.

때로는 이러한 식의 반응이 효과적일 때가 있다. 19세기, 뉴턴의 이론에 비춰 변칙현상으로 보이는 천왕성 궤도의 불규칙성에 대해 곧바로 뉴턴의 이론을 의심하기보다 문제의 불규칙성을 천왕성에 영향을 미치는 또 다른 행성의 존재로 돌려 그 문제를 올바르게 해결한 사례가 그러하다. 잘 알려진 대로, 르베리에Urbain Le Verrier가 이러한 방식으로 당시 알려지지 않았던 해왕성을 발견하고 뉴턴의 이론을 구했다. 그러므로 어느 이론이 변칙현상에 부딪힌다 할지라도, 그것을 곧 포기하는 일은 그 이론의 충분한 개발을 위해 결코 바람직하지 않다.

그럼에도 불구하고 플로지스톤 이론의 경우에는 사정이 달랐다. 변칙현상에 부딪혀 그 이론을 적절히 조절한 결과들이 오히려 새로이 입증해야 할 한층 더 커다란 부담을 가중시켰기 때문이다. 예컨대 만일 보일의 제안에 따라 플로지스톤과 관련해 음의 무게를 가정한다면, 한층 더 많은 다른 경우에 그것의 존재를 입증해야만 하는데, 이것은 실로 무리한 일이었다. 만일 이처럼 문제의 이론에 대해 적절한 조절이 실패한다면, 그 결과는 당시 과학의 전체 판도에 감당하기 어려운 비정합성을 초래한다. 이러한 형편은, 마치 16세기 코페르니쿠스가 『천구(天球)의 회전에 관하여』De Revolutionibus 머리말에서 그 이전의 천문학을 두고 하나의 '괴물' monster이라 표현한 것과 다르지 않다.

결과적으로, 변칙현상들의 출현을 거쳐 과학자들이 기존 패러다임

'자체의' 신뢰에 의구심을 갖게 되었을 때, 쿤은 이를 일러 그 패러다임의 **위기**crisis라 불렀다. 그리고 그 전형적 증상으로, 문제의 주도적 이론에 대한 수정안이 해당 과학자들의 수만큼이나 많다고 할 정도로 무성해지는 점을 들었다.

그러나 아무리 한 패러다임이 위기에 봉착한다 할지라도, 그를 제대로 대체할 만한 새로운 이론이 확립되기 전까지는 새로운 패러다임으로의 전환이 이루어지는 실로 '과학혁명'의 성취는 불가능하다. 플로지스톤 이론의 위기를 초래하고 동시에 그를 대체할 만한 새로운 이론을 제시하는 데 큰 공헌을 한 이가 바로 라부아지에다. 그의 활약과 그 의의는 다음 절에서 다뤄 보기로 하자.

〈상자 3-2: '불 공기'와 '탈플로지스톤 공기'에 대한 현대적 해석〉

셸레와 프리스틀리가 각기 '불 공기'와 '탈플로지스톤 공기'를 얻는 과정에 대해 그 이해를 돕기 위해 현대 화학 이론과 그 기호법을 이용해 표현하면 다음과 같다. 이를 보면, 현대적 화학 이론이 18세기의 그것에 비해 얼마나 더 일관적이고 분명한지도 함께 볼 수 있다. 물론 이 역시 어쩌면 현대의 시각에서나 할 수 있는 말일지 모른다….

셸레의 경우, 질산을 가열해 '불 공기'를 얻었다.

$$4HNO_3 \rightarrow 4NO_2 + 2H_2O + O_2$$
(질산 → 이산화질소 + 물 + '불 공기')

프리스틀리의 경우, 수은 금속재를 가열해 '탈플로지스톤 공기'를 얻었다.

$$2HgO \rightarrow 2Hg + O_2$$

(산화수은 → 수은 + '탈플로지스톤 공기')

3.3 새 패러다임: 어떤 약이 좋은 약인가?

어떤 약이 좋은 약인가?

어떤 약이 좋은 약인가? 물론 '잘 듣는 약'이 좋은 약일 것이다. 모든 사람이 쉽사리 생각해 낼 법한 자연스럽고 쉬운 답이다.

그러나 가만히 생각해 보면, 아무리 약이 잘 듣는다 하더라도, 그 약이 그처럼 효과를 보이기 위해서는 이미 그 약이 대상으로 하는 병이 중하고 깊어야만 한다. 이는 언뜻 역설적으로 들릴지 모른다. 그러나 사실이 그러하다. 따라서 어떤 약이 효과가 있다 할지라도, 그 약이 치료하는 병이 사소하다면, 그 약이 '좋다'는 인상은 그다지 깊지 않을 수 있다. 이러한 사실은 과학에서 '위기'와 '새로운 이론의 출현'을 다루려는 우리에게도 매우 시사적이다.

앞 절에서 우리는 18세기 화학에서 패러다임의 역할을 했던 플로지스톤 이론이 어떻게 위기를 맞게 되었는가를 보았다. 그러나 하나의 패러다임이 위기를 맞게 되었다 해서 단지 그것만으로 과학자들이 곧 기존의 패러다임을 폐하는 것은 아니다. 어느 과학 분야에서 일단 하나의 패러다임이 수립되고 나면, 아무런 패러다임 없이 이루어지는 연구란 있을 수 없다. 동시에 또 다른 패러다임으로의 교체 없이 하나의 패러다임을 버리는 일은 과학 그 자체를 버리는 일과 같다. 그러므로 과학혁명이 이루어지기 위해서는, '위기'와 함께, 질 듣는 약처럼 효과 좋은 새 패러다임 역할을 할 수 있는 새 이론의 출현이 꼭 필요하다.

그러나 이를 역으로 보자면, 기존 패러다임의 병이 깊으면 깊을수록 새로운 패러다임의 역할을 할 수 있는 효과 좋은 새 이론의 출현 가능성이 높아진다고 할 수 있다. 이 점에서, 다음의 역사적 사례는 매우 흥미롭다.

사람들은 흔히 지동설이 코페르니쿠스와 함께 16세기에 시작된 것으로 생각하기 쉽다. 그러나 사실 지구가 태양을 중심으로 돌고 있다는 발상 자체는 놀랍게도 기원전 3세기경 그리스의 아리스타르코스Aristarchus에 의해 이미 제안된 바 있다. 물론 단순 공상이 아니고 나름대로 달과 태양에 대한 관찰 결과에 토대한 것이었다. 그럼에도 불구하고 코페르니쿠스의 지동설에 의해 과학혁명이 일어나기까지 무려 1800여년의 세월이 필요했던 것이다! 이유가 무엇인가?

어쩌면 사람들은 이렇게 생각할지 모른다. 만일 그리스 과학이 한층 덜 사변적이고 보다 덜 독단적이었다면, 지동설이 훨씬 더 일찍 앞당겨 전개되었을지도 모를 일이라고. 하지만 이는 완전히 역사적 맥락을 벗어난 것이라고 쿤은 지적한다. 아리스타르코스 당시에는 지구 중심 체계가 압도적으로 한층 더 합당한 것으로 여겨져, 실상 태양 중심 체계가 혹시라도 채워 줄 만한 어떠한 것도 없었다.

그러므로 코페르니쿠스의 지동설이 제 역할을 하기 위해서는 상대적으로 그렇게 당당했던 천동설의 중병(重病)이 필요했다. 사실, 코페르니쿠스의 체계는 아리스타르코스의 체계보다 한층 더 정교한 것이었으나, 어느 면 프톨레마이오스의 천동설 체계보다 월등하게 더 단순하거나 정확한 것도 아니었다. 게다가 당시까지의 관찰 자료만으론 두 이론 체계 중 어느 것을 확실히 선택할 수 있는 상황도 아니었다. 그럼에도 불구하고 코페르니쿠스의 지동설이 혁명의 주역이 될 수 있었던 한 가지 중대한 이유는 프톨레마이오스 이론의 불충분한 능력에 대한 자각 때문이었다. 그 이론이 자체의 퍼즐들을 제대로 풀어 내지 못했던 것이다. 그리하여 때가 무르익자 마침내 그 경쟁자에게 기회가 주어졌다.

흥미로운 점은 이와 유사한 상황이 화학의 영역에서도 벌어졌다는 점이다. 사람들은 흔히 물질이 연소할 때 어떤 물질을 방출하는 것이 아니라 오히려 흡수한다는 이론이 18세기의 라부아지에로부터 시작된 것으로 알고 있다. 그러나 사실 그러한 발상 자체는 그 이전인 17세기에 이미 제안된 바 있다. 예컨대 프랑스의 레이 J. Rey (1583?-1645?), 영국의 훅 R. Hooke (1635-1703), 메이요우 J. Mayow (1640-1679) 등은 공기의 전부는 아니나 그 일부가 물질의 연소에 꼭 필요하다는 사실을 이미 알고 있었다. 비슷한 시기에 영국의 보일 R. Boyle (1627-1691) 역시 그러하였는데, 그는 예컨대 진공 중에 황을 태워 보려 하였으나 실패함으로써 연소에 공기가 꼭 필요함을 확인하였다.

그럼에도 불구하고, 잘 알려져 있듯, 화학혁명은 그보다 1세기나 지나서야 라부아지에에 의해 시작되었을 뿐이다. 그 이유가 무엇인가? 이 역시 오히려 '플로지스톤 이론'이라는 패러다임이 한차례 휩쓸고 난 뒤 그것의 문제가 충분히 드러난 이후에야 그 중요성이 강하게 인식되었기 때문이다.

그러므로, 플로지스톤 이론에 관해 앞서의 절에서 보았듯, 라부아지에가 '산소 이론'이라는 새로운 약을 들고 나오기까지 그 때가 충분히 무르익었던 셈이다. 문제는 그 약이 정말 '좋은 약'인가 하는 점이다. 아무리 때가 익어도 때맞춰 효과를 제대로 발휘할 수 있는 약이 나오지 않는다면, 과학자들은 기존의 약을 무대책으로 버릴 수 없다. 뒤에서 밀어줄 때 또한 앞에서 제대로 끌어 주는 힘의 역할이 꼭 필요하다. 패러다임 전환으로서의 과학혁명은 바로 이러한 역학 속에서 이뤄지는 것이다.

좋은 약의 비결

그렇다면 좋은 약은 어떻게 그렇게 잘 듣는 약이 될 수 있었는가? 대체 좋은 약의 비결은 무엇인가? 이에 단서가 될 수 있는 재미난 이야기가 있다.

1774년 10월, 영국의 프리스틀리가 프랑스 파리를 방문하게 된다. 그곳에서 그는 라부아지에를 만나 그에게 자신이 만들어 냈던 '공기'에 대해 말해 주었다. 바로 앞 절에서 소개했던 '탈플로지스톤 공기'였다. 이때까지만 해도 그는 그 '공기'가 보통 공기의 일부인지는 정확히 알고 있지 못했다. 다만 특별히 보통 공기의 순수한 형태라고만 생각하였다. 보통 공기 중에 플로지스톤이 온전히 보존돼 연소를 극적으로 도와주는 이상적 형태로 보았던 것이다. 이때에도 그는 물질의 연소 시 그 '공기'가 해당 물질로부터 빠져나오는 것으로만 생각하고 있었던 셈이다.

하지만 라부아지에^{Antoine-Laurent de Lavoisier(1743-1794)}는 달랐다. 그는 프리스틀리를 만나기 이전에도 밀폐된 용기 안에서 납이나 주석과 같은 금속들을 연소시키며 연소 시에 보통의 공기가 꼭 필요하다는 사실을 잘 알고 있었다. 그리고 그 공기 때문에 금속재의 무게가 늘어난다는 확신을 갖고 있었다. 예컨대 밀폐된 용기 속에 주석을 넣고 가열하면, 그 일부가 금속재로 바뀌게 된다. 그러나 그 용기를 개방하기 전까지는 전체 무게에 아무런 변화도 없다. 그러다 용기를 개방하는 순간, '쉭!' 하고 공기가 밀려들어가는 소리를 들을 수 있었고, 전체 무게가 증가하였던 것이다. 다만 불분명한 점은, 금속이 보통의 공기 그 자체와 결합하는 것인지, 아니면 보통의 공기 중 일부와만 결합하는지의 여부였다. 그러나 마침 때가 온 것이다! 프리스틀리가 단서를 준 것이다.

그는 프리스틀리가 얻어 냈다는 바로 그 '공기'에 대해 스스로 실험을 거듭하였다. 1775년, 그러니까 프리스틀리와 만난 다음 해에 벌써 과학 아카데미에서 하나의 보고서를 발표하였다. 처음에는 그도 문제의 '공기'가 보통 공기의 순수 형태라고만 생각하였다. 그러나 그 뒤의 계속적 실험을 통해, 1778년 공식 보고서에서는, 그 '공기'란 단지 보통 공기의 일부일 뿐임을 확실히 하였다. 문제의 공기와 '플로지스톤화된 공기'를 적절한 비율로 혼합시키자 보통의 공기가 되었기 때문이다.

쿤은 사학자 버터필드[H. Butterfield]의 말을 인용해 패러다임 변화의 양상을 '지팡이의 다른 쪽 끝을 집어 올리는 일'에 비유한 바 있다. 아프리카의 격언으로 '만일 네가 지팡이의 한쪽 끝을 집어 올리면, 너는 동시에 그 지팡이의 다른 쪽 끝을 집어 올리는 셈이다'라는 말이 있다. 패러다임 전환은 과거에 없던 것을 완전히 새로 창조해 내는 일이 아니다. 그러나 그것은 과거에 있던 것을 완전히 새로 보는 것이다. 그리하여 그것은 곧 똑같은 자료 더미를 예전처럼 다루되 그것에 다른 틀을 부여함으로써 그를 서로 간에 완전히 새로운 관계 속으로 밀어 넣는 일이다.

라부아지에는 바로 그러한 역할을 한 인물이다. 그는 당시에 영국의 블랙, 캐번디시, 프리스틀리 등등의 연구에 대해 잘 알고 있었다. 그리고 그들의 실험을 자기 스스로 계속해 거기서 나름의 새로운 시각을 발전시켜 나갔다. 그러므로 그는 이미 손에 쥔 풍부한 정보를 갖고 연소현상을 연구할 수 있는 위치에 있었다. 그의 위대한 재능은, 다름 아닌 과거 이론들의 본질적 취약점을 알아보고, 가능한 모든 사실들을 새로우며 한층 더 올바르고 포괄적인 이론 속으로 결합해 넣을 수 있었다는 데 있었다.[1]

1　Leicester, Henry M. (1956), *The Historical Background of Chemistry*, New

눈여겨볼 대목은 이것이다. '과거 이론들의 본질적 취약점'을 꿰뚫어 본다는 것은 그 대상이 안고 있는 문제의 원인을 정확히 파악하고 있음을 뜻한다. 그렇지 못하다면 '취약점'이란 있을 수 없다. 따라서 좋은 약의 첫째 비결은 중병의 원인을 정확히 꿰뚫는 일이다. 만일 그러한 병에 기존의 약이 있었으나 별 효과를 내지 못했다면, 그 이유 중 첫째가 이것이다. 플로지스톤 이론이 여러 변칙현상들에 부딪혀 난항에 이르렀을 때, 라부아지에는 그 원인이 바로 연소를 물질의 방출 과정으로 이해한 데 있다고 보았다.

그 이전의 꾸준한 실험을 통해 확신을 얻은 라부아지에는 마침내 1783년 과학 아카데미에 발표한 논문 "플로지스톤에 대한 재고"^{Réflex-}ions sur le phlogistique(1786년 출간)를 통해 플로지스톤 이론의 연소 과정 설명 방식을 전면적으로 비판한다. 자신의 실험들로 볼 때, 연소 과정은 결코 물질의 방출 과정이 아니라는 것이다.

물론, 병의 원인을 제대로 짚었다 할지라도, 그 원인을 제대로 제거할 수 있는 약이어야만 '좋은 약'이 될 수 있다. 즉 문제 해결에 제대로 효과를 보여야만 한다. 라부아지에는 '플로지스톤 이론'이라는 기존 약을 비판하는 한편, 자신의 새로운 약을 같은 논문을 통해 동시에 세상에 선포하였다. 연소에는 항상 '공기'의 흡수가 수반되고, 그가 이미 1778년에 '산소'^{principe oxygine}라 명명한 순수 공기에 의해 그 흡수가 완벽히 이루어질 수 있다고 주장하였다. 이로써 연소된 물체의 무게는 증가하고, 이 증가는 흡수된 공기의 무게와 정확히 일치한다고 강조하였다. 문제는 이처럼 새로운 약이 제대로 효과를 낼 수 있느냐의 여부이다. 만일 이것이 성공한다면, 이는 과거와 다른 새 패러다임으로 나

York: Dover, 1971, p. 140 참조.

아가는 길을 열게 될 것이다. 그러나 실패할 수도 있다. 이때라면 그저 대수롭지 않게 역사의 무대에서 사라져 잊혀져 갈 따름이다.

라부아지에의 새 이론은 무엇보다 과거 플로지스톤 이론이 제대로 해결하지 못한 변칙현상, 즉 물질의 연소 시 무게의 증가 현상을 매우 단순하며 쉽사리 해결해 준다. 특히 화학 연구에서 엄밀한 정량적 방법을 추구하는 사람들에게 그 이론은 잘 부합되었다. 그리하여 그들에게 (화학 반응 전과 후에 제대로만 용기 속에 보존된다면) '화학 변화는 오로지 상태의 변화일 뿐 전체 질량에는 아무런 변화도 없다'는 라부아지에의 '질량 보존의 법칙'은 빠르고 광범위하게 수용되었다. 예컨대 어느 금속을 연소시킬 경우, 발생하는 기체가 달아나지 못하도록 밀폐된 용기 속에 잘 보존하고, 그 기체를 포함한 용기와 금속재 전체의 무게를 엄밀히 수평 저울로 측정해 보면, 그러한 변화 이전의 금속과 밀폐 용기 전체의 무게가 소수점 몇 자리까지 정확히 일치한다. 플로지스톤 이론가나 실험자들은 이러지 못하였다.

이러한 사정은 라부아지에의 이론이 단지 연소 현상의 해결에만 머물지 않고 한층 더 광범위하게 화학상의 여러 사실들을 체계적으로 묶을 수 있는 능력이 있음을 보여 주는 셈이다. 이의 증좌는 곧 근본 물질과 화합물에 대한 체계적 명명법의 수립이었다. 과거의 화학에서 각 원소와 그 화합물에 대한 이름은 각기 개별적으로 붙어, 미처 외우기도 힘들고, 그 이름만 가지고는 그 대상의 성격을 바로 파악하기도 어려웠다. 그러나 라부아지에의 이론이 옳다면, 바로 그 관점에서 화학 물질들에 대한 이름을 체계적으로 수립하는 일이 충분히 가능해야만 했다. 그런데 그것이 가능했다. 우선, 라부아지에와 그의 동조자들은 '지수화풍' 地水火風이라는 고전적 원소들을 폐기하고, 당시의 어떤 화학적 수단으로서도 더 이상 다른 물질로 분해할 수 없는 33가지 '원소'들을 새로이 정립하였다. 물론 이 가운데에는 '산소'도 포함되었다. 그리고 그 원소들에 가능한 한 그 특성들을 잘 살린 이름을 붙여 보려 하였다. 사실, '산소'라는 이름만 하더라도, 그것은 그리스어로 '산을 제공하는 것' acid former이라는 의미를 갖고 있는 것이었다. 예컨대 황이나 인 같은 것을 연소 시 그 연소 산출물이 물에서 산성을 띠기 때문이다. 이렇게 원소의 이름을 정하고 나면, 그것들이 결합돼 만들어지는 '화합물'은 그 성분 원소들을 잘 나타낼 수 있도록 하였다. 예컨대 산소와 황의 결합으로 만들어지는 화합물은 '황산' sulfuric acid이라 부르는 식이다. 게다가 이때 산소가 결합되는 비율까지 감안해 그 비율이 높으면 어미를 '-ic'로, 그리고 낮으면 '-ous'로 끝내도록 하였다. 따라서 'sulfuric acid'가 'sulfurous acid'보다 한층 더 강한 황산임을 쉬사리 알 수 있다.

사정이 이러하니, 1787년에 그들이 펴낸 책 『화학 명명법』*Méthode de nomenclature chimique*은 유럽 전역으로뿐 아니라 미국으로까지 빠르게 퍼져 나갔고, 화학계 전체에서 통상적으로 사용하게 되었다. 라부아지에의 새 이론이 화학 전반에서 효과가 있다는 방증이다. 마침내 1789년 라부아지에는 화학의 표준 교과서 『화학 요론』*Traité élémentaire de chimie*을 펴냄으로써 자신의 새 이론을 젊은 새 세대에게 하나의 교조doctrine로 자리 잡게 하였다.

'좋은 약'의 비결 두 번째는 중병에 대한 확실한 효과이고, 그 비결 세 번째는 그 효과의 원활한 전파이다. 후자의 경우, 그만큼 보편성이 있다는 얘기다.

좋은 약은 결국 삼켜진다

그러나 오해해서는 안 될 일이 있다. '산소 이론'이라는 '좋은 약'이 효과도 있고 보편성이 있다 할지라도, 그것이 아무런 저항 없이 모두에게 일시에 그리고 쉽사리 수용되었음을 뜻하는 것은 결코 아니다.

라부아지에가 엄격한 실험에 의해 정량적 결과를 제시했을 때만 해도, 언뜻 생각하면 그에 대해 반론이 있기 어려운 것으로 보일지 모른다. 하지만 전혀 그렇지 않다. 프리스틀리를 포함해 몇몇 플로지스톤 이론가들은, 실험상의 정확성은 오히려 지나치게 복잡한 실험 장치로 인한 거짓된 결과일 뿐이며, 실험의 정확성이 추론의 올바름을 보장하는 것은 결코 아니라고 주장하였다.[2]

아닌 게 아니라, 어느 면, 단지 실험만으론 어느 이론이 올바른지 쉽사리 결정하기 어려운 이론상의 대칭성이 있다. 예컨대 금속을 공기 중에 연소시킨 경우 그 과정과 결과를 단순화해 플로지스톤 이론과 산소 이론에 따라 각기 제시하면 다음과 같다.

$$금속 \rightarrow 금속재 + 플로지스톤$$
$$금속 + 산소 \rightarrow 금속재$$

그러므로 이 두 식에서는 항을 달리해 플로지스톤과 산소를 서로 맞바꿔도 이론상으로 연소를 설명하는 데 심각한 차이를 낳지 않는 것으로 보일 수 있다.[3]

게다가 상대적으로 긴 역사를 지닌 플로지스톤 이론에 비해 이제 막 등장한 산소 이론은 아직 설익은 상태에서 그 자체 부족한 면을 갖고

---

2 Golinski, Jan., "Precision Instruments and the Demonstrative Order of Proof in Lavoisier's Chemistry", *Osiris* 9, 1994, pp. 30-47 참조.

3 Norton, John D., *The Material Theory of Induction*, Calgary: Univ. Of Calgary Press, 2021, p. 320 참조.

있기도 하였다. 그 대표적인 것이 모든 산은 산소를 포함한다는 생각이
다. 사실 잘 알려진 산의 하나인 염산 수용액만 하더라도 염화수소^{HCl}
자체는 산소를 전혀 포함하고 있지 않다. 오히려 그것이 물에 녹아 수
소 이온을 방출함으로써(또는 전자쌍을 받아들임으로써) 산성을 띠게
되는 것이다. 앞서 황산의 경우, 그것이 물에 녹았을 때에도 마찬가지
다. 라부아지에는 이를 미처 몰랐다. 또한 플로지스톤 이론으로는 설명
가능하나, 산소 이론으로는 설명 불가능한 경우도 있었다. 예컨대 금속
이 공통으로 보이는 광택이 그것이다. 플로지스톤 이론에서는 그를 금
속에 공통적으로 포함된 플로지스톤 때문이라 설명 가능하나, 산소 이
론에서는 마땅히 그럴 만한 무엇이 없었다. 이는 한참 후에야 금속 내
자유 전자에 의한 빛의 흡수와 방출로 설명 가능하게 된다. 지금은 '중
병' 운운하지만, 사실 플로지스톤 이론과 같은 기존 패러다임 역시 한
때는 '좋은 약'으로 여겨졌다. 새로 나오는 '약'만이 조건 없이 그대로
좋은 약이라는 생각은 위험하다.

그러므로 물리학자 플랑크$^{M.\ Planck}$의 자서전을 들어 쿤은 과학의 변
화가 매우 합리적 진보라는 기존의 상식에 큰 충격을 가하는 주장을 거
침없이 펼쳐 보였다. 새로운 과학적 진리는 그 반대자들을 설득해 진리
의 빛을 올바로 보게 해 승리를 얻는 게 아니라, 오히려 그 반대자들이
결국 세상을 떠나고, 새로운 진리에 친숙한 새 세대가 자라남에 따라
결과적으로 그렇게 될 따름이라는 것이다.

바로 이러한 점 때문에 라카토슈$^{I.\ Lakatos}$는 쿤의 과학관을 일러 일종
의 '군중심리학' mob psychology이라 비판적으로 묘사하기도 하였다(이
후의 제6장 참조). 하지만 오히려 과학의 변화에서 위와 같은 점들을
밝혀낸 점이야말로 과학사가 내지 과학 철학자로서 쿤의 최대 공헌 가
운데 하나다. 이러한 관점에서, 쿤이 과학의 이론 선택 시 그 선택의 기

준들로 정확성, 정밀성, 단순성, 다산성, 일관성, 넓은 범위 등등을 제
시한 일은 상당히 중요한 의미가 있다. 즉 그것들은 과학자들이 여러
이론 가운데 어느 것을 선택할 때 하나의 **가치**^{value}로 작용한다는 것이
다. 그러므로 개별 과학자나 과학자 집단에서 이 가치 기준들은 저마다
다를 수 있다. 곧 퍼즐 풀이자로서 과학자 집단 내에서나 집단들 사이
에서 정치나 권력관계에 따라, 심지어는 과학 너머 문화의 영향에 따라
그 가치평가는 상당히 달라질 수 있다. 플로지스톤 이론을 고집하는 과
학자들은 이 점에서 라부아지에와 그의 동조자들과 달랐던 셈이다.

그럼에도 불구하고 일정 시기에 집단적으로 그 어느 가치가 특히 더
강조되고(예컨대 새 패러다임이 대두되는 초기에는 단순성, 그 정착기
에는 일관성), 이에 따라 그 가치평가가 집단적으로 일정 수준에서 인
정받고 나면, 그 기준하에 과학자 고유의 퍼즐 풀이가 제대로 된 것인
가가 결정될 수 있다. 이때 중요한 점은 그 어느 가치하에서건 자연현
상과 그에 대한 과학자 집단의 신념 사이에 일치가 제대로 확보될 수
있느냐의 여부이다. 이 점은 이론적으로건 실험적으로든 어느 경우에
든 결코 포기할 수 없는 지점이다.

기존의 약으로 잘 치료되지 않는 중병 앞에서 그대로 기존 약을 고집
하거나, 아무런 약의 복용 없이 죽음을 기다리는 일 모두 약의 역할, 삶
과 죽음 등등에 대한 각자의 가치평가에 따른 일일 것이다. 그러나 정
말 그 중병에 효과 있는 신약이 개발되고 그 소식이 전해진 상황에서라
면 어떠할까? 이를 수용하는 것 역시 한 사람의 가치평가의 결과다. 하
지만 꺾이지 않는 중병을 참아 낼 수 없는 한, 좋은 약은 결국 삼켜지게
마련이다. 중병이 괜히 '중병'은 아닐 것이다. 시간의 문제일 따름이
다. (패러다임들 사이의 공약불가능성과 관련해 플로지스톤 이론 및
산소 이론에 관해서는 이후의 제5장 3절 참조.)

〈상자 3-3: 라부아지에의 금속 산화 실험〉

라부아지에의 『화학 요론』은 여러 실험 결과들을 그림과 함께 상세히 소개하고 있다. 그 가운데 금속을 렌즈를 이용해 가열해 산소와 결합시키는 산화oxydation 실험 대목을 인용해 보기로 하자. 라부아지에에 대한 일반적 설명보다 오히려 더 인상 깊을 수 있다. 이는 하나의 패러다임이 왜 단지 이론만이 아니라, 그와 더불어 어떻게 실험 방법과 연계되고, 퍼즐 풀이의 범례가 되는가를 구체적으로 보여 준다. (여기서는, 1790년에 처음 영어로 번역되고, 이후 새로운 서문이 추가된 1965년 미국 도버출판사의 판본을 이용하기로 한다.[4] 해당 대목은 pp. 443-4와 Plate IV, Fig. 11이다.)

　휘발성이 없으며, 그 과정 중에 주변 공기로 아무것도 달아날 수 없는 금속에 이 조작을 행해 본 결과, 언제나 그 금속은 추가적으로 무게가 증가하였다. 하지만 그동안 그저 개방된 공기 가운데서 이뤄진 실험

들을 통해서는 이렇게 산화 중에 증가한 무게의 원인을 결코 찾아낼 수 없었다. 이러한 현상의 원인에 관해 올바른 추측이 가능하게 된 것은 오로지 그 조작이 밀폐된 용기 내에서 그리고 정확히 한정된 공기 내에서 이뤄지고 나서일 뿐이다. 이러한 목적하에 취해진 최초의 방법은

4　Lavoisier, Antoine-Laurent (1789), *Traité élémentaire de chimie: présenté dans un ordre nouveau et d'après les découvertes modernes, Elements of Chemistry: in a new systematic order, containing all the modern discoveries*, trans. by R. Kerr, with a new introduction by D. McKie, New York: Dover, 1965.

프리스틀리 박사에 의한 것이다. 그는 도판 IV의 그림 11에서와 같이 도자기 컵 N에서 해당 금속을 하소煅燒, calcination[광석 등의 고체를 고온으로 가열해 분말을 만드는 일]시켜 볼 것을 제안하였다. 그 컵을 스탠드 IK 위에 놓고, 전체를 유리 단지 A로 덮었다. 아래의 물그릇 BCDE는 물로 가득 채웠다. 그 물을, 흡입관을 이용해 공기를 빨아냄으로써 GH의 높이까지 올라오도록 했다. 그러고는 렌즈의 초점을 해당 금속에 맞춰 불을 붙였다. 몇 분이 지나자 산화가 일어났는데, 공기 중에 포함된 산소의 일부가 그 금속과 결합된 것이다. 그리하여 그에 비례해 공기의 부피가 줄어들었다. 물론 여전히 아주 적은 양의 산소 기체와 혼합되어 있기는 하였으나, 이때 남은 것은 아조트 기체azotic gas[질소]뿐이었다. 나는 이러한 장치로 행한 일련의 실험을 1773년 처음 간행된 나의 『물리 화학 논집』*Physical and Chemical Essays*에 이미 설명해 둔 바 있다. 이 실험에서 사용된 물은 대신 수은으로 바꿔도 좋은데, 그 결과는 한층 더 결정적이다.

이 실험은, 금속이 산소와 결합해 용기 내의 공기 가운데 산소가 줄어들고, 이에 따라 수면의 높이 GH가 어떻게 상승하는가를 상세히 보여 주고 있다. 라부아지에가 강조하듯, 여기서는 밀폐된 용기의 사용 여부가 매우 중요하다.

4

과학혁명과 과학자 공동체

4.1 과학자 공동체는 과학혁명의 주체인가?

과학혁명의 두 가지 의미

과학혁명은 두 가지 다른 뜻을 지닌다. 영어 대문자를 사용하여 'Scientific Revolution'으로 표기하는 고유명사의 뜻이 하나이고, 소문자만 사용하여 'scientific revolution'으로 표기하는 일반명사의 뜻이 다른 하나이다. 전자는 16-17세기 유럽에서 발생한 특정 사건을 가리킨다. 천문학의 혁명으로 대표되는 유럽 과학의 급격한 발전을 가리키는 것이다. 반면, 후자는 토머스 쿤Thomas Kuhn(1922-1996)이 도입한 과학철학의 전문용어로, 과학의 급격한 발전 양상을 일반화하여 가리킨다. 전자와 같은 사건이 여럿 있다는 것이고, 과학의 역사에서 직접 찾아볼 수 있다는 것이다. 그렇게 되풀이되는 역사적 사건들을 통칭하면서 공통된 특성을 밝히기 위해 쿤은 과학혁명을 일반명사로 도입했다.[1]

과학혁명의 특성을 밝히기 위해서는 과학사에서 구체적인 사례들을 탐구할 필요가 있다는 것이 쿤의 과학철학의 출발점이다. 과학사의 사례들이 없으면 사실성이나 근거가 부족한 것으로 평가될 수 있기 때문이다. 쿤은 하버드 대학에서 교양과학 프로그램의 일환으로 과학사를 가르치면서 이미 『코페르니쿠스 혁명』(1957)이란 책을 출판한 바 있다. 16-17세기에 발생한 과학혁명의 핵심 사건인 천문학의 혁명이 구체적으로 어떻게 전개되었는지를 연구했던 것이다. 이를 출발점으로 쿤은 천문학의 혁명과 유사한 과학의 급격한 발전 양상이 과학의 역사에서 되풀이된다는 주장을 펼치면서 과학혁명의 특성을 밝히고자 했다. 그 결과물이 많은 과학사의 사례에 근거한 『과학혁명의 구조』(1962, 이하 『구조』)이다.

　과학의 이미지를 새롭게 바꾸는 것을 목표로 한 『구조』는 무엇보다도 과학혁명이 어떻게 시작되고 완성되는지 그 변화 과정을 보여 주고자 한다. 그 과정에서 무엇보다 주목해야 할 것 하나는 과학혁명의 주체이다. 한두 사람의 개인이 과학혁명을 일으키고 완수한 것이 아니라는 것이고, 과학지식의 생산자이자 승인자인 과학자 공동체가 과학혁명의 주체라는 것이다. 과학자 공동체의 역할에 대한 이러한 강조는 과학철학을 넘어 과학기술학이나 과학사회학에서도 널리 공유되었다. 이 장에서는 천문학의 혁명을 구체적인 사례로 삼아 과학혁명의 전개 과정에서 과학자 공동체가 어떤 식으로 과학을 변화시켰는지를 검토해 보기로 한다. 그에 앞서 '혁명'이란 단어를 사용한 쿤의 의도를 살펴보자.

1　이 책도 '과학혁명'을 일반명사로 사용하되, 혼동이 있을 수 있는 경우에는 고유명사로 사용된다는 사실을 따로 밝히고 있다.

과학혁명과 정치혁명

과학의 역사를 정상과학 시기와 과학혁명 시기로 구분하는 쿤에게 과학혁명의 핵심 특성은 패러다임의 교체이다. 정상과학 시기를 지배하던 패러다임이 다른 패러다임으로 교체되는 과정을 가리키기 위해 쿤이 굳이 '혁명'이란 표현을 사용한 이유는 과학혁명이 프랑스혁명이나 러시아혁명 같은 정치혁명과 유사점이 있다고 봤기 때문이다. 쿤은 그 유사점을 다음 세 가지로 제시한다.

첫 번째 유사점은 혁명의 출발점에서 찾을 수 있다. 정치혁명의 출발점은 현실의 문제들이 기존의 제도와 틀 안에서 해결될 수 없다는 생각이다. 기존의 제도와 틀이 지닌 기능적 결함을 깨달으면서 확산된 위기감은 혁명의 선행 조건이다. 과학혁명의 출발점도 다르지 않다. 기존 패러다임으로는 해결책을 찾지 못한 변칙 사례가 심각한 문제로 부각되면서 기존 패러다임으로는 더 이상 문제를 해결할 수 없겠다는 의심과 회의주의적 생각이 나타난다. 그러한 의심과 회의주의적 생각이 퍼지면서 기존 패러다임에 근거한 정상과학이 위기를 맞이하게 되고 과학혁명의 분위기가 형성된다. 정치혁명이나 과학혁명 모두 그 출발점은 제도든 패러다임이든 기존 사고방식을 한정 짓던 것에 대한 의심과 위기감이라는 것이다.

두 번째 유사점은 혁명의 결과에서 찾을 수 있다. 정치혁명이 일어나면, 기존 권위가 무너지고 기존 제도 역시 적어도 일부는 폐기된다. 그것은 기존 패러다임이 새로운 패러다임에 의해 대체되는 과학혁명에서도 마찬가지이다. 정상과학을 이끌던 기존 패러다임의 용어와 개념, 가치와 방법론 등은 더 이상 작동하지 않게 된다. 적어도 일부분은 폐기되고 새로운 것으로 대체된다. 겉보기에 폐기되지 않더라도 그 의미가 달라져서 실질적으로는 폐기된 것과 다름이 없게 된다.

　세 번째 유사점은 혁명의 방법에서 찾을 수 있다. 정치혁명은 무력을 포함한 대중 설득의 기술까지도 활용해서 완성된다. 객관적인 기준에 따라 합리적, 논리적으로만 진행되지 않는다는 것이다. 패러다임의 교체 역시 마찬가지이다. 패러다임 교체라는 과학혁명의 완수 과정에서 과학자 공동체의 동의보다 강력한 상위 기준은 없다. 이에 과학자 공동체의 동의를 얻기 위한 다양한 방법이 활용될 수 있고, 이때 적어도 부분적으로는 논리와 합리성의 영역을 넘어서는 방법이 동원된다. 과학 외적 요인이 작동할 수 있다는 것이다. 이것은 객관성과 합리성의 전형이라는 과학에 대한 기존 이미지와 상충하는 것이다.

　이상의 세 가지 유사점은 자신이 혁명이란 표현을 사용한 이유로 『구조』에서 쿤이 직접 제시한 것이다. 여기서 쿤이 직접 언급하지는 않았지만, 쿤이 강조하고자 했던 과학혁명과 정치혁명 사이의 유사점 하나를 추가하자.

과학혁명의 주체

　혁명의 주체가 개인이 아니라 집단이라는 점은 쿤이 혁명이란 표현을 사용한 이유 중 하나로 직접 언급하지 않았다. 하지만, 그 점은 『구조』에서 여러 번 강조한 과학혁명의 특징이고 과학혁명과 정치혁명 사이의 유사점이기도 하다.

　정치혁명은 한두 명의 개인이 혁명을 이끌어가는 것만으로는 성공할 수 없다. 주변의 도움이 필요하고, 혁명을 뒷받침하는 정치집단이 있어야 한다. 과학혁명도 마찬가지이다. 한두 명의 과학자가 새로운 이론을 만든다고 그것이 곧 패러다임이 되는 것은 아니다. 그 새 이론을 계속 발전시킬 과학자들이 필요하고 더 많은 과학자들이 달려들어서 그 이론과 관련된 흥미로운 연구를 이어가야 패러다임이 되는 것이다. 또 그런 과정을 거쳐야 기존 패러다임을 대체하는 패러다임의 교체, 즉 과학혁명이 성공할 수 있다. 그런 측면에서 과학혁명의 주체는 개별 과학자가 아니라 과학지식의 생산자이자 승인자인 과학자 공동체이다.

과학자 공동체의 정체는 무엇일까? 쿤은 과학자 공동체가 다양한 수준, 예를 들어 물리학계 전체 수준, 핵물리학 전공자 수준, 혹은 대략 20명에서 30명 정도로 구성되는 특정 주제의 전문가 집단 수준으로 존재할 수 있다고 하면서 과학자 공동체의 가장 중요한 특징을 패러다임을 공유하는 집단으로 규정한다.

과학자 공동체가 과학혁명의 주체라는 점에 초점을 맞춰 과학자 공동체의 정체를 밝혀 보자면, 과학혁명과 정치혁명 사이의 다음과 같은 차이점은 주목할 필요가 있다. 혁명에 걸리는 시간이 서로 다르다는 것이다. 정치혁명은, 일반적인 이해에 따르면, 비교적 짧은 시간 안에 이뤄진다. 반면 과학혁명은 꽤 오래 시간이 걸린다. 천문학의 혁명이 코페르니쿠스Nicolaus Copernicus(1473~1543)의 『천구의 회전에 관하여』가 출판된 1543년에 시작하여 뉴턴Isaac Newton(1642~1727)의 『자연철학의 수학적 원리』 혹은 일반적으로 알려진 이름으로 『프린키피아』가 출판된 1687년에 완성되었다고 하면, 150년 가까운 시간이 걸린 것이다. 물론 새로운 정치제도가 정착하는 데에도 긴 시간이 걸릴 수 있고, 그 점에서 정치혁명이 비교적 짧은 시간 안에 이뤄진다는 일반적인 이해가 틀린 것일 수 있다. 하지만 새로운 사상을 다수의 사람들이 수용하는 데에 걸리는 시간이 정치제도의 변화 및 정착에 걸리는 시간보다 길 것이라는 일반적 직관이 틀리지 않는다면, 과학혁명은 적어도 정치혁명보다 오랜 시간이 필요할 것이다. 분명한 사실은 과학혁명이 혁명을 완수하는 데 필요한 시간은 짧지 않다는 것이고, 이 사실은 과학혁명의 주체가 개별 과학자이기보다는 긴 시간 동안 과학혁명을 완성해 낸 사람들 전체, 즉 어느 한 시점의 과학자들이 아니고 시간의 흐름 속에서 지속적으로 과학혁명의 완성에 기여한 모든 과학자들로 이뤄진 과학자 공동체로 이해하는 것이 적절함을 함의한다.

이 점을 염두에 두고, 이제 과학혁명이 어떻게 전개되는지, 나아가 과학자 공동체의 정체가 무엇인지를 천문학의 혁명 사례에 대한 분석을 통해 알아보자.

새로운 이론의 탄생

지구중심설이 태양중심설로 바뀌는 천문학의 혁명은 일반적으로 1543년에 시작됐다고 말한다. 코페르니쿠스의 『천구의 회전에 관하여』가 출판된 것이 그 해이기 때문이다. 사실 코페르니쿠스가 태양을 행성들의 중심에 위치시키려는 생각을 처음 떠올린 것은 1510년대경까지 거슬러 올라간다. 다만 코페르니쿠스는 태양중심설을 신중하게 발전시켰고 자신의 이러한 생각을 설파하는 데에 조심스러워했기에, 죽음을 앞두고 침대에 누워서야 출판된 자신의 책을 받아 보게 되었고, 그 해가 바로 1543년인 것이다.

『천구의 회전에 관하여』가 출판될 수 있었던 것은 코페르니쿠스의 태양중심설을 열렬하게 응원했던 천문학자 레티쿠스Georg Rheticus (1514-1576) 덕분이다. 레티쿠스는 코페르니쿠스의 연구 내용에 대한 소문을 듣고 코페르니쿠스를 직접 찾아가 태양중심설을 공부하면서, 출판을 망설이던 코페르니쿠스를 오랜 시간에 걸쳐 설득했다. 무엇보다 레티쿠스는 코페르니쿠스의 태양중심설을 대략적으로 소개하는 자신의 이름으로 된 책을 1540년에 먼저 출판했다. 태양중심설을 공식적으로 논의하더라도 별 문제가 발생하지 않는다는 것을 코페르니쿠스에게 확인시키면서 『천구의 회전에 관하여』의 출판을 설득한 것이다. 레티쿠스는 『천구의 회전에 관하여』를 출판하기 위한 준비도 도맡았다. 『천구의 회전에 관하여』에 들어갈 그림을 정확하게 인쇄할 수 있는 조판업자를 찾았고, 대부분의 출판 과정을 감독했다.

레티쿠스에 이어 『천구의 회전에 관하여』의 출판 작업을 마무리한 것도 코페르니쿠스가 아니라 신학자 오시안더Andreas Osiander(1498-1552)였는데, 오시안더는 이 책이 불러일으킬 수 있는 신학적 논란을 피하고자 책의 앞부분에 자신이 쓴 서문을 익명으로 덧붙였다. 코페르니쿠스가 쓴 것으로 오해받기도 했던 그 서문에 따르면, 이 책의 목적은 세계의 작동 원인과 본성을 밝히려는 것이 아니라 천체의 움직임을 계산하기 위한 실용적인 도구를 제시하는 것이다.

오시안더의 서문은 수학과 자연철학을 구분하던 당시의 일반적인 학문적 입장을 그대로 드러낸 것이다. 당시의 학계에서는 수학이 자연현상의 발생 원인을 설명하는 학문이 아니었다. 그것은 우주론을 포함하는 자연철학이 해야 할 일이었고, 천문학을 포함하는 수학은 자연현상에 대한 기술적 예측과 분석을 제공하는 도구에 불과했다. 수학의 그와 같은 학문적 위상은 프톨레마이오스Ptolemaeus(100-170) 이후로 오랫동안 이어져 온 것이다. 무엇보다 프톨레마이오스가 천문학을 도구적 학문으로 제시하면서 천문학은 우주의 본래 모습을 밝히려는 우주론과 철저하게 구분됐다. 이런 차원에서 오시안더가 덧붙인 서문은 『천구의 회전에 관하여』가 천문학에 관한 책일 뿐이지 우주론에 관한 책이 아니라는 말이었다. 자연세계의 실제 모습을 기술하려는 것도 아니고 자연현상의 원인을 밝히려는 작업도 아니며, 단지 천체의 움직임을 예측하는 도구 및 기술일 뿐이라는 말이었다.

천문학자면서 가톨릭 사제였던 코페르니쿠스는 자신의 태양중심설로 신학적 논란을 불러일으킬 생각이 없었다. 하지만 코페르니쿠스는

태양중심설이 세계의 작동 원인과 본성을 밝히고 있다고 믿었다. 조심
스러운 태도를 취했지만, 코페르니쿠스는 지구가 아니라 태양이 우주
의 중심이라는 것을 진심으로 믿었고, 천문학의 위상을 프톨레마이오
스 이전 시대처럼 되돌려 놓고자 했다. 코페르니쿠스의 진심은 천문학
을 단순한 예측 도구로 취급할 수 없다는 것이었고, 천문학과 우주론을
구분했던 프톨레마이오스에 반대했던 것이다. 코페르니쿠스는 천문학
이 자연철학으로부터 배제되지 않는, 그래서 우주론에 대해 함의를 지
니는 학문으로 그 학문적 위상을 복구시키고자 했다.

　프톨레마이오스의 입장에 동의하지 않는 부분이 있었지만, 코페르니
쿠스는 프톨레마이오스의『알마게스트』를 자신의 천문학 연구의 출발
점으로 삼아 꼼꼼하게 공부했다. 코페르니쿠스는 프톨레마이오스와의
입장 차이를 염두에 두고서『알마게스트』의 저술 형식까지 모방해서
『천구의 회전에 관하여』를 썼다. 예측의 정확성에 있어서 자신의 천문
학이 프톨레마이오스의 천문학보다 우위에 있음을 직접 비교하며 보여
주고자 한 것이다. 코페르니쿠스는 또, 고대의 저작, 특히 키케로의 저
작 및 플루타르코스의 저작에 이미 지구가 움직인다는 주장이 제시된
바 있음을 언급하며, 자신의 태양중심설이 고대의 천문학을 복원한 것
에 해당한다는 입장을 밝힌다.『천구의 회전에 관하여』는 재생을 뜻하
는 르네상스 정신에 입각할 때 고대의 천문학을 계승하고 복원한 결과
물에 해당한다고 내세웠던 것이다.

　『천구의 회전에 관하여』가 출판된 뒤, 당시의 천문학자들은 코페르
니쿠스의 태양중심설에 꽤 호의적이었다. 프톨레마이오스의 지구중심
설보다 천체의 움직임을 더 정확하고 손쉽게 예측하는 도구였기 때문
인데, 그 장점을 파악할 수 있게 한 것은 오시안더 덕분이라 할 수 있
다. 태양중심설에 대한 거부감을 불러일으키지 않았기 때문이다. 다수

의 천문학자들이 태양중심설을 천체의 움직임을 예측하는 도구로 검토해 보게 됐다.

하지만 천문학과 우주론 사이의 구분, 나아가 수학과 자연철학 사이의 구분은 굳건했다. 태양중심설이 지구중심설보다 수학적으로 단순하고 아름다웠지만 그것이 우주와 세계의 실제 모습을 밝히기 때문이라고 생각한 천문학자는 많지 않았다. 가톨릭교회 역시 마찬가지의 이유에서 『천구의 회전에 관하여』에 대해 신경을 쓰지 않았다. 그저 천체의 움직임을 예측하는 도구를 제시한 천문학 책에 불과하다고 생각했기 때문이다. 가톨릭교회는 『천구의 회전에 관하여』가 출판된 지 70여 년이 지난 뒤인 1616년에 이르러 이 책을 금서 목록에 올리고 코페르니쿠스의 태양중심설에 반대하는 입장을 공식적으로 밝혔는데, 뒤늦게 이러한 조치를 취한 것도 태양중심설을 옹호한 갈릴레오의 입장이 널리 퍼지게 됐기 때문이다. 수학과 자연철학 사이의 경계, 나아가 천문학과 우주론 사이의 경계는 굳건했다.

코페르니쿠스의 태양중심설은 새로운 패러다임의 후보로 탄생했지만, 그것은 지구중심설이라는 기존의 패러다임과 경험적 증거 차원에서만 경쟁하면 되는 것이 아니었다. 프톨레마이오스 이후 오랫동안 받아들여져 왔던 천문학과 우주론의 학문적 위상 차이 문제처럼 기존 패러다임의 사상적 배경에 전면적으로 도전해야 했다. 패러다임을 교체할 수 있는 새로운 패러다임의 후보가 탄생했다고 할지라도 기존 패러다임의 사상적 배경을 뒤흔들지 않는 이상 과학혁명을 완수할 수 없었기 때문이다. 특히 패러다임의 사상적 배경은 과학자 공동체의 전반적인 사고방식이기에 과학자 공동체로 하여금 새로운 패러다임을 선택하도록 하는 것은 새로운 이론의 탄생만으로 짧은 시간 동안 성취할 수 있는 일이 아니다. 『천구의 회전에 관하여』의 출판은 과학혁명의 출발점이 됐지만 아직 과학혁명을 향해 넘어야 할 산은 멀고 험했다.

기존 패러다임의 위기

기존 패러다임과 경쟁하는 새로운 이론, 즉 새로운 패러다임의 후보가 탄생하며 과학혁명이 시작되는 시점은 기존 패러다임을 심각한 위기에 빠트리는 시점이기도 하다. 즉,『천구의 회전에 관하여』가 출판된 1543년은 기존 패러다임인 지구중심설이 심각한 위기에 봉착한 해이다. 대개의 경우 패러다임이 정확하게 언제 위기에 빠지기 시작하는지는 특정하기 어렵지만, 심각한 위기에 빠진 시점은 분명하다. 그것은 새로운 이론의 탄생 시점과 일치하기 때문이다. 1543년 이후의 천문학자들은 프톨레마이오스의 지구중심설을 심각하게 의심하기 시작했다.

지구중심설이 위기 상황으로 치닫고 있는 것은 이미 1513년에 확인할 수 있다. 그 해에 이미 지구중심설이 천체의 움직임을 예측하는 데에 실패하고 있음을 인정하고 공식적인 달력 개혁 논의를 시작했기 때문이다. 당시에 이미 천문학의 전문가로 인정받고 있었던 코페르니쿠스도 그 달력 개혁 논의에 동참해 달라는 요청을 받았다. 지구중심설의 기능적 결함은 이제 분명한 사실이었다. 지구중심설은 위기에 빠졌고, 정상과학을 지배하는 패러다임으로서의 역할을 제대로 수행하기 어려웠다.

지구중심설을 위기에 빠뜨린 문제들은 달력 개혁의 필요성 이외에도 몇 가지가 더 있다. 오랫동안 지구중심설을 괴롭히던 문제들이기에 이 문제들이 갑자기 지구중심설을 위기에 빠뜨린 원인이라고 말하는 것은 부적절해 보일 수 있지만, 달력 개혁의 필요성과 함께 그와 같은 기존 문제들이 더욱 심각한 것으로 인식되기 시작한 것은 사실이다. 기존 패러다임에 대한 의심이 전반적으로 확대된 것이다.

지구중심설을 괴롭히던 문제 중 하나는 이론이 너무 복잡하다는 것이었다. 복잡하다는 것이 처음에는 문제가 되지 않았다. 프톨레마이오스는 지구중심설의 입장에서 커다란 수수께끼에 해당했던 행성의 역행운동, 즉 행성이 앞으로 가다가 뒤로 돌아가서 다시 앞으로 나아간다는 관찰 결과를 그럴듯하게 설명한 바 있다. 행성이 지구를 공전하는 궤도 위에서 다시 자체적인 원운동을 한다고 설명했던 것이다. 그 원운동 궤도를 프톨레마이오스는 주전원이라 불렀는데, 프톨레마이오스는 주전원을 도입해서 지구중심설을 복잡한 이론이 되게 했지만 행성의 역행운동 문제를 해결했을 뿐만 아니라 천체 운동을 꽤 정확하게 예측할 수 있었다. 프톨레마이오스의 지구중심설이 오랫동안 패러다임의 역할을 할 수 있었던 것은 그만큼의 성공을 거두었기 때문이다.

하지만 천체 관측 결과가 점차 정교해졌고, 그럴수록 프톨레마이오스의 지구중심설은 점점 더 많은 주전원을 도입해야 했다. 그 때문에 지구중심설은 극도로 복잡한 이론이 되어 버렸다. 코페르니쿠스가 제시한 태양중심설도 여전히 모든 행성이 원운동을 한다고 설명했기에 주전원을 아예 없앨 수 없었다. 하지만 태양중심설에 필요로 하는 주전원의 수는 상대적으로 적었다. 태양을 중심으로 삼았기에 주전원의 수를 줄였음에도 더 정확한 예측을 할 수 있었다. 이렇게 코페르니쿠스의 태양중심설이 간결하고 단순할 뿐만 아니라 천체 운동을 좀 더 쉽고 정확하게 예측할 수 있는 도구임을 알아보는 천문학자들이 나타나면서 프톨레마이오스의 지구중심설에 대한 의심은 더욱 심화됐다.

둘째, 지구중심설을 괴롭히던 또 다른 문제 하나는 행성 운동과 태양 사이의 연결 관계를 설명할 수 없다는 것이었다. 지구중심설을 옹호하던 대부분의 전문학자들도 행성 운동이 태양으로부터 모종의 영향을 받는다고 생각했다. 하지만 태양과 행성 사이의 연결 관계가 무엇일 수 있는지 가늠할 수 없었다. 행성들이 모두 지구 주위를 돌고 있다는 전제 아래에서 태양과 행성들 사이에 어떤 다른 그럴듯한 관계를 추가적으로 설정할 수 없었다. 반면 이 문제는 태양중심설에서 간단하게 해결할 수 있었다. 지구와 태양의 위치를 바꾸면서 모든 행성은 태양을 중심으로 공전하는 관계가 됐기 때문이다. 태양을 모든 행성의 중심으로 삼아서 지구와 다른 행성들 사이의 관계에 새롭게 나타난 문제도 없었다. 다른 행성들이 지구로부터 어떤 특별한 영향을 받는다는 증거가 없었기에 지구와 행성 간에 특별한 관계 설정이 필요하지 않았다.

셋째 문제는 프톨레마이오스의 지구중심설이 전제하고 있는 아리스토텔레스 우주론이 잘못이라는 경험 증거가 많아졌다는 것이다. 아리스토텔레스 우주론에 따르면, 우주는 달 아래의 세계와 달 위의 세계로 구분된다. 달 아래 세계에서는 모든 것이 흙, 물, 불, 공기로 구성되어 제자리를 찾아가는 직선 운동을 하고, 달 위의 세계는 에테르로 가득차 있어서 모든 것이 원 운동을 한다. 달 아래 세계에서 자기 자리를 찾아가는 운동은 가장 무거운 흙이 가장 아래가 자기 자리인 땅을 향해 가고, 흙보다 가볍지만 여전히 무거운 물은 땅 위가 자기 자리여서 땅위에서 아래쪽을 향해 흐르며, 가벼운 불은 하늘을 향해 솟아오르고, 가장 가벼운 공기는 하늘을 가득 채우고 있다는 것이다. 이러한 아리스토텔레스 우주론에 따라, 당시의 유럽인들은 자신들이 살고 있는 땅 주변이 모두 끝없는 바다로 둘러싸고 있다고 추정했다. 하지만 그렇지 않다는 강력한 증거가 1492년에 콜럼버스가 대서양 횡단을 하여 얻은 지리상의 발견 결과로 제시되었다. 이것은 아리스토텔레스 우주론을 심각하게 뒤흔들었고, 이 사실을 코페르니쿠스는 『천구의 회전에 관하여』의 제일 앞부분에 소개했다. 코페르니쿠스는 더 이상 누구도 반박하지 못할 그 지리상의 발견 결과를 새로운 우주론을 제시하는 출발점으로 삼은 것이다.

오랫동안 의심 없이 받아들인 아리스토텔레스의 우주론이었고 프톨레마이오스의 천문학이었지만, 과학자 공동체 속에서 퍼지기 시작한 기존 패러다임에 대한 의심과 회의주의는 막을 수 없었다. 패러다임을 전적으로 신뢰하며 퍼즐 풀이에 집중하던 과학자 공동체는 균열되기 시작했다. 때마침 코페르니쿠스의 태양중심설이 경쟁하는 패러다임으로 나타나고 나니 기존 패러다임에 대한 의심과 위기감은 더욱 심각해졌다. 과학자들은 개별적으로 기존 패러다임 대신 새로운 패러다임을 선택해 연구할 수 있게 되었다. 기존 패러다임은 더 이상 과학 연구를 완전히 통제하지 못하게 됐고, 과학자 공동체는 더 이상 동일한 전제 위에서 연구하는 집단이 아니었다.

기존 패러다임을 옹호하는 과학자

과학혁명이 간단하게 일어나는 일은 아니다. 기존 패러다임이 위기에 처하고 새로운 이론이 탄생하며 경쟁하는 패러다임의 후보가 된 것만으로 과학혁명이 진행되지는 않는다. 기존 패러다임의 성과가 갑자기 사라지는 것은 아니기 때문이다. 그동안 정상과학 시대를 지배했던 힘이 갑자기 사라진 것이 아니기 때문이다. 1543년의 지적 배경에서 보면, 새 패러다임인 태양중심설이 기존의 지구중심설보다 좋다고 판단하는 것은 쉽지 않은 일이고, 기존의 지구중심설을 옹호하는 입장 역시 쉽게 무너지지 않았다.

1543년에 코페르니쿠스가 제시한 태양중심설은 일단 그 자체로 부족한 측면이 많았다. 지구가 아니라 태양을 중심으로 삼았다는 점을 빼면, 코페르니쿠스의 태양중심설은 프톨레마이오스가 사용한 개념과 논의의 틀을 그대로 계승한 것이 많다. 여전히 모든 행성이 원운동을 한다고 가정했기에 어쩔 수 없이 도입해야 하는 주전원이 있었고, 별들은 천구에 박혀 있었으며 천구 역시 회전하는 것이라고 생각했다. 지구중심설의 많은 부분이 여전히 그대로 남아 있었다.

물론 태양이 중심이 되면서 코페르니쿠스의 태양중심설은 지구중심설에 비해 수학적으로 단순하고 명료했다. 이것이 차별되는 점이었고 명확한 장점이었다. 또 행성의 크기와 위치를 확정지을 수 있었고, 행성 운동과 태양 사이의 연결 관계 역시 분명해졌다. 이상의 장점은 처음부터 코페르니쿠스의 태양중심설이 행성의 움직임을 예측하는 도구로서 당시의 천문학자들 사이에서 널리 인정받을 수 있었던 이유였다. 하지만 코페르니쿠스의 태양중심설이 우주론의 논의에서도 장점을 지니는지는 분명하지 않았다. 앞서 소개한 것처럼 당시에는 천문학과 우주론을 구분했기 때문에 태양중심설은 천문학 이론으로만 받아들여졌고 우주와 세계의 실제 모습을 밝히는 우주론이라고 생각하지는 않았다.

이때 등장한 인물이 덴마크의 천문학자 튀코 브라헤Tycho Brahe (1546-1601)이다. 초신성을 발견해 당대에 이미 유명한 천문학자로 인정받았던 브라헤는 망원경이 없던 당시에도 맨눈으로 매우 정확한 천체 관측을 하며 많은 관측 자료를 축적했다. 경험 증거에 충실했던 그는 태양중심설의 도구적 유용성을 인정했지만 지구가 태양 주위를 돈다는 것을 인정할 수 없었다. 반박의 논리도 명료했다. 태양중심설이 옳다면 연주시차를 보여 주는 별을 관찰할 수 있어야 한다는 것이었다. 연주시차란, 태양을 중심으로 지구가 서로 반대편에 위치할 때, 즉 6개월마다 지구가 태양을 중심으로 정반대편에 위치하게 되는 그때, 동일한 하나의 별을 바라보면 나타나는 각도의 차이이다. 그렇게 발생하는 각도의 차이, 즉 연주시차를 보여 주는 별을 관찰할 수 있을 경우에만 태양중심설이 옳다고 말할 수 있는데, 브라헤는 누구도 그 별을 찾지 못했다는 점을 내세워 태양중심설을 반박했던 것이다.

별이 너무 멀리 떨어져 있어서 연주시차를 보여 주는 별을 찾지 못했던 것은 아닌지에 대해서도 브라헤가 고려했지만, 별이 그렇게 멀리 떨어져 있다면 아예 별을 관찰할 수 없어야 한다고 판단했다. 별은 모두 천구에 박혀 있는 것이었기에, 지구에서 별까지의 거리가 그렇게 멀면서도 우리가 별을 관찰할 수 있으려면 별의 크기가 태양보다 훨씬 커야 하는데, 그것은 말이 되지 않는다는 것이다. 별이 관찰조차 할 수 없이 멀리 있을 수 있다는 것은 당시의 사고방식으로는 물리적으로 가능하지 않았기에 연주시차를 보여 주는 별을 발견하지 못했다는 점에 근거한 브라헤의 반박 논리는 설득력이 컸다.

그렇지만 브라헤가 코페르니쿠스의 태양중심설을 전적으로 부정한 것도 아니었다. 브라헤는 코페르니쿠스의 태양중심설이 지닌 장점을 인정하여 태양중심설과 지구중심설을 절묘하게 결합한 새로운 천문 체계를 고안해 냈다. 태양은 지구 주위를 돌지만 다른 행성들은 태양 주위를 돈다는 이론이었다. 지구를 중심으로 삼는 지구중심설의 근본 원칙은 유지하면서 태양중심설의 계산상 효용성을 취하려 한 이 천문 체계는 태양중심설과 지구중심설이 모두 못마땅했던 당시의 다수 과학자들에게 큰 호응을 얻었다. 게다가 이 새로운 천문 체계는 아리스토텔레스 우주관을 유지할 수 있도록 했기에 브라헤의 입장을 더욱 그럴듯하게 만들었다. 일상적 경험의 차원에서는 지구의 자전을 알아차리기 어렵고 연주시차를 보여 주는 별을 찾기 어렵다는 점 등에서 아리스토텔레스 우주관이 코페르니쿠스의 태양중심설이 함의하는 우주관보다 경험적으로 우월했기 때문이다. 태양중심설의 계산상 효용성은 아직 아리스토텔레스 우주관을 무너뜨리고 다수 과학자들에게 동의를 얻기에는 힘이 모자랐다.

새로운 패러다임으로의 변심

다수의 천문학자들이 지구중심설을 버리고 태양중심설을 선택하게 된 데에는 행성들이 타원 운동을 한다는 아이디어와 함께 행성들의 운동을 예측한 『루돌프 표』(1627)를 완성한 케플러Johannes Kepler(1571-1630)의 공헌이 컸고, 천문학자들을 포함해서 자연철학자들까지도 태양중심설을 적극적으로 받아들이게 된 데에는 망원경을 보급하며 목성의 위성을 관찰한 갈릴레오Galileo Galilei(1564-1642)의 공헌이 컸다. 케플러와 갈릴레오가 아리스토텔레스의 우주론을 대체할 새로운 우주론을 제시하지는 못했다. 태양중심설이 함의하는 새로운 우주론이 완성된 것은 뉴턴에 이르러서이고, 그런 측면에서 다수의 자연철학자들까지 태양중심설에 동의하고 사회 전체적으로 태양중심설을 받아들이는 데에는 결국 뉴턴의 공헌이 컸다고 할 것이다. 그런 차원에서 천문학의 혁명은 뉴턴에 의해 완성된 것이다.

케플러는 오랫동안 브라헤의 조수로 일했다. 천체 관측이 뛰어났던 브라헤와 달리 케플러는 관측 결과를 계산하고 이론으로 발전시키는 이론가였고, 지구중심설을 옹호하던 브라헤와 달리 케플러는 태양중심설을 옹호했다. 이에 케플러는 브라헤와 많은 논쟁을 벌였다. 하지만 케플러는 브라헤가 죽은 후 브라헤의 황실 천문학자 자리를 물려받았을 뿐만 아니라 브라헤가 평생 모은 관측 자료까지 넘겨받았다. 브라헤의 관측 자료가 얼마나 정확한지를 알고 있었던 케플러는 그 관측 자료에 들어맞도록 코페르니쿠스의 이론을 수정하고 발전시키고자 했다. 브라헤가 기존 패러다임을 옹호했지만 정교한 관찰 결과를 얻어 과학혁명의 근간을 쌓았던 것이고, 케플러 역시 브라헤가 기존 패러다임을 옹호하면서 성취한 관찰 결과를 새로운 발견의 기초로 삼았던 것이다.

　수많은 실패 결과, 케플러는 행성의 운동을 어떤 원운동으로 설명하려 해도 브라헤의 관측 자료와 들어맞지 않는다는 것을 깨닫고, 행성들이 타원운동을 한다는 새로운 가설을 떠올렸다. 이때 태양은 그 타원 궤도를 만드는 두 개의 초점 중 하나라고 가정됐다. 원에 가까운 타원을 가정한 것이고 두 개의 초점도 서로 매우 가까이에 위치한 것이었지만, 아리스토텔레스의 우주론에서 달 위의 세계인 천상계는 완벽하게 원운동을 하는 곳이었기에 원에 가까운 타원일지라도 완벽한 원이 아니라는 생각을 떠올린 것 자체가 당시로서는 혁명적인 발상이었다.

　케플러는 타원 궤도 가설로 발전된 태양중심설과 튀코 브라헤의 관측 자료를 정리하여 1627년에 행성들의 운동을 계산하고 위치를 예측하기 위한 천문표인『루돌프 표』를 발표한다. 천문표는 행성들의 위치가 별의 위치와 비교할 때 어떻게 바뀌는지를 기록한 것인데, 당시까지 가장 많이 사용되던 천문표는 1483년에 출판된『알폰신 표』로 프톨레마이오스의 이론에 근거한 것이었다. 천문학자들은『알폰신 표』와 비교할 때 그 정확성이 비교할 수 없이 뛰어났던『루돌프 표』때문에 더 이상 지구중심설을 고집할 수 없었다.

　케플러와 서신을 교환하며 코페르니쿠스의 태양중심설에 대한 확신을 드러내던 갈릴레오는 1609년에 네덜란드 렌즈공이 렌즈 두 개를 결합해 망원경을 개발했다는 소식을 듣고 스스로 다양한 렌즈의 조합을 시도하여 저배율 망원경을 만들었고, 그것을 천체 관측에 사용했다. 배율을 높인 망원경을 활용해서 달을 관찰한 결과, 갈릴레오는 그 표면이 구덩이와 산과 계곡으로 덮여 있는 모습을 보게 되었는데, 그것은 달을 기준으로 천상계와 월하계를 구분했던 아리스토텔레스 우주론의 타당성을 의심하게 했다. 또 태양을 관찰한 결과, 갈릴레오는 흑점이 나타났다 사라졌다 하는 것을 보게 되었는데, 그것 역시 아리스토텔레스 우주론이 전제했던 천상계의 완벽함을 의심하게 했다.

망원경을 활용한 갈릴레오의 가장 성공적인 관찰 성과는 목성의 위성 4개를 발견한 것이다. 갈릴레오는 망원경으로 목성 주변에서 4개의 작은 빛을 발견하고, 밤마다 계속 이어진 관찰에서 그 4개의 빛들이 서로 위치를 바꾸는 것을 확인했다. 다음 그림에서처럼 그러한 위치 변화는 그 4개의 빛들이 목성을 도는 위성이라고 추정할 수 있는 것이었다.

갈릴레오는 이 위성들에게 '메디치 가문의 별'이라는 이름을 붙이면서 메디치 가문의 후원을 얻어 '대공의 수석 수학자 및 자연철학자'가 됐다. 수학자로서 아리스토텔레스의 우주론이 틀렸다는 주장을 내세우는 것이 부담스러웠던 갈릴레오는 자연철학자라는 명칭을 얻은 뒤 더 적극적으로 태양중심설을 옹호했다. 무엇보다 망원경을 활용한 증거를 제시하며 다수의 지식인들에게 태양중심설의 우월성을 설득했다. 메디치 가문의 후원에 힘입어 갈릴레오는 개량한 망원경과 함께 자신의 과학적 연구 성과를 유럽 전역에 퍼뜨리며 유럽 전역에서 유명한 과학자로 인정받았다.

갈릴레오의 관찰 결과는 망원경을 미지의 천체 관측에 사용하는 것 자체를 반대하는 아리스토텔레스 천문학 옹호자들까지 설득하기는 어려웠다. 하지만 망원경을 활용한 천체 관찰 결과, 특히 목성이 위성을 지닌다는 관찰 결과는 다른 어떤 관찰 결과보다도 파급 효과가 컸다. 행성도 위성을 지닐 수 있다는 것을 뜻했기 때문이고, 달을 위성으로 지니는 지구의 특별한 지위를 부정했기 때문이다. 그것은 바로 지구중심설을 반박하고 태양중심설을 뒷받침하는 강력한 증거였기 때문이다.

　이후 갈릴레오는 아리스토텔레스 물리학과 지구중심설이 틀린 이론이고 태양중심설이 여러 개의 강력한 증거로 뒷받침된 이론임을 보여주는 책, 『두 우주 체계에 대한 대화』(1632)를 이탈리아어로 출판하여 태양중심설이 다수의 지지를 확보할 수 있도록 했다. 하지만 이 책 때문에 종교재판에 회부된 갈릴레오는, 메디치 가문의 황후에게 편지를 쓰면서까지 열심히 자신을 변호했지만 태양중심설이 성서와 충돌하는 것이 아니라는 주장을 납득시키지 못하고 가택연금을 당하는 처벌을 받았다. 그 뒤 갈릴레오는 태양중심설을 옹호하는 논의를 회피했지만, 당대 유럽 최고의 과학자로 인정받았던 갈릴레오가 제시한 여러 경험적 증거와 논증은 이미 널리 알려진 뒤였다. 갈릴레오 덕분에 태양중심설의 타당성은 천문학자들은 물론이고 일부 자연철학자들까지 설득할 수 있었다.

　다수의 천문학자들이 케플러와 갈릴레오 덕분에 태양중심설에 동의했지만, 쿤은 이 순간에 천문학의 혁명이 완성됐다고 판단하지 않는다. 천문학의 기초가 되는 우주론에서 상응하는 변화가 나타나지 못했기 때문에 코페르니쿠스 혁명이 미완성 상태라고 평가한 것이다. 쿤의 그런 생각은 뉴턴에 이르러서야 천문학의 혁명이 완성됐다고 보는 일반적 관점과 다르지 않다. 뉴턴이 새로운 우주론을 제시한 뒤에야 천문학자나 자연철학자만이 아니라 사회 전체에서 새로운 우주론까지 함의하는 태양중심설을 수용하게 되었기 때문이다.

　사실 뉴턴 이전에 케플러와 갈릴레오가 제시한 태양중심설에는 여전히 프톨레마이오스의 천구 개념이 남아 있었다. 그것은 우주가 유한하다는 힘의를 지녔다. 물론 지구가 아니라 태양이 우주의 중심이 되면서 태양중심설에 굳이 천구 개념을 사용할 필요도 없었고 우주가 꼭 유한

하다고 생각할 이유도 없었다. 하지만 천구 개념을 제거하고 무한한 우주를 상상할 수 있는 우주론은 아직 정립되지 못한 상태였다. 무한 우주 개념을 허용하는 뉴턴의 우주론이 정립되고 나서야 코페르니쿠스가 시작한 천문학의 혁명이 완성된 것이다.

과학자 공동체

코페르니쿠스로부터 시작해서 케플러, 갈릴레오, 뉴턴에 이르기까지 태양중심설은 발전을 거듭했고, 그러한 발전이 있었기에 과학혁명이 완성될 수 있었다. 따라서 과학혁명은 코페르니쿠스가 혼자 이룬 것도 아니고, 뉴턴이 혼자 이룬 것도 아니며, 뉴턴을 중심으로 하는 뉴턴 시대의 과학자들이 독자적으로 이룬 것도 아니다. 과학혁명의 시작부터 완성까지 여러 과학자들이 과학지식의 생산자 혹은 승인자로서 각자의 역할을 다했기에 과학혁명이 있었던 것이고, 그런 측면에서 과학혁명의 주체는 과학자 공동체라고 말할 수 있다.

여기서 말하는 과학자 공동체는 공식적인 학술단체가 아니다. 누가 여기에 속하는지를 가릴 분명한 경계선을 긋기도 어렵다. 태양중심설에 동의하지 않았지만 코페르니쿠스 이론을 일부 인정하여 결국에는 태양중심설이 널리 수용되는 데에 기여한 브라헤는 이 과학자 공동체에 포함되는가? 망원경을 사용해서 천체를 관측하는 것을 아예 부정했던 아리스토텔레스 천문학 옹호자들은 어떤가? 1616년에 『천구의 회전에 관하여』를 금서 목록에 올리고 갈릴레오에게 가택연금형을 내린 교회 관련자는 이 과학자 공동체에 포함되는가?

쿤의 답변은 모두 "아니다"일 것이다. 과학자 공동체를 패러다임을 공유하는 집단으로 규정한 쿤의 입장에 따르면, 코페르니쿠스, 케플러, 갈릴레오, 뉴턴 등을 중심으로 천문학의 혁명에 직접적으로 기여한 과학자들만으로 과학자 공동체를 한정시킬 것이다. 과학혁명의 시기에는 서로 다른 과학자 공동체가 경쟁하는 상황이기에 브라헤와 아리스토텔레스 천문학 옹호자들은 과학자 공동체에 속하긴 하지만 코페르니쿠스와 뉴턴 등을 중심으로 하는 과학자 공동체와는 다른 과학자 공동체에 속한다. 갈릴레오에게 가택연금형을 내린 교회 관련자가 혹시 과학자이면 다른 과학자 공동체에 속할 것이다.

과학혁명의 주체가 패러다임을 공유하는 과학자 공동체라는 주장과 과학자 공동체의 결정에 의해 과학혁명이 완성된다는 주장은 모두 규범적 주장이 아니라 객관적인 사실의 기술이라는 점을 간과하면 안 된다. 특히 후자는 과학자 공동체의 적극적이고 능동적인 측면을 드러내는 것처럼 보이지만, 과학자 공동체가 그런 역할을 해야 한다거나 하는 식의 함의는 없다. 과학자 공동체는 개별 과학자의 선택에 의해 형성되는 것이다.

종종 쿤의 과학혁명론은 하나의 과학자 공동체가 경쟁하는 다른 과학자 공동체를 누르고 힘을 얻어 학계를 지배하게 될 때 과학혁명이 완성되는 것처럼 해석된다. 이 해석 아래 쿤을 비판한 사람이 라카토슈Lakatos Imre(1922~1974)인데, 그는 쿤이 과학자의 이론 선택을 군중심리학으로 만들고 비합리적인 것으로 만들었다고 비난한다. 과학혁명이 객관적 기준에 따라 참된 이론을 선택한 결과가 아니라 어느 집단이 더 힘이 센지만 따지는 것처럼 만들었다는 비판이다. 과학을 과학자 공동체가 합의만 하면 되는 것처럼 만들었다는 것이다.

라카토슈의 비판에 제대로 답변하기 위해서는 쿤이 이미 필요하다고 인정한 것처럼 과학자 공동체에 대한 심층 연구가 필요하다. 하지만 쿤이 염두에 둔 과학자 공동체가 능동적으로 어떤 역할을 해야 하는 집단은 아니다. 천문학의 혁명을 일으킨 주체는 코페르니쿠스와 레티쿠스 및 오시안더 등을 포함한 소수 동조자들로부터 시작해서 과학혁명을 완수하기 위해 패러다임을 발전시키는 데에 기여한 과학자들, 그리고 마지막으로 천문학의 혁명을 완성시킨 뉴턴까지 포함될 것이다. 태양 중심설을 새로운 패러다임으로 공유하고 발전시킨 과학자 전체인 것이다. 이 과학자 공동체가 태양중심설을 패러다임으로 발전시켜 과학혁명을 일으킨 것이다.

하지만 과학자 공동체는 능동적인 합의의 결과로 형성된 것이기보다는 과학자 개인이 패러다임을 개별적으로 선택한 결과로 형성된 것이다. 과학혁명기의 과학자들은 경쟁하는 패러다임 중에서 하나를 선택해야 한다. 과학자 개인이 정상과학 시대를 살아가면서 교과서를 통해 교육받고 훈련받은 결과 때문에 기존 패러다임을 받아들이더라도 그것은 결국 개별 과학자의 선택이고 과학자 공동체는 그런 개별 과학자의 선택 결과로 형성되는 것이다.

과학이 악수만 하면 되는 것도 아니지만 과학자들이 쉽게 악수하는 사람들도 아니다. 실험을 통해 사실 관계를 확인하려는 과학자에게는 합의도 쉬운 일이 아니다. 새로운 산소 이론을 받아들이지 못하고 죽을 때까지 자신이 신봉하던 플로지스톤 패러다임을 옹호한 프리스틀리 같은 과학자가 많다. 그래서 과학혁명의 실제 성공 사례는 쿤이 언급하듯이 '플랑크 원리'에 따르는 것일 수 있다. 이전 패러다임을 옹호하던 과학자들이 죽고 새 패러다임을 옹호하는 신세대 과학자들로 세대교체가 일어날 때 과학혁명이 완수된다는 것이다.

또 시대를 넘어 패러다임을 공유하는 집단은 패러다임을 최종 결정하는 주체가 아니다. 예를 들어 코페르니쿠스로부터 뉴턴 등을 모두 포함하는 과학자 공동체가 태양중심설을 패러다임으로 최종 결정한 주체는 아니라는 것이다. 그 결정의 주체는 뉴턴 시대의 과학자들이다. 그들이 태양중심설을 패러다임으로 결정한 주체이고 천문학의 혁명을 완성시킨 주체이다. 거기까지 가는 과정에서 케플러와 갈릴레오 등의 역할이 있었지만, 과학자 공동체의 결정에 의해 과학혁명이 완성된다는 주장에 주목하자면, 과학자 공동체는 시대를 넘어 패러다임을 공유하는 집단으로 이해하기보다는 특정 시대의 전문가 집단 전체로 이해하는 것이 더 그럴듯하다. 이 경우, 과학자 공동체는 하나의 패러다임을 공유하는 집단이라고 말하는 것은 적확하지 않을 수 있다. 정상과학 시기일지라도 소수의 전문가는 전혀 다른 생각을 하고 있을 수 있기 때문이다. 그렇지만 과학자 공동체가 패러다임을 결정하는 주체라는 점에 초점을 맞추면, 정상과학 시기의 과학자 공동체는 하나이고 하나의 패러다임을 공유하는 반면, 과학혁명의 시기의 과학자 공동체는 균열되어 서로 다른 패러다임을 공유하는 경쟁하는 과학자 공동체가 있을 수 있다고 정리할 수 있다.

과학혁명은 과학자 공동체의 합의이고 과학자 공동체의 합의는 개별 과학자의 선택에 따른 것이라면, 마지막으로 따져 봐야 할 것은 개별 과학자의 선택 과정이다. 『구조』를 처음 발표한 이후 쿤은 과학을 상대주의적인 것으로 만들었다는 공격을 많이 받았다. 하지만 쿤은 패러다임 혹은 이론의 선택이 어떤 의미에서 객관적인 것인지를 밝히고, 과학이 진리를 밝히는 활동이 아니더라도 발전하는 것임을 제시하면서 나름대로 과학이 상대주의적인 활동이 아니라는 점을 보여 주고자 했다.

쿤은 다수 과학자가 합의를 이끌어 내는 과정이 패러다임의 선택 및 과학을 비합리적인 것으로 만들지는 않는다고 생각했다. 모든 과학자가 완벽하게 공유하는 객관적 기준이나 결정의 논리가 없더라도, 개별 과학자가 나름대로 합리적 선택을 하고 그런 합리적 선택이 모여서 과학자 공동체의 합의로 이어진다면 과학자 공동체의 결정이 비합리적이라고 단정 지을 수 없다는 것이다. 모든 과학자가 동일한 이유와 논리로 선택하지 않는다고 해서 비합리적인 결정이 되는 것은 아니라는 것이다.

쿤이 설명하는 새 패러다임의 선택 과정이 전통적인 의미에서의 합리성 기준을 충족하지 못한다는 것은 사실이다. 새 패러다임과 기존 패러다임 사이에서 선택해야 하는 시점에 과학자들은 기존 패러다임이 더 많은 문제를 해결하고 더 많은 사실을 밝혀냈다는 점을 인정하면서도 새 패러다임을 선택하여 과학혁명을 일으켰기 때문이다. 이런 선택을 한 과학자들이 대다수를 이뤄 과학혁명을 완성한 과학자 공동체는 새 패러다임이 기존 패러다임의 이상 현상을 해결하면서 앞으로 더 많은 문제를 해결할 수 있으리라는 전망을 받아들였다. 그 전망이 그럴듯하다고 판단한 것이다. 그 결정은 단순하게 이론과 증거 사이의 논리적 관계 분석만으로 이해하기 어렵다. 이런 식의 설명, 즉 과학자 공동체가 어떻게 과학혁명을 완수하는 결정에 이르게 되는지에 대한 쿤의 제안은 전통적인 과학철학자들의 기준에서 보면 비합리적일 수 있다. 절대적인 기준이 없는 것처럼 보이기 때문이다. 하지만 쿤이 마련한 과학의 변화에 대한 새로운 논의 방식에 따르면 이러한 과학의 변화 과정을 비합리적이라고 단정할 수 있는 것은 아니다.

과학자가 어떤 식으로 이론을 선택하고 결정하는지, 나아가 개별 과학자의 그런 결정이 어떻게 과학자 공동체의 결정으로 이어지는지에 대한 쿤의 생각은 이 책의 6장에서 자세하게 살펴볼 것이다. 일단 과학혁명이 과학자들의 집합체인 과학자 공동체를 주체로 보고 이해해야 하는 사건이고, 그와 같은 사건의 발생은 과학자 공동체가 과학지식의 생산자이자 승인자이기 때문이라는 쿤의 설명은 널리 받아들여졌다. 이후 과학과 사회, 과학과 정치, 과학과 여성 등이 과학 연구의 핵심 주제로 떠오른 것에도 쿤의 『구조』가 끼친 영향이 컸다고 할 수 있다.

4.2 과학혁명은 서로 다른 세계에 살게 하는가?

화이트골드 드레스

화이트골드일까, 블루블랙일까? '화이트골드 드레스'로 쉽게 검색되는 2015년의 드레스 사진 한 장은 세계 곳곳에서 논란을 불러일으켰다. 소셜 미디어를 통해 널리 퍼진 이 드레스 사진은 블루블랙 스트라이프 드레스를 찍은 것인데, 사진을 본 사람 중에는 화이트골드로 보인다는 사람이 많았기 때문이다. 2015년 〈생물학 근황〉 저널에 실린 조사 결과에 따르면, 이 드레스 사진을 본 1400명 중에 57%는 블루블랙으로, 30%는 화이트골드로, 나머지는 다른 색으로 보인다고 답했다.

신경과학자들의 설명에 따르면, 인간의 뇌는 지각 과정에서 조명 때문에 나타날 수 있는 편향성을 미리 제거하려 한다. 그 때문에 파랑 계열을 제어하려는 조정이 일어나면 드레스가 화이트골드로 보이고, 골드 계열을 제어하려는 조정이 일어나면 드레스가 블루블랙으로 보인다. 인공적인 노란 조명 아래에서 사람들은 모두 드레스를 블루블랙으로 보는 경험을 했는데, 어떤 신경과학자는 한 걸음 더 나아가서 새벽형 인간과 올빼미형 인간을 구분하면서, 새벽형 인간은 자연광을 전제하기 때문에 위의 드레스를 화이트골드로 보기 쉽지만 올빼미형 인간은 인공조명을 전제하기 때문에 블루블랙으로 보기 쉽다고 주장한다.

원근법에 대한 학습 효과 역시 비슷한 유형의 착시를 불러일으킨다. 인간의 뇌는 거리 차이 때문에 나타날 수 있는 편향성을 제거하려 한다는 것이다. 그래서 여러 사람을 찍은 사진을 볼 때, 뒤쪽 사람의 얼굴은 뒤쪽에 위치하고 있다는 것이 드러나는 경우에 앞쪽 사람의 얼굴과 같은 크기더라도 더 큰 것으로 지각된다. 뒤쪽에 서서 얼굴을 작게 보이고자 한다면, 사진의 뒤쪽에 위치한 것이 잘 드러나지 않도록 숨겨야 하는 것이다.

이런 식의 주장이 그럴듯한 것은 쿤이 말하듯이, "사람이 무엇을 보는가는 그가 바라보는 대상에도 달려 있지만 이전의 시각-개념 경험이 그에게 무엇을 보도록 가르쳤는지에 달려 있"기 때문이다. 사람들이 똑같은 곳을 응시한다면, 그 사람들에게 전달되는 자극은 똑같을 것이다. 그러나 사람들이 보는 것은 자극이 아니다. 사람들은 동일한 자극으로부터 전혀 다른 것을 지각할 수 있고, 서로 다른 자극으로부터 동일한 것을 지각하게 되기도 한다. 무엇보다도 자극에서 지각에 도달하는 경로는 부분적으로 이전 경험과 교육의 영향을 받는다. 지각 경험은 단지 세계로부터 뇌로 정보가 흐르는 수동적인 것이 아니라는 말이다.

능동적인 뇌의 예측은 지각 경험에서 중요한 역할을 한다. 뇌가 사용하는 에너지 중 상당한 양이 뇌로부터 감각기관으로 향한다는 것이나 라디오의 전파 송신 상태가 나쁜 상황에서도 친숙한 노래 가사는 다 알아듣는다는 것 등이 그 증거가 된다. 지각 경험의 수준에서조차 인간의 뇌는 예측하는 기계이고 인간의 인지 활동은 능동적이라는 것이다.

관찰의 이론적재성

쿤이 소개하는 변칙 카드 알아보기 실험과 비교해 보면 더욱 흥미로운 사실이 드러난다. 빨간색으로 된 스페이드 6이나 검은색으로 된 하트 4와 같은 변칙 카드를 정상적인 카드에 포함시켜서 빠르게 한 장씩 차례로 보여 주면, 대부분의 사람들은 변칙 카드를 바로 알아보지 못한다. 그런 이상한 카드가 있을 수 있다고는 전혀 생각하지 못하기 때문이다. 카드와 관련된 이전의 경험은 그런 변칙 카드의 가능성을 아예 차단하고 예상하지 않도록 가르쳐 주기 때문이다.

그러나 그런 변칙 카드가 섞여 있다는 사실을 알게 된 후에 다시 그 실험을 반복하면, 이번에는 대부분의 사람들이 변칙 카드를 바로 구분해 낸다. 변칙 카드가 나올 가능성이 있다는 것을 이제는 예상하고 보기 때문이다. 이렇게 단순 지각 수준에서도 관찰자가 어떤 생각을 하고 있는지가 지각에 영향을 미친다. 이것이 지각 수준에서 발생하는 관찰의 이론적재성이다.

변칙 카드가 나올 수 있다는 점을 예상한 뒤에 곧바로 변칙 카드를 쉽게 알아차릴 수 있는 것은 변칙 카드를 알아보는 데에 특별한 훈련이 필요하지 않기 때문이다. 카드를 구분해 내는 것은 대부분의 사람들이 즉각 할 수 있는 일이다. 하지만 화이트골드 드레스 사례에서 올빼미형 인간이 갑자기 새벽형 인간처럼 지각하는 것은 누구나 쉽게 할 수 있는 일이 아닐 수 있다. 자연광을 전제하거나 인공조명을 전제하면서 각각의 전제가 일으킬 편향을 미리 제거하는 것은 생각하는 것만으로 즉시 수행될 수 있는 일이 아닐 수 있기 때문이다.

생각하는 것만으로 즉시 수행될 수 있는 일이 아닌 대표적인 것이 과학에서의 관찰이다. 관찰은 대개 특별한 훈련 과정을 거쳐야 제대로 할 수 있는 전문적인 작업이다. 과학자로서 알아야 할 이론과 지식의 습득 이외에도 다양한 반복 훈련을 거치지 않는다면 제대로 된 관찰을 할 수 없는 경우가 많다. 예를 들어, 의사가 엑스레이 사진을 관찰하고 병을 진단할 때, 환자에게도 엑스레이 사진을 보여 주면서 설명해 준다. 하지만 일반인 환자가 엑스레이 사진에서 제대로 알아볼 수 있는 것은 그리 많지 않다. 일반인 환자가 엑스레이 사진을 보고 병을 진단한다는 것은 거의 불가능한 일이다. 의학적 지식도 충분하지 않지만, 무엇보다

도 엑스레이 사진을 읽는 훈련을 받지 않았기 때문이다. 일반인 환자들
은 그 엑스레이 사진에서 무엇을 봐야 하는지조차 구분하기가 어렵다.
그래서 의사가 전문가이고, 과학자가 전문가인 것이다.

과학자의 관찰과 관련하여 더욱 흥미로운 사실은 과학자들끼리도 어
떤 훈련을 받았느냐에 따라 서로 다른 관찰을 할 수 있다는 것이다. 동
일한 천체를 관찰한 것이 분명한데도, 프톨레마이오스의 지구중심설을
공부하고 받아들인 천문학자가 천체를 관찰할 경우, 코페르니쿠스의
태양중심설을 공부하고 받아들인 천문학자가 천체를 관찰한 것과 그
관찰 결과가 다르다. 전자는 태양을 행성이라고 보지만 후자는 태양을
항성이라고 본다. 그것만이 아니다. 전자는 태양이 움직인다고 보지만,
후자는 태양이 멈추어 있다고 보는 것이다. 그렇게 어떤 이론을 받아들
였는가, 즉 생각이 구체적인 관찰에 영향을 미친다. 이것이 과학 활
동의 이론 수준에서 발생하는 관찰의 이론적재성이다.

지각 수준에서 발생하는 관찰의 이론적재성과 과학 활동의 이론 수
준에서 발생하는 관찰의 이론적재성은 지각 능력을 발달시키는 데에
필요했던 시간과 관찰 능력을 발달시키는 데에 필요했던 시간 간에 차
이가 있는 만큼 그 고착 정도가 각기 다르다. 변칙 카드 관찰 사례에서
관찰자가 즉각적으로 변칙 카드를 구분해 낼 수 있었다면, 그것은 변칙
카드를 지각하는 능력을 개발하는 데에 많은 시간이 필요하지 않았기
때문이다. 하지만 과학에서의 관찰은 경우가 다르다. 프톨레마이오스
의 지구중심설을 배경지식으로 천체를 관찰하다가 갑자기 코페르니쿠
스의 태양중심설을 배경지식으로 천체를 관찰할 수 없는 것은 이유가
있다. 과학자로서의 관찰은 단지 특정 이론을 머릿속으로 생각하고 있
다고 해서 저절로 할 수 있는 것이 아니기 때문이다. 과학에서의 관찰
은 데이터를 수집하기 위해 실험기기들을 조작하고 측정하며 특별한

무엇을 보는 능력을 키우는 반복적인 훈련 과정을 거쳐야 제대로 할 수 있는 작업이기 때문이다.

과학자가 어떤 이론을 받아들이고 있는지는 과학자가 되기 위한 훈련 과정, 특히 실험기기들을 조작하고 측정하여 관찰하는 방법까지 다르게 한다. 관찰 결과를 보고하는 언어조차 다르게 만든다. 각각의 이론에서 허용하는 가능한 상황이 무엇인지, 또 그러한 상황을 기술하는 언어 사용 방식이 무엇인지에 영향을 미치기 때문에 서로 다른 이론을 받아들이는 과학자들은 관찰할 수 있는 것이 서로 다른 것이다.

쿤이 관찰의 이론적재성을 통해 강조하고자 하는 점은 서로 다른 이론을 적재한 과학자들은 동일한 곳을 응시하더라도 거기서 보고자 하는 것 자체가 다르다는 점이다. 예를 들어, 갈릴레오와 아리스토텔레스주의자가 함께 진자 운동을 관찰한다면, 둘은 전혀 다른 것에 주목한다. 갈릴레오는 진자가 한정된 원형운동을 하는 것으로 해석하지만, 아리스토텔레스주의자는 진자가 낙하 운동을 하는 것으로 해석하기 때문이다. 아리스토텔레스주의자는 진자 운동을 관찰하면서 추의 무게, 추가 천장에 매달린 높이, 추가 정지 상태에 도달하는 시간 등을 측정하고자 할 것이다. 반면 갈릴레오는 추의 원형운동의 반지름, 추가 원형운동을 한 번 하는 데 걸리는 시간 등을 측정하고자 할 것이다. 적재된 이론이 다르다는 것은 각 이론에 맞춰 관찰하는 능력을 개발하는 데에 필요한 훈련 과정이 다르다는 것이고, 그 훈련 과정은 각기 관찰 대상의 무엇을 어떻게 봐야 하는지를 다르게 가르친다.

세계의 변화 혹은 세계관의 변화?

과학의 연구 대상은 세계이고, 관찰은 과학자가 세계를 탐구하는 방법이다. 이제 관찰이 이론의 영향을 받는다는 관찰의 이론적재성은 서로 다른 이론을 받아들이는 과학자들끼리 세계를 달리 보는 이유를 제공한다. 그런데 세계를 달리 보는 과학자들이 세계를 달리 보는 것은 서로 다른 세계에 살고 있기 때문은 아닐까?

『구조』의 10장 제목은 '세계관의 변화로서의 혁명'이다. 과학혁명이 세계를 바라보는 방식인 세계관을 바꾼다는 것이고, 과학자의 관점이나 과학자가 작업하는 작업 영역 등을 바꾼다는 것이다. 제목 자체는 서로 다른 세계에 살고 있다는 함의를 지니는 강한 내용이 아닌 것처럼 보이지만, 쿤의 본래 의도는 그렇게 강한 것으로 볼 수 있다는 주장이 종종 제기된다. 쿤은 과학혁명이 세계관만을 바꾸는 것이 아니라 세계 자체를 바꾼다고 말하려 했다는 것이다. 비유적인 의미가 아니라 글자 그대로의 의미에서 세계를 바꾼다는 것이다. 세계가 바뀌면 세계관이 바뀌는 것이기에 『구조』의 10장 제목만으로 쿤이 세계 자체의 변화를 의도한 것이 아니라고 단정할 수는 없다. 게다가 쿤은 반복적으로 과학 혁명이 어떤 의미에서는 세계를 바꾼다고 말한다. 그 '어떤 의미'는 어떤 의미일까? 쿤의 의도가 무엇이었던지 상관없이 과연 과학혁명은 세계를 바꾼다고 할 수 있을까?

과학혁명이 세계를 바꾼다는 주장은 어떻게 이해해야 할까? 이에 답하려면, 『구조』 곳곳에서 서로 달리 표현하며 드러낸 쿤의 다음 네 가지 주장을 일관되게 이해할 수 있는 방안을 찾아야 할 것이다.[2]

(1) 패러다임은 과학을 구성할 뿐 아니라 자연도 구성한다.
(2) 과학혁명을 거치면서 과학자들은 이전과는 다른 세계에 살게

---

2 이정민, "쿤의 세계 변화-해석과 재구성", 『과학철학』 제25권 제1호, 한국과학철학회, 2022, 참조.

된다.

(3) 과학혁명은 데이터 자체를 바꾼다.

(4) 과학혁명을 거치면서 세계가 변화하는 것은 아니다.

(1), (2), (3)은 (4)와 충돌하는 것처럼 보인다. 이에 『구조』 출판
50주년 기념본의 해제에서 해킹은, 과학혁명이 세계를 바꾼다는 말을
글자 그대로의 의미에서 쿤이 주장하려 했어도 쿤이 그런 식의 주장을
직접 표현한 적은 없고, 신중한 사람이라면 세계를 바꾼다는 말을 글자
그대로 해석하지 않을 것이라고 주장한다. 이런 해킹의 판단은 (4)에
충실한 것이 쿤의 입장을 정확하게 이해하는 방안이라는 것이다. 더구
나 쿤은 과학혁명이 일어난다고 해서 과학자가 돌연 다른 행성으로 이
송되는 것과 같은 일이 실제로 일어나는 것은 아니라고 자신의 입장을
설명한다. 그렇다면 (4)에 충실하도록 쿤의 의도를 해석해야 하지 않
을까?

이제 문제는 (1), (2), (3)을 어떻게 이해하느냐이다. 이를 위해서는
쿤이 '세계'라는 용어를 어떻게 사용했는지 살펴봐야 한다. 쿤 말년에
쿤과 직접 소통하며 쿤의 철학적 입장을 가장 정확하게 파악한 학자로
인정받는 호이닝엔-휘네는, 과학혁명이 세계를 바꾼다는 쿤의 주장을
정확하게 이해하기 위해서는 쿤이 사용한 '세계'라는 용어의 의미를
둘로 구분해야 한다고 주장한다. 그에 따르면, 쿤은 '세계'라는 용어
를, 첫째, 변화하지 않는 특성을 지닌다는 의미로 사용하기도 하고, 둘
째, 과학자가 작업하는 공간이어서 과학혁명에 따라 변화하는 특성을
지닌다는 의미로 사용하기도 한다. 전자의 의미에서 세계는 세계 그 자
체이지만, 후자의 의미에서 세계는 현상 세계다. 이와 같은 호이닝엔-
휘네의 이해 방식은 두 세계 해석이라 불린다.

두 세계 해석은 칸트가 세계를 예지계와 현상계로 구분한 것과 유사하다. 칸트의 예지계는 언제나 변함이 없이 동일한 세계이고 인간의 인식 능력으로 접근할 수 없는 세계이다. 과학은 세계를 이해하는 인간의 방식이라고 하면, 칸트의 예지계는 그리고 쿤의 세계 그 자체는 과학혁명이 발생해도 아무 영향을 받지 않고 그대로 보존되는 세계이다. 즉 과학혁명이 발생하기 이전이든 이후든 아무 변화 없이 동일한 특성을 유지하는 세계라는 것이다.

반면 칸트의 현상계는 인간의 인식 능력으로 접근할 수 있는 세계이고 인간의 주관적 인식 능력이 개입하여 구성하는 세계이다. 따라서 칸트의 현상계는 변화가 발생할 수 있는 세계이다. 칸트의 현상계와 쿤의 현상 세계는 모두 과학혁명으로부터 영향을 받아 변화가 일어나는 곳이다. 과학자의 작업 공간은 과학자의 인식 능력이 개입하여 구성하는 곳이기에 과학자의 작업 공간은 과학혁명이 발생하기 이전과 이후에 서로 다른 세계가 되는 것이다.

쿤이 말하고자 한 현상 세계가 칸트의 현상계에 해당하기는 하지만 둘이 완벽하게 일치하는 것은 아니다. 칸트는 모든 인간이 공유하는 인식의 틀을 전제하기에 객관성을 확보하면서 파악할 수 있는 단 하나의 현상계가 세계로 존재한다고 상정했지만, 쿤이 말하고자 한 현상 세계는 단 하나의 세계일 필요가 없고 여럿일 수 있다. 과학혁명이 발생하면 과학자들이 서로 다른 현상 세계에 살게 된다고 말할 수 있는 것도 바로 현상 세계가 단 하나가 아니기 때문이다. 쿤의 현상 세계는 과학자들이 서로 다른 인식의 틀을 활용하여 구성할 수 있는 세계이기에 과학혁명이 일어날 때마다 과학자들은 그 이전의 과학자들과 서로 다른 세계에 거주하게 되는 것이다.

세계 그 자체와 현상 세계를 구분한 두 세계 해석에 따르면, 이제

(1), (2), (3)은 (4)와 충돌하지 않는다. 과학혁명이 과학자들을 서로 다른 세계에 거주하게 한다는 쿤의 말은 세계 그 자체가 다른 곳에 거주하는 것은 아니지만 서로 다른 현상 세계에 거주한다는 말로 이해할 수 있다. 이러한 쿤의 입장을 산소 발견의 역사에 적용해 보자.

1774년에 영국의 프리스틀리J. Pristley(1733-1804)는 플로지스톤이 덜 들어가 있는 공기라는 의미에서 '탈플로지스톤 공기'라고 이름 붙인 산소 기체를 얻는 실험을 하고 그 결과를 과학자들이 모인 학회에 널리 공표했다. 플로지스톤 패러다임을 옹호하는 프리스틀리는 이 실험 결과 역시 플로지스톤 패러다임에 부합하도록 해석했다. 반면 프랑스의 라부아지에A. de Lavoisier(1743-1794)는 1775년에 프리스틀리에게 배운 방식대로 실험을 하여 산소를 발견했지만, 산소의 연소 이론을 개발하여 프리스틀리가 탈플로지스톤 공기라고 이름 붙인 것을 '산소'라고 새롭게 명명한다. 라부아지에는 이후 산소 이론을 제시하며 플로지스톤 패러다임을 대체하는 산소 패러다임을 탄생시켰다.

프리스틀리는 플로지스톤 패러다임을 받아들였고, 라부아지에는 산소 패러다임을 받아들였다. 그럼 두 과학자는 동일한 세계에서 과학 연구를 하고 있는 것일까? 산소 패러다임을 받아들이기 이전의 라부아지에는 프리스틀리와 동일한 세계에서 과학 연구를 하다가 산소 이론을 제시하면서 다른 세계로 옮겨간 것일까?

조금 복잡한 답변을 해야 하지만, 호이닝엔-휘네의 두 세계 해석에 따르면 일관성 있는 답변을 제시할 수 있다. 프리스틀리와 라부아지에는 서로 다른 현상 세계에서 과학 연구 작업을 하고 있는 것이다. 또 라부아지에는 산소 패러다임 이전과 이후에 서로 다른 세계에서 살고 있는데, 그 서로 다른 세계는 서로 다른 현상 세계를 뜻한다. 서로 다른 현상 세계에 있다고 해서 그 둘이 다른 세계에 살고 있는가 하면 그것도 아니다. 세계 그 자체는 동일한 세계이기 때문이다. 산소 패러다임 이전과 이후의 라부아지에만이 아니라 프리스틀리와 라부아지에 역시 세계 그 자체는 동일한 세계에 살고 있다는 것이다. 그 동일한 세계가 어떤 세계인지에 대해 프리스틀리나 라부아지에, 심지어 우리도 인식 적으로 접근이 불가능한 영역이어서 알 수 있는 것이 없지만, 프리스틀 리와 라부아지에 그리고 우리가 모두 세계 그 자체는 같은 세계에 살고 있는 것이다.

과학혁명이 일어나면 현상 세계가 바뀐다. 그 새로운 현상 세계를 구 성하기 위해 새로운 패러다임이 개입하고, 그 새로운 현상 세계의 구성 과 인식을 위한 데이터가 바뀐다. 반면 과학혁명이 세계 그 자체를 바 꾸지는 못한다. 따라서 과학혁명은 세계 그 자체를 변화시키지는 않으 면서 세계를 바꾸는 것이다. 산소 패러다임은 우리가 살고 있는 세계를 어떻게 인식해야 할지를 바꾸었지만 그렇다고 우리가 살고 있는 세계 그 자체를 바꾼 것은 아니라는 말이다.

4.3 과학의 진보는 목적 없는 진화인가?

진보의 대명사, 과학

과학은 진보의 대명사이다. "침대는 과학이다"라는 광고가 오랫동안 사용되고 있는 것이 그 때문이다. 심리학이 물리학에 가까운 학문인지 아니면 철학에 가까운 학문인지를 묻는 질문으로 심리학 개론 수업이 시작되던 것도 그 때문일 수 있다. 심리학이 이런저런 특성을 지니기에 과학이라고 주장하거나 그런 특성이 하나의 연구 분야를 과학으로 성 립시키는 데 충분하지 않다고 반박하는 식의 논쟁은 심리학이 아니더라도 여전히 되풀이되고 있다. 쿤이 『구조』를 쓸 때까지만 해도 심리학이 논쟁거리였고 지금은 또 미래학이 논쟁거리이다. 사회과학이 과학인가에 관한 그런 식의 논쟁이 되풀이되는 이유를 두고, 쿤은 과학의 여러 특성 중 하나가 진보라는 것인지 아니면 언제나 진보를 이뤄 내는 것이 과학이라는 것인지 수사적 질문에서 그 답을 찾을 수 있다고 말한다. 그 답의 핵심은 과학과 진보가 서로 뗄 수 없는 관계를 지닌다는 것이다.

과학의 진보를 당연한 것으로 받아들이더라도 과학이 어떤 의미에서 진보하는 것인지에 대해서는 서로 다른 답변이 있을 수 있다. 『구조』에 제시된 답변은 그 이전에 제시된 답변과는 전혀 다른 새로운 것이었다. 쿤 이전, 즉 현대 과학철학을 일으킨 논리실증주의자와 포퍼는 과학의 진보를 누적적 과정으로 생각했다. 새로운 과학적 지식을 차근차근 쌓아 올려 점점 더 많아지는 과정으로 이해했다. 진리라는 목표를 향해 끊임없이 나아가는 목표지향적인 활동으로 과학을 이해했다. 종종 천재 과학자가 나타나 한꺼번에 여러 개의 과학적 사실을 밝혀내기도 하고 기존에 과학적 지식으로 받아들였던 것을 수정하기도 하지만, 기본적으로 과학은 진리를 향해 끊임없이 지식의 영역을 확장해 가는 누적적이고 목표지향적인 활동이었다.

하지만 쿤은 과학의 진보를 누적적이거나 목표지향적인 활동으로 설명할 수 없다는 입장이었다. 단순하게 과학이 발전을 했다가 발전을 멈췄다가 다시 발전하는 식의 모양새를 말하고자 했던 것도 아니다. 그 대신 쿤은 정상과학 시기와 과학혁명 시기가 교차하면서 각각의 시기에 서로 다른 방식으로 발전한다고 생각했다. 쿤은 두 시기 모두에서 과학이 발전한다고 봤고, 두 시기의 발전 양상이 질적으로 다르다고 말하는 것이다.

쿤은 또 과학의 진보가 목표지향적인 활동이 아니라고 말하면서 과학이 진리라는 목표를 지니지 않는다는 것을 강조한다. 이 점은 『구조』의 마지막 부분에서 강조된다. 특히 쿤은 과학의 진보가 유기체의 진화와 유사하다는 비유를 제시하는데, 이 비유를 잘 살펴볼 필요가 있다. 이 두 가지 측면을 차례로 살펴보기로 한다. 먼저 과학의 진보와 관련해서 쿤이 『구조』에서 비교하는 정상과학 시기와 과학혁명 시기의 서로 다른 발전 양상에 주목하자.

해결된 문제와 문제 해결 능력

정상과학 시기의 과학자들은 패러다임이 제시하는 퍼즐을 해결하면서 과학의 발전을 성취한다. 이때 과학이 얼마나 발전했는지는 해결된 문제가 얼마나 많은지로 측정할 수 있다. 예를 들어, 천왕성 궤도에 대한 관찰 결과가 뉴턴 이론에 따른 계산 결과와 잘 맞지 않았을 때 그 문제가 해왕성의 발견을 통해 해결된 것은 퍼즐 풀이에 성공하면서 문제를 해결한 사례이고 과학의 발전을 성취한 사례가 된다. 천왕성의 궤도 문제는 해결된 문제가 되어 뉴턴 이론이라는 패러다임을 좀 더 완성시킨 것이고, 이렇게 해결된 문제가 많아질수록 과학은 발전한다. 이런 식의 발전을 인정하는 정상과학 시기의 진보 개념은 누적적 발전관의 진보 개념과 유사한 측면이 있다. 퍼즐 풀이라는 성취 단위를 말하면서 패러다임의 완성이라는 목표에 다가간다는 점을 말한다는 점에서 사실의 발견을 말하면서 진리라는 목표를 향해 나아가는 누적적 발전관의 진보 개념과 유사할 수 있다는 것이다.

하지만 정상과학 시기의 진보가 객관적 의미의 발전을 말할 수 있는지를 따져 보면, 정상과학 시기의 진보 개념과 누적적 발전관의 진보 개념은 서로 다르다. 특정 패러다임의 완성이라는 목표에 다가간다는 의미의 성취는, 다른 패러다임의 관점에서 보면 성취일 수 없고 발전일 수 없으며 나아가 객관적 의미의 발전도 될 수 없기 때문이다. 행성의 역행 운동을 설명하기 위해 프톨레마이오스가 주전원을 도입한 것은 성공적인 퍼즐 풀이로 인정받았고 해결된 문제가 되어 지구중심설의 패러다임을 더 완성된 모습으로 만들었다. 그래서 지구중심설의 패러다임 아래에서는 과학의 성취로 인정받을 수 있었다. 하지만 그것은 태양중심설의 패러다임이나 혹은 지금의 관점에서 볼 때 행성의 역행 운동에 대한 제대로 된 설명이 아니다. 어느 한 패러다임 아래에서는 과학의 성취로 인정받더라도 다른 패러다임 아래에서는 과학의 성취로 인정받을 수 없는 것이다. 결국 객관적 발전 기준을 충족한다고 인정받을 수 없고, 과학의 성취로 인정받을 수 없는 것이다. 누적적 발전관의 진보 개념이 전제하는 것이 패러다임에 독립적인 객관적 발전 기준이라면, 정상과학 시기의 진보 개념에는 그런 객관적 발전 기준이 아예 없기 때문이다. 그저 특정 패러다임 아래에서의 발전과 성취만을 말할 수 있는 것이기 때문이다.

과학혁명 시기의 진보 개념은 더 다르다. 과학혁명 시기의 과학자들 역시 문제를 해결하면서 과학의 발전을 성취하고 과학의 성취 단위도 여전히 해결된 문제이지만, 그들은 궁극적으로 패러다임의 완성이 아니라 패러다임의 옹호 혹은 교체를 목표로 삼는다. 과학혁명 시기의 과학자들은 패러다임의 옹호나 교체를 통해 과학의 발전을 성취하는 것이다. 패러다임 옹호에 성공하면 정상과학 시기의 발전 즉 패러다임을 완성한다는 의미의 진보를 이루고, 패러다임 교체에 성공하면 과학혁명 시기의 발전 즉 패러다임을 교체한다는 의미의 진보를 이룬다.

패러다임의 교체를 통해 성취하는 진보는 기존 진보 개념과 질적으로 다르다. 그것은 일단 과학혁명 시기의 발전이 '쿤-손실'Kuhn-loss이라고 불리는 것이 발생함에도 불구하고 성취되는 것이다. 쿤-손실이란 기존 패러다임에 따를 때 성공적으로 설명할 수 있었던 현상이 새로운 패러다임에 따를 때 설명할 수 없는 것이 되어 버리는 상황을 가리킨다. 해결된 문제였던 것이 다시 해결을 필요로 하는 남겨진 문제가 되어 버릴 수 있다는 것이다. 예를 들어, 지구의 자전을 부정하던 지구중심설에서는 해결조차 필요 없던 탑의 논증 문제나 연주시차 같은 문제들이 태양중심설에서는 다시 해결을 필요로 하는 남겨진 문제가 되어 버린 것이다. 태양중심설을 내세운 갈릴레오나 케플러는 왜 높은 탑에서 떨어뜨린 돌멩이로부터는 지구의 자전을 확인할 수 있는 증거를 찾을 수 없는지, 왜 지구가 태양의 정반대 쪽에 위치할 때에 바라보면 그 각도가 큰 차이가 발생하는 별을 발견하지 못하는지 등의 문제가 새롭게 해결을 필요로 하는 문제가 되어 버린 것이다.

쿤-손실은 과학의 진보가 끊임없는 누적적 발전 과정이 아님을 분명하게 밝힌다. 예를 들어, 케플러나 갈릴레오 덕분에 과학자 공동체의 다수가 지구중심설보다 태양중심설을 선택한 시점, 즉 과학혁명의 순간을 두고 보면, 새 패러다임이 기존 패러다임보다 해결한 문제의 수가 더 크다고 할 수 없다. 과학혁명이 기존 패러다임의 성취를 모두 이어받아 확장하는 방식으로 이뤄지는 것이 아니기에 과학혁명이 언제나 아무런 손실 없이 소득만 가져오는 활동은 아니다. 손실도 따르는 것이다. 다만 그 손실보다 더 큰 소득이 있을 것이라는 희망 덕분에 과학혁명이 일어나는 것이다. 새로운 패러다임이 해결한 문제의 수가 계속 더 작은 채로 남아 있는 것도 아니다. 오래 지나지 않아 과학혁명이 완성되는 시기에는 이미 새 패러다임이 해결한 문제의 수가 더 크게 되기 때문이다.

그렇지만 더 이상 해결된 문제의 수만 단순하게 비교하며 과학혁명으로 인한 과학의 진보를 말할 수 없다. 과학혁명이 진행되는 과정 속에서 그 수가 줄어든 순간이 존재하기 때문이다. 해결된 문제의 수가 줄어든 그 순간이라도 과학이 후퇴했던 것은 아니기 때문이다. 과학의 진보를 부정하지 않으면서 이 상황을 타개하는 방법이 쿤이 제시한 문제 해결 능력 개념이다. 새로운 패러다임은 기존 패러다임보다 증진된 문제 해결 능력을 제공하고, 구체적인 문제 해결 능력은 당장 그 순간은 아니더라도 시간이 흐르면서 해결된 문제의 수로 드러나기 때문이다. 과학혁명으로 인해 해결된 문제의 수가 줄어드는 순간이 있을 수 있지만, 과학의 역사 속에서 보면 문제 해결 능력이 줄어드는 시점은 한순간도 없다는 것이다. 그런 측면에서 과학은 정상과학 시기는 물론 과학혁명 시기에도 멈춤 없이 진보한다는 것이 쿤의 입장이다.

『구조』에 '문제 해결 능력'이란 용어가 자주 등장하지는 않는다. 하지만 쿤이 과학자 공동체를 두고서 해결된 문제의 수를 극대화할 뿐만 아니라 정확한 해결 능력을 극대화하는 고도의 효율적 장치라고 평가할 때, 쿤은 패러다임의 선택이 패러다임의 잠재적 힘과 그 힘에 대한 과학자 공동체의 믿음이 상호작용한 결과라고 말하는 것이다. 과학자 공동체는 문제 해결 능력을 하나의 기준으로 삼아 패러다임을 선택하지만 패러다임의 문제 해결 능력은 결국 패러다임에 대한 과학자 공동체의 믿음과 헌신에 의해 증진된다는 것이다.

혁명과 진화

쿤은 과학이 진보하지만 목표지향적인 활동이 아니라는 입장이다. 과학자는 진리 탐구 활동을 하고 그 결과 과학이 진보하고 또 과학적 지식이 증진되는 것은 맞지만, 과학의 진보나 과학적 지식의 증진이 진리에 다가가게 하는 것은 아니라는 것이다. 이러한 입장이 말이 될까?

진리를 향해 나아가게 하지 않는 과학 활동이 어떻게 진보를 이룩할 수 있을까?

쿤은 진보를 진화에 비유하며 자신의 입장을 설명한다. 진화론도 목적론적 성격을 제거해서 이해하는 것이 쉽지 않았지만, 진화가 더 좋은 방향으로 변화해 가는 것이라고 생각하는 것은 잘못이라는 것이다. 자연환경에 적응하는 변화가 진화인데, 그런 식의 변화가 꼭 더 좋은 것을 향해 나아가는 것은 아니라는 것이다. 진화는 특별하게 좋은 어떤 것을 향한 변화가 아니라는 것이다. 마찬가지로 진리라는 목표를 향해 과학이 진보한다고 생각하게 되면 과학의 진보를 목적론적으로 이해하는 것이다. 이에 반대하는 쿤은, 과학에 특정한 목표라는 것은 없다면서 과학의 진보가 진리를 향한 변화가 아니라는 점을 분명하게 밝히고자 한다. 쿤은 목적론적 성격을 제거한 과학의 진보를 말하고자 하는 것이다.

하지만 과학이 많은 변화를 겪어 왔고 그런 과학의 변화 덕분에 우리는 자연세계를 점점 더 상세하고도 세련되게 이해할 수 있었다. 이 점은 누구나 동의하는 사실이다. 하지만 이 사실을 과학이 점차 진리에 가깝게 다가갔기 때문이라고 설명하는 전통적인 과학철학의 입장에 반대하고 나선 것이 쿤의 입장이다. 진리라는 궁극적 목표에 얼마나 가깝게 다가갔느냐를 측정할 수 있다면 그것은 과학의 성취를 객관적으로 측정하는 방법이 될 것이라는 생각 역시 전통적인 과학철학의 입장인데, 이렇게 과학의 목표를 진리라고 설정하는 것에 반대하는 것이 쿤의 입장이다. 과학은 진보하지만 진리를 목표로 나아가는 것이 아니라는 자신의 입장에 대해 회의적 시각이 있을 수 있다는 점을 인정하는 쿤은, 다윈의 진화론에 대해서도 마찬가지의 회의적 시각이 많았다는 점을 상기시킨다. 쿤에 따르면, 다윈의 『종의 기원』을 당시 사람들이 쉽게 받아들이기 어려웠던 가장 큰 이유는 신에 의해 설정된 목표를 인정하지 않았다는 것이다. 인간의 눈과 손처럼 엄밀한 기관이 어떤 목표 없이 끊임없이 진화해 왔다고 설명하는 것은 쉽게 수용되지 않았다. 그보다는 신의 계획에 따라 진화한 것이라는 설명하는 것이 그럴듯한 설명이라는 평가가 일반적이었다. 진화한다거나 진보한다는 말에는 특정 목표를 향해 나아간다는 의미가 포함되어 있다는 것이다.

하지만 과학이 진리에 다가가는 과정이라는 주장은 과학의 역사를 보면 받아들기 어렵다는 것이 쿤의 주장이다. 과학의 역사는 실패의 연속이기 때문이다. 새로운 이론이 계속해서 나타나는 것을 두고 진리에 가까이 다가간 것으로 평가하고 싶지만, 그것은 기존 이론이 틀린 것임을 보여 주는 과정이기 때문이다. 해결된 문제의 수가 많다고 해서 진리에 다가간다고 말할 수 없고 문제 해결 능력이 증진된다고 해서 진리에 다가간다고 말할 수 없다는 것이 쿤의 입장이다. 쿤에 따르면, 과학은 진리에 다가가는 식으로 진보하는 것이 아니기 때문이다.

과학이 진리에 다가간다고 말하는 것의 의미가 혹시 세계에 실제로 존재하는 것이 무엇인지 밝히는 문제에서 더 많은 성과를 거두게 된다는 뜻이라고 한다면, 쿤은 과학의 역사에서 그에 대한 분명한 반박 증거를 찾을 수 있다고 주장한다. 아리스토텔레스, 뉴턴, 그리고 아인슈타인으로 이어지는 과학의 변화 과정이 세계에 실제로 존재하는 것이 무엇인지 밝혀 주지 못했기 때문이다. 아인슈타인의 상대성 이론이 뉴턴의 역학보다 아리스토텔레스의 물리학에 가깝다고 볼 수 있고, 그렇게 되면 과학이 진보해 왔다는 점을 부정해야 하기 때문이다.

종종 진보를 진화에 비유할 수 있는지를 두고 놀랍게 생각하는 사람들이 있다. 그것은 진화와 진보가 서로 모순된 의미를 지닌다고 생각하기 때문이다. 하지만 쿤의 진보가 목표지향적인 성취가 아니라는 점,

나아가 진화가 최종 목표 없이 다양한 특징을 지니게 되는 과정을 기술 한다는 점을 생각하면, 쿤의 비유는 그럴듯한 것으로 성립할 수 있다. 적절한 시간 척도 아래에서 양쪽을 본다는 조건이 충족된다면 말이다. 시간 척도를 매우 너무 크게 해서 거대한 역사를 보게 되면, 과학혁명 은 과학의 진화 과정 속에서 단지 눈에 조금 더 잘 띄는 에피소드에 불 과하게 된다. 반면 시간 척도를 너무 작게 해서 미세한 역사를 보게 되 면, 과학혁명만이 아니라 조그만 발견조차도 과학의 진화 과정 속에서 주목할 필요가 있는 에피소드가 된다. 새로운 종의 분화가 어떻게 발생 하는지를 적절한 시간 척도 아래에서 본다면 생물의 진화 역시 과학의 진보처럼 목표지향적 과정이 아니면서도 문제를 해결해 가는 변화로 읽어 낼 수 있다는 것이다.

쿤은 과학적 개념의 변화 과정 또한 유기체의 진화와 유사하다고 주 장한다. 과학의 진보는 여러 과학적 개념들이 좀 더 명료하면서도 전문 적으로 사용되는 과정에서 발생하는데, 그런 과학적 개념의 변화 과정 은 유기체의 진화 결과가 명료성과 전문성의 증대라는 특징을 지니는 것과 마찬가지라는 것이다. 새의 부리가 길어지는 것처럼 특정 특질을 발달시킨다거나 종의 분화를 통해 새로운 종을 형성하게 되는 것을 명 료성과 전문성의 증대라고 이해할 수 있다면 말이다.[3] 과학의 진보 과 정에서 과학적 개념들이 좀 더 명료하고 정교하게 되기 때문에 과학의

---

3   종의 진화는 두 가지로 구분할 수 있다. 하나는 향상 진화이고 다른 하나는 분기 진 화이다. 전자는 진화의 연결고리가 하나로 이어지면서 특정 특질이 발전되어 가는 것이 고, 후자는 진화의 연결고리가 서로 나눠지면서 각각의 연결고리에서 구분되는 특질이 발전되어 가는 것이다. 이러한 구분에 근거할 때, 패러다임이 바뀌는 과학혁명을 분기 진화에 비유해서 이해하되 분기 진화나 향상 진화 모두가 명료성과 전문성을 증대시킨 다고 말한다면, 다윈의 진화론과 쿤의 과학혁명론 사이의 유비가 좀 더 그럴듯할 수 있 다는 주장도 있다.

명료성과 전문성이 증대한다고 말할 수 있고, 정상과학과 과학혁명의 시기를 거치면서 패러다임 및 패러다임 속 개념의 명료성과 전문성이 증대된다고 말할 수 있다는 것이다. 이런 식의 비유는 과학의 진보가 어떤 것일 수 있는지에 대해 구체적으로 생각할 수 있는 단초를 제공한다.

과학자 공동체와 진보

쿤이 과학의 진보를 진화에 비유할 때, 진화의 주체 혹은 단위가 유기체 집단이고 진보의 주체 혹은 단위가 과학자 공동체라는 점에 주목할 필요가 있다. 다윈이 발견한 것처럼 19개의 섬들로 이뤄진 갈라파고스 제도에서 발견된 핀치에 해당하는 새는 뭉뚝한 부리를 가지거나 작은 부리를 가지거나 뾰족한 부리를 가지거나 하는 식으로 섬마다 각기 달랐다. 이 사실은 진화의 주체 혹은 단위가 유기체 집단이라는 점에 초점을 맞춰 설명될 수 있다. 이 점은 진화론을 정확하게 이해하는 데에 필요한 출발점이기도 하다.

갈라파고스 섬 중에는 딱딱하고 큰 씨앗이 많은 섬이 있는가 하면 작은 씨앗이 풍부한 섬도 있고 꽃과 곤충이 많은 섬이 있다. 갈라파고스 섬에 서식하는 핀치 집단에는 섬마다 뭉뚝한 부리나 뾰족한 부리처럼 서로 다른 모양의 부리를 가진 개체가 돌연변이로 나타났다. 꽃과 곤충이 많은 섬에는 뭉뚝한 부리를 가진 돌연변이나 작은 부리를 가진 돌연변이보다 뾰족한 부리를 가진 유기체가 꽃과 곤충을 잡아먹고 생존하는 데에 유리했다. 이에 그 섬에는 뾰족한 부리라는 유전되는 특질을 가진 돌연변이 유기체의 비중이 점차 커졌다.

처음에 그 섬의 핀치 집단은 뾰족한 부리를 가진 핀치가 소수의 유기체 집단이었지만, 생존에 유리한 특질 덕분에 점차 그 섬의 핀치 집단 내에서 그 비중이 커졌고, 결국 그 섬의 핀치 집단 내에서 비중이 가장 크게 됐다. 마찬가지로 딱딱하고 큰 씨앗이 많은 섬에는 크고 뭉뚝한 부리를 가진 돌연변이가 그 섬의 핀치 집단 내에서 비중이 가장 크게 됐다. 서로 다른 서식 환경에 적응하는 과정에서 유기체 집단의 구성 비중이 달라진 것이고, 자연환경에 맞춰 진화한 것이다. 특정한 특질이 생존에 유리하다는 판단이 선행해서 그러한 판단에 따라 특정 목표를 향해 나아가는 것이 진화가 아니고, 우연히 특정한 특질이 생존에 유리한 것으로 드러나고 그런 유리함 덕분에 시간의 흐름에 따라 자연스럽게 그러한 특질을 지닌 개체가 다수가 되면서 유기체 집단의 변화가 발생하게 되는 것이 진화라는 것이다.

천문학의 혁명 과정 역시 태양중심설을 옹호하는 과학자 공동체에 초점을 맞춰 이해할 수 있다. 과학혁명을 시작하는 시점에는 코페르니쿠스를 중심으로 하는 소수의 과학자들이 태양중심설을 옹호하는 아주 작은 과학자 공동체를 출발시키지만, 태양중심설을 옹호하는 과학자들은 자연세계에 대한 예측과 설명의 측면에서 우월성을 드러냈고 그러한 우월성을 더욱 분명하게 밝혀 준 갈릴레오와 케플러 등의 새로운 과학자들이 나타나면서 태양중심설을 옹호하는 과학자들은 점점 더 많아져 그 과학자 공동체의 크기가 지구중심설을 옹호하는 과학자 공동체의 크기와 경쟁하게 되었고, 결국 뉴턴에 이르러서는 태양중심설을 옹호하는 과학자들의 과학자 공동체가 어느 경쟁 상대보다 압도적으로 커지는 변화를 일으키며 진보한다는 것이다.

쿤은 과학자 공동체의 역할에 주목하며 과학의 진보를 잘 설명해 냈지만, 과학이 진리를 목표로 하는 것도 아니고 진리에 다가가려 하는 것도 아니라고 주장하여 상대주의를 함의하는 것이라는 비판을 피하기 어려웠다. 쿤은 "우리가 알고 싶어 하는 것을 향한 진화를 알고 있는 것으로부터의 진화로 대치할 수 있다면, 다수의 혼란스러운 문제들이 사라져 버릴 수도 있을 것"[4]이라고 낙관하지만, 패러다임 간의 선택이 진리라는 기준 없이 어떻게 성공적일 수 있었는지에 대해 많은 과학철학자들은 의심의 눈초리를 거두지 못했다. 진리의 역할보다는 과학자 공동체의 역할을 강조해서 과학혁명을 이해하고자 했기에 자신이 상대주의가 아니라는 쿤의 부정은 쉽게 동의되지 않았다. 여기에 더 불을 붙인 것이 패러다임 사이의 공약불가능성이다. 쿤에 대한 수많은 비판의 초점이 여기에로 모아졌다. 그런 논란의 뒤편에서 과학의 변화 과정을 제대로 이해하는 데에 과학자 공동체의 역할에 주목할 필요가 있다는 점은 누구나 동의했고, 과학자 공동체의 정확한 역할이 무엇인지, 특히 그 다양한 구성원의 특징이 과학의 이해와 발전에 어떤 차이를 가져오는지에 대한 진지한 탐구는 현대 과학철학을 새롭게 바꾼 주요 연구 주제로 발전했다.

---

4   토머스 쿤, 『과학혁명의 구조』, 김명자, 홍성욱 옮김, 까치글방, 2013, 289쪽. (*SSR* p. 170.)

5

공약불가능성

5.1 공약불가능성이란 무엇인가?

코펜하겐

20세기 초 덴마크 코펜하겐에서 양자역학에 대한 해석을 둘러싸고 보어$^{Niels\ Bohr(1885-1962)}$와 아인슈타인$^{Albert\ Einstein(1879-1955)}$ 간 심각한 논쟁이 벌어지고 있었다. 양자역학에 대한 보어의 해석을 반대한 아인슈타인은 새로운 아이디어를 준비해 보어를 괴롭혔고 보어는 아인슈타인과 논쟁하면서도 슈뢰딩거$^{Erwin\ Schrödinger(1887-1961)}$를 설득하려고 노력했다. 그 상황을 지켜본 젊은 물리학자들은 매우 힘든 시간을 보내야 했다. 보어의 해석을 믿느냐는 하이젠베르크$^{Werner\ Heisengerg}$ $^{(1901-1976)}$의 질문에 슈뢰딩거는 "만약 이 괴상하기 짝이 없는 양자도약이 정말로 존재한다면 내가 양자역학에 뛰어든 것을 정말 후회할 거야"라고 대답했다. 파울리$^{Wolfgang\ Pauli(1900-1958)}$는 친구에게 보낸 편지에서 "현재 물리학은 다시 끔찍이 혼란스러워. 어쨌든, 나에게는 너무 힘들고, 차라리 희극 배우나 그 비슷한 사람이 되어 물리학에 대해 들어 본 적이 없었으면 좋았을 거야'라고 자신의 복잡한 심경을 토로했다.

"차라리 물리학을 공부하지 않았더라면"이라는 파울리의 말에서 우리는 경쟁하는 이론이나 패러다임의 지지자들이 체험하는 갈등과 고민을 엿볼 수 있다. 그들의 갈증과 고민은 기존 이론과 새로운 이론 간 공약불가능성incommensurability 때문이었다. 일반적으로 공약불가능성은 두 대상을 공통의 표준이나 측정 단위를 사용하여 비교하거나 측정할 수 없는 것을 뜻한다. 이 개념은 철학, 사회과학, 과학 등 다양한 분야에서 자주 등장한다. 예를 들어, 피타고라스학파는 정사각형의 대각선과 변의 길이는 두 정수의 비율로 표현할 수 없다는 의미에서 공약불가능하다는 점을 발견했다. 이 발견은 우주의 모든 관계를 정수의 비율로 표현할 수 있다고 믿었던 피타고라스 세계관에 중대한 도전을 던졌다. 이처럼 인문학과 사회과학에서 공약불가능성은 신념, 관행, 규범을 평가하는 분명한 기준이 없음을 의미한다. 특히 과학철학에서 공약불가능성은 과학 이론이나 패러다임이 근본적으로 다른 가정, 방법론, 개념 틀에 기반하기 때문에 서로 비교하거나 평가할 수 없다는 것을 뜻한다.

쿤은 경쟁 이론이나 과학혁명 전후의 패러다임 간 관계를 표현하기 위해 '공약불가능성'이라는 개념을 사용했다. 그 개념은 쿤의 과학 이론, 특히 그의 『구조』를 유명하게 만든 핵심 요소이므로 그것이 무엇을 의미하는지를 정확히 이해할 필요가 있다. 공약불가능성은 무엇을 의미하는가? 공약불가능성이 경쟁하는 이론 또는 패러다임 간 관계에서 나타나기 때문에 그것의 일차적 의미는 그런 관계 속에서 파악되어야 할 것이다. 우선 공약불가능성은 양립불가능성으로 이해할 수 있다. 예를 들어, 지구중심설과 태양중심설은 양립불가능하다. 그러나 공약불가능성의 의미에 관한 문제는 이처럼 간단히 끝나지 않는데, 왜냐하면 그것은 곧바로 양립불가능성이 무엇을 의미하느냐는 문제로 이어지기 때문이다.

고려 사항들

공약불가능성을 이해하기 위해 먼저 고려해야 할 점은 그것이 '한 가지' 이론이나 패러다임의 성질이 아니라, 이론이나 패러다임 간 '관계'에 적용된다는 것이다. 1장에서 논의된 입증가능성이나 반증가능성은 하나의 이론과 증거 간 성립하는 평가적 성질이다. 그런 의미에서 이론은 경험적 증거로 입증되거나 반증될 수 있다. 예를 들어, 수성의 섭동이라는 증거에 의해 뉴턴 물리학은 반증되고, 상대성 이론은 입증될 수 있다. 이와 반면에, 공약불가능성은 이론이나 패러다임 간 성립하는 비교적 성질이다. 예를 들어, 지구중심설과 태양중심설, 뉴턴 물리학과 상대성 이론은 공약불가능하다.

이외에도 공약불가능성을 이해하기 위해 고려해야 할 몇 가지 사항이 있다. 그 첫 번째는 차원과 관련된다. 쿤이 공약불가능성을 강조한 이후로 그것을 둘러싸고 전개된 다양한 논의를 통해 그 개념은 적어도 두 가지 중요한 차원을 갖는 것으로 드러났다.

• 의미론적 차원

경쟁하는 패러다임에 등장하는 주요 용어들의 의미가 그것들이 등장하는 맥락에 따라 달라진다. 과학사에는 이에 관한 예들이 많다. 아리스토텔레스 물리학에서 물체의 '자유낙하'는 해당 물체가 자신의 자연스러운 위치를 찾아가는 운동이지만, 뉴턴 물리학에서 '사유낙하'는 중력에 의한 운동이다. 18세기 화학혁명에서 플로지스톤 이론에 따르면 '연소'는 물질에 포함된 플로지스톤이 분리되는 현상인 데 비해, 산소 이론에 따르면 '연소'는 물질이 산소와 결합하는 현상이다. 또한 고전물리학과 상대성 이론에 등장하는 질량(m)은 동일한 용어로 표현되지만 서로 다른 의미가 있다. 고전물리학에서 질량은 질량 보존의 법칙에 따라 불변량이지만 상대성 이론에서는 "$E = mc^2$"에 의해 에너지로 변환될 수 있는 물리량이다. 이처럼 하나의 용어가 패러다임에 따라 서로 다른 의미를 갖는다면, 그리고 그것들이 등장하는 패러다임이 서로 경쟁한다면, 마치 '나인'이라는 말로 한 사람은 독일어로 '아니야'(Nein)를 의미하고 다른 사람은 영어로 숫자 '9'(nine)를 의미하는 것처럼, 경쟁하는 패러다임의 지지자들 사이에는 학문적 의사소통이 제대로 되지 않을 것이다.

• 방법론적 차원

방법론적 차원에서 경쟁하는 패러다임을 평가하기 위한 공유된 객관적 기준이 없다. 왜 그런가? 여기에는 여러 가지 이유가 있는데, 그중 가장 중요한 것은 경쟁하는 패러다임은 각자 중시하는 문제들이 다르고 그것들을 해결하기 위해 서로 다른 방법을 고안하고 사용하기 때문이다. 예를 들어, 18세기 화학혁명에서 산소 이론의 지지자들은 화학 반응 전후에 무게가 보존되는 것을 경험적으로 보여 주는 것을 중시했기 때문에 공기의 무게를 측정하는 데 많은 시간을 보냈지만, 플로지스톤 이론의 지지자들은 화학 반응 전후에 특정 물질이 새로운 물질로 변환되는 것을 중시하고 무게 측정에는 관심이 없었다. 이처럼 경쟁하는 패러다임이 서로 다른 문제를 연구하고 그것을 연구하는 방법도 다르다면, 마치 새 옷을 사려는데 한 사람은 양복을 사려고 하고 다른 사람은 한복을 사려고 하는 것처럼, 서로 다른 옷 가게로 발길을

돌릴 것이다.

두 가지 차원의 공약불가능성은 어떤 관계에 있는가? 그것들은 상호 독립적인가, 아니면 함축 관계에 있는가? 얼핏 보면, 의미론적 공약불가능성이 방법론적 공약불가능성을 논리적으로 함축하는 것으로 보인다. 그러나 이후에 논의되겠지만, 이는 잘못된 생각이다. 과학사를 보면 그 두 가지 공약불가능성은 함축 관계가 아니라 상호 독립적인 관계에 있다는 점이 드러난다. 다시 말하면, 경쟁하는 패러다임들은 설사 의미론적으로 공약불가능하더라도 방법론적으로는 공약가능하거나, 방법론적으로 공약불가능하더라도 의미론적으로는 공약가능할 수 있다. 전자의 예로는 18세기 화학혁명에서 플로지스톤 이론과 산소 이론이 있고, 후자의 예로는 초기 양자역학에서 입자론과 파동론이 있다. 지금까지 논의된 공약불가능성의 두 가지 차원 외에도 존재론적 차원이나 관찰적 차원을 구분할 수 있지만, 존재론적 차원은 의미론적 차원, 관찰적 차원은 방법론적 차원에 밀접히 관련되어 있으므로 여기서는 별도로 다루지 않을 것이다.

공약불가능성과 관련된 두 번째 문제는 공약불가능성의 주체에 관한 것이다. 우리는 앞에서 공약불가능성의 사례로 플로지스톤 이론과 산소 이론, 지구중심설과 태양중심설, 입자 이론과 파동 이론, 아리스토텔레스 물리학과 뉴턴 물리학, 뉴턴 물리학과 상대성 이론 등을 제시했다. 그것들은 모두 일반적으로 '이론'이라고 불릴 수 있지만, 쿤의 의미에서는 각각 특정 시기에 '패러다임'의 구실을 했다. 여기서 한 가지 질문이 발생한다. 공약불가능한 것은 무엇인가? 그것은 이론인가 패러다임인가, 아니면 양자 모두인가? 패러다임이 다양한 의미로 사용되고 있다는 비판에 대응하여 쿤은 패러다임이란 '하나의 과학자 공동체의 구성원이 공유하는 것'이며, 그것은 크게 '범례'와 '전문 분야 매트릭스'를 의미한다고 교통 정리했다. 2장에서 논의되었듯이, 범례는 특정 과학자 공동체에서 공유된 구체적인 문제 풀이의 집합이다. 정상과학 단계에서 과학자들은 그동안 누적된 퍼즐 풀이 집합을 활용하여 새로운 퍼즐을 해결하려고 시도하며, 그 분야를 처음 배우는 학생들은 범례를 공부함으로써 이론과 법칙의 내용을 구체적으로 이해하게 된다. 예를 들어, 뉴턴의 운동 제2 법칙, 'f = ma'에 등장하는 기호들이 각각 '힘', '질량', '가속도'를 의미한다는 것을 아는 것만으로는 그들의 관계를 이해하거나 그 법칙을 현실 세계에 적용하기는 어렵다. 그 법칙을 자유낙하, 단진자, 상호작용하는 조화진동자 등에 적용하려면, 교수자의 도움을 받거나, 아니면 스스로 그것들에서 유사성을 발견해야 한다. 비트겐슈타인Ludwig Wittgenstein(1889-1951)이 강조했듯이, 단어의 의미는 언어적 정의가 아니라 용도에 있다. 과학자들은 과학 법칙을 언어적으로만 배우는 것이 아니라 그 용어들이 실제 어떻게 사용되고 기능하는지를 구체적인 사례를 통해 학습한다.

전문 분야 매트릭스는 범례뿐만 아니라 다른 요소들을 포함한다. 전문 분야 매트릭스의 첫째 요소는 기호적 일반화로서 'f = ma', 'I = V/R'과 같은 기호적 형태뿐만 아니라 "작용은 반작용과 같다"(뉴턴의 운동 제3 법칙)와 같이 일반 용어로 표현된다. 기호적 일반화는 집단 구성원들에게 자연법칙으로서 기능하지만 다른 한편으로는 정의로 기능하기도 한다. 예를 들어, "f = ma"는 자연에 존재하는 '힘'에 대한 법칙인 동시에 '힘'을 질량과 가속도의 곱으로 정의한다. 전문 분야 매트릭스의 둘째 요소는 패러다임의 형이상학적 부분으로서 집단 구성원들에게 공유된 공약이다. 예를 들어, "열은 입자들의 평균 운동에너지이다"라는 공유된 공약과 물질의 존재와는 무관하게 존재하는 절대공간

에 대한 공유된 공약은 각각 열역학과 뉴턴 물리학의 형이상학 부분이
다. 전문 분야 매트릭스의 셋째 요소는 공유된 가치이다. 가치 중에는
여러 가지 유형이 있는데, 가장 뿌리 깊게 수용된 가치는 예측에 관한
것이다. 예를 들어, 예측은 정확해야 한다. 가치에는 이론 전체를 평가
하는 데 관련된 것도 있다. 예를 들어, 이론은 단순해야 하고, 자기 일
관적이어야 하고, 당대의 다른 이론과 양립가능해야 한다. 이처럼 전문
분야 매트릭스는 이론적 요소, 형이상학적 요소, 가치적 요소, 방법론
적 요소(모범 사례)를 포함한다는 점에서 '넓은 의미'의 패러다임이다.

　이제 우리는 왜 쿤이 '이론'이라는 용어가 아니라 '전문 분야 매트릭
스'라는 용어를 사용했는지를 알 수 있다. 전문 분야 매트릭스는 일반
적으로 사용되는 이론보다 더 넓고, 포괄적인 개념이다. 예를 들어, 뉴
턴 이론은 단순히 세 가지 운동 법칙과 만유인력 법칙으로만 구성된 것
이 아니라 절대공간 및 절대시간의 존재에 관한 형이상학적 믿음, "나
는 가설을 세우지 않는다"라는 뉴턴의 말에서 알 수 있듯이, 현상을 바
탕으로 끌어낼 수 없는 것(가설)에 대한 경계와 같은 가치를 구성 요소
로 갖는다. 패러다임의 의미에 대한 논의를 통해 우리는 한 가지 중요
한 점을 분명히 알게 되는데, 그것은 바로 공약불가능성의 주체가 이론
인가 아니면 패러다임인가는 중요한 문제가 아니라는 점이다. 쿤이 말
했듯이, 18세기 화학혁명 동안 라부아지에는 자신이 주장하는 것을
'이론'으로 불렀지만 그것은 실제로는 전문 분야 매트릭스라는 의미에
서의 패러다임이었다. 그러므로, '언어적으로 기술된 체계'로서의 이
론은 "이론인가 패러다임인가"라는 질문에 등장하는 '이론'이 아니므
로 공약불가능성의 주체가 될 수 없다.

　공약불가능성과 관련된 세 번째 사항은 위에서 논의된 두 번째 사항
과 연관되어 있지만 실제적 이유로 구별될 필요가 있다. 여기서 나타나

는 새로운 질문은 공약불가능성이 과학을 연구하는 실제 현장에서 어떤 형태로 나타날 것인가이다. 이 질문에 대해 우리는 다음과 같은 두 가지 대답을 제시할 수 있다.

- 비교불가능성: 경쟁하는 패러다임은 서로 비교불가능하다.
- 번역불가능성: 경쟁하는 패러다임에 등장하는 용어들은 서로 번역불가능하다.

비교불가능성은 경쟁하는 패러다임 중 어느 하나가 상대방에 비해 "참이다", "참에 가깝다", "설명력이 좋다", "경험적으로 적합하다"와 같이 평가될 수 없다는 것을 의미한다. 이에 비해 번역불가능성은 패러다임 자체가 아니라 거기에 등장하는 용어들에 적용된다. 지금까지 누구도 전체로서의 패러다임 간 번역을 시도한 적은 없었다. 네이글Ernest Nagel(1901~1985)과 같은 환원론자들은 서로 다른 차원에 속하는 이론들이 도출을 통해 환원될 수 있다고 보았다. 예를 들어, 열역학은 통계역학으로부터 도출될 수 있으므로 그 이론으로 환원될 수 있다. 그런 도출이 이루어지기 위해서는 두 이론의 주요 용어들이 대응규칙rule of correspondence을 통해 연결되어야만 한다. 예를 들어, 열역학의 '열' 개념은 '분자들의 평균 에너지' 개념과 연결된다. 네이글이 주장한 환원은 열역학과 같이 핵심 개념들을 공유하는 이론 간에는 성공적일 수 있지만, 그렇지 않으면 두 이론을 연결할 수 없다. 분야 매트릭스로서의 패러다임의 관점에서 보면, 차원 간 이론 환원이 성공할 수 없다는 점은 분명해 보인다. 네이글이 주장한 환원은 이론을 법칙들의 집합으로 본다는 점에서 이론에 관한 '구문론적 견해'에 해당하는데, 그것은 바로 1장에서 논의된 논리경험주의의 핵심 주장 중 하나이다. 여기서 우리는 용어들의 연결가능성이나 법칙들의 도출가능성이 바로 그것들 간 번역가능성을 의미하지 않는다는 점에 유의해야 한다.

비교불가능성과 번역불가능성의 관계는 무엇인가? 우선, 비교불가능성은 논리적으로 번역불가능성을 함축하는 것으로 보인다. 어떤 이유로 비교할 수 없는 패러다임들이 있다면 그것들의 용어들을 상호 번역하기는 매우 어려울 것이기 때문이다. 그러나 우리는 번역불가능성을 전체론적으로 이해할 필요는 없다. 매우 다른 문명권에 속한 두 언어는 동일한 대상을 지칭하는 말들이 있다. 예를 들어, 한글의 '눈'에 해당하는 'eye'(영어), 'mata'(인도네시아어)가 그것이다. 이와 마찬가지로 경쟁하는 패러다임들은 대다수는 번역할 수 있는 다수의 용어를 갖고 있고, 일부 핵심 용어들만이 번역불가능할 수 없을 수 있다. 나중에 보게 되겠지만 쿤은 번역불가능성을 이런 방식으로 이해했다. 그러나 번역불가능성은 비교불가능성을 함축하지 않는다. 경쟁하는 패러다임의 용어들을 상호 번역하기 어렵다고 하더라도, 방법론적으로는 패러다임들을 비교 평가할 수는 있기 때문이다. 우리는 그런 예를 3절에서 자세히 다룰 것이다.

공약불가능성의 유형들

지금까지 우리는 공약불가능성의 차원, 주체, 실제적 의미와 관련된 문제를 살펴보았다. 논의된 내용을 정리하면 다음과 같다.

- 공약불가능성의 차원: 의미론 – 방법론
- 공약불가능성의 주체: 이론 – 패러다임
- 공약불가능성의 의미: 비교불가능성 – 빈역불가능성

위의 세 가지 중 공약불가능성의 주체를 구분하는 것은 적절치 않다는 것이 드러났으므로, 나머지 두 가지를 활용하면, 공약불가능성은 다음과 같은 4가지 유형으로 나타난다.

[표 1] 공약불가능성의 유형

유형	내용
A	의미론적 공약불가능성 + 비교불가능성
B	의미론적 공약불가능성 + 번역불가능성
C	방법론적 공약불가능성 + 비교불가능성
D	방법론적 공약불가능성 + 번역불가능성

공약불가능성의 유형을 이렇게 자세히 구분하는 이유는, 무엇보다도, 쿤이 정확히 어떤 유형의 공약불가능성을 주장했는지를 알아야만, 그와 관련된 논쟁을 올바로 평가할 수 있기 때문이다. 다음 절에서 자세히 논의되겠지만, 쿤은 의미론적 공약불가능성에 관심을 두었고 방법론적 공약불가능성은 거의 다루지 않았으며, 의미론적 공약불가능성에 관한 그의 논의는 비교불가능성(A)으로부터 번역불가능성(B)으로 바뀌었다.

위의 네 가지 유형의 공약불가능성과 관련된 흥미로운 주제 중 하나는 쿤의 입장 변화에 관한 것이다. 왜 쿤은 A에서 B로 입장을 바꾸었는가? 이 주제는 다음 절에서 논의된다. 또 다른 주제는 네 가지 유형의 급진성에 관한 것이다. 그 유형들의 급진성의 순위는 어떻게 되는가? 이 질문에 대답하기 위해서는 다음과 같은 기준을 마련해 보기로 하자.

(기준 1)

방법론적 공약불가능성이 의미론적 공약불가능성보다 더 급진적이
다. 왜냐하면, 전자가 후자보다 더 급진적 내용을 갖거나 함축하기 때
문이다. 예를 들어, 〈상자 5-1〉에 제시된 파이어아벤트[Paul Feyera-
bend(1924-1994)]의 이론에서 드러나듯이, 방법론적 공약불가능성은 쿤이
경계했던 다원주의와 인식적 무정부주의를 함축한다.

(기준 2)

비교불가능성이 번역불가능성보다 더 급진적이다. 왜냐하면 앞에서
도 말했듯이, 비교불가능성은 논리적으로 번역불가능성을 함축하기 때
문이다.

이제 위의 두 가지 기준을 적용하면, 공약불가능성의 급진성은 C,
D, A, B 순으로 나타난다. 가장 급진적인 공약불가능성은 '비교불가능
성에 기반한 방법론적 공약불가능성' (C)이고, 가장 온건한 공약불가능
성은 '번역불가능성에 기반한 의미론적 공약불가능성' (B)이다.

〈상자 5-1: 파이어아벤트의 공약불가능성〉

파이어아벤트는 공약불가능성에 대해 쿤보다 더 급진적인 견해를 주
장했다. 파이어아벤트는 서로 다른 과학 이론이나 패러다임을 비교
할 수 있는 합리적 근거가 전혀 없을 수 있으며, 과학적 진보에는 때
때로 비합리적이거나 일관성이 없어 보이는 방법을 통해 기존 이론
을 포기하고 새로운 이론을 채택하는 경우가 많다고 주장했다. 파이
어아벤트의 공약불가능성에 대한 접근은 과학의 진보라는 개념에 도
전하며, 여러 이론과 방법론이 공존하고 각자의 방식으로 평가될 수

있는 과학적 탐구에 대한 보다 다원적인 접근 방식을 지지한다.

파이어아벤트의 공약불가능성 개념은 다음과 같은 과학 이론에 기반을 두고 있다.

• 방법론적 다원주의: 보편적으로 인정되는 하나의 과학적 방법은 없다. 획일적인 방법을 강요하는 것은 창의성을 억압하고 과학의 진보를 방해한다.

• 인식적 무정부주의: 과학적 탐구에는 고정되거나 보편적인 규칙이 없으며, 과학자는 주어진 상황에서 자신에게 적합한 방법이나 이론을 자유롭게 채택할 수 있어야 한다.

쿤은 공약불가능성을 과학혁명기에 한해 나타나는 것으로 보고 패러다임 간의 질적 차이와 과학적 실천에 미치는 영향에 초점을 맞추었다. 이에 비해 파이어아벤트는 공약불가능성이 과학 연구에서 나타나는 근본적이고 일반적인 특징이라는 점을 강조하면서 과학 이론의 비교가능성 자체에 의문을 제기하고 과학적 탐구에 대한 보다 유연하고 다원적인 접근의 필요성을 주장했다.

5.2 쿤은 어떤 공약불가능성을 의도했는가?

이제 쿤이 의도했던 공약불가능성은 정확히 무엇이었는지 살펴보자. 위의 네 가지 유형 중 쿤이 의도한 공약불가능성은 정확히 무엇이었는가? 쿤이 의도한 공약불가능성은 가장 약한 유형의 공약불가능성(B)이었는데, 그는 유형 A에서 출발하여 두 차례 입장을 변경하여 유형 B에 도달했다.

게슈탈트적 전회에 기반한 공약불가능성

쿤은 『구조』의 초판(1962)에서 유형 A의 공약불가능성을 주장했다. 그것이 나타난 가장 대표적인 곳은 '세계관의 변화로서의 혁명'이라는 제목이 달린 10장이다. 그 장은 "현대적인 역사 해석의 관점에서 과거 연구의 기록을 훑어본다면, 과학사학자들은 패러다임이 변할 때에 세계 그 자체도 더불어 변한다고 주장하고 싶어질 것이다"[1]라는 구절로 시작한다. 4장에서 보았듯이, 과학혁명은 특정 패러다임이 새로운 패러다임으로 바뀌는 사건이며, 패러다임의 전회로서의 과학혁명은 정상 과학의 누적적이고 연속적인 과정과는 달리 비누적적이고 단절적인 과정이다. 패러다임 전회의 이런 일반적 특징을 설명한 후, 쿤은 10장에서 패러다임 전회가 동반하는 세계관의 변화를 잘 보이기 위해 게슈탈트 지각 이론을 이용했다. 다음 그림을 보자.

[그림 6] 게슈탈트 그림

우리는 위의 그림에서 오리를 보거나 아니면 토끼를 볼 수 있지만 오리와 토끼를 동시에 볼 수는 없다. 오리를 보다가 토끼를 보거나, 토끼를 보다가 오리를 보는 것을 '게슈탈트 전회'라고 한다. 쿤은 과학혁명 동안 발생하는 패러다임의 전회가 게슈탈트 전회와 본질적인 유사성을

---

1   토머스 쿤, 『과학혁명의 구조』, 김명자, 홍성욱 옮김, 까치글방, 2013, 209쪽. (*SSR* p. 111.)

지닌다고 보았다. 그 본질적 유사성이란 무엇인가? 어떤 사람은 위의 그림에서 오리를 보고, 다른 사람은 토끼를 보듯이, 특정 패러다임의 지지자는 오리를 보고, 그것과 경쟁하는 패러다임의 지지자는 토끼를 본다. 여기서 우리는 그림이 '무엇을 그린 그림'이라는 점에 유의할 필요가 있는데, 여기서 무엇은 '세계'이거나 오리나 토끼와 같은 '세계 속 특정 대상'이다.

게슈탈트 유비를 통해 쿤은 무엇을 주장하려고 했는가? 쿤은 세계가 실재하고 과학혁명 전후의 과학자들은 그것을 서로 다르게 본다고 주장했는가? 과학혁명 이전의 과학자들은 그 그림을 오리를 그린 것으로 보고, 혁명 이후의 과학자들은 토끼를 그린 것으로 볼 수 있다. 여기서 중요한 것은 과학자들이 그림을 무엇에 대한 그림으로 생각하든지 간에 그림의 대상은 그 생각과 독립적으로 존재한다는 점이다. 우리가 그림을 어떻게 보던 상관없이 그림의 대상이 객관적으로 존재하는 것과 마찬가지로, 세계는 과학 이론들과 독립적으로 존재할 수 있다. 과학철학자들은 세계와 이론 간의 관계에 대한 이런 견해를 과학적 실재론sci-entific realism이라고 부른다. 과학적 실재론에 따르면 세계는 매우 잘 확립된 과학 이론들이 기술하는 방식대로 실제로 존재한다. 그러나 쿤은 이런 의미에서의 과학적 실재론을 반대한다. 그에 따르면 세계는 패러다임에 상대적이거나 의존적이며, 과학혁명 전후의 과학자들은 서로 다른 세계에서 연구한다.

쿤은 게슈탈트 전회가 동일한 시각 경험에 대한 해석의 차이로 발생한 것은 아니라고 강조한다. 세계관의 변화는 동일한 세계에 대한 이론 상의 변화는 아니라는 것이다. "새로운 패러다임을 채택한 과학자는 해석자이기보다는 차라리 거꾸로 보이는 렌즈를 낀 사람과 비슷하다. 이전과 똑같은 무수한 대상들을 마주 대하고 그렇게 변함없는 대상을 보고 있다는 것을 알면서도, 과학자는 대상들의 세부적인 것의 여기저 기에서 속속들이 그 대상들이 변형되었음을 깨닫게 된다."[2] 한때는 지 구중심설을 지지했다가 이제는 태양중심설을 지지하게 된 문수는 달을 쳐다보면서, "이제까지 나는 행성을 보았지만 이제는 위성을 보고 있 다"라고 말하지 않을 것이다. 왜냐하면 그렇게 말하는 것은 지구중심 설이 한때는 옳았다는 점을 전제하기 때문이다. 문수는 "나는 한때 달 을 행성이라고 생각했는데 그것은 잘못이었다"라고 말할 것이다. 이런 의미에서 이전 문수의 세계에서는 행성으로서의 달이 존재했고 이후 문수의 세계에서는 위성으로서의 달이 존재했다. 마찬가지로 프리스틀 리의 세계에서는 플로지스톤이 존재했지만 라부아지에의 세계에서는 산소가 존재했다. 이처럼 과학혁명은 세계관의 변화를 초래하기 때문 에 과학혁명 전후의 과학자들은 서로 다른 세계에서 연구한다.

과학혁명으로 인한 패러다임의 전회가 게슈탈트 전회와 유사하고 세 계관의 변화를 초래한다면, 과학혁명 전후의 패러다임들은 상호 비교 불가능할 것으로 보인다. 그 이유는 무엇보다도 비교를 위한 '공통된 기준'이 없기 때문이다. 코페르니쿠스 혁명 이전의 행성은 지구 주위 를 공전하는 물체를 의미했지만, 그 이후의 행성은 태양 주위를 공전하 는 물체를 의미했다. 두 이론에서 행성의 의미가 다르므로 패러다임의 비교를 위한 공유된 기준을 마련하기 어렵다. 이런 의미에서 지구중심 설과 태양중심설, 플로지스톤 이론과 산소 이론은 공약불가능하다. 이 것이 쿤이 의도한 첫째 버전의 공약불가능성(유형 A)이다.

---

2 위의 책, 223쪽. (*SSR* pp. 121-122.)

번역불가능성으로서의 전반적 공약불가능성

패러다임 전회를 게슈탈트 전회로 비유한 쿤의 전략은 그의 사상을 유명하게 만드는 데 도움이 되었지만, 결과적으로 보았을 때는 그가 의도한 과학혁명의 구조를 주장하는 데는 큰 도움이 되지 않았다. 이 책의 앞 장들에서 논의되었듯이, 과학이 비교적 연속적이고 누적적인 정상과학과 비교적 단절적이고 비누적적인 혁명과학으로 구성된다는 쿤의 사상은 과학철학계에서 격렬한 논쟁을 일으켰다. 쿤에 대한 비판은 크게 세 가지로 모아졌다.

첫째 비판의 요지는 쿤의 과학혁명 이론은 과학적 반실재론을 전제한다는 것이다. 앞에서 보았듯이 쿤은 세계가 패러다임에 독립적으로 존재한다고 보지 않았다. 지구중심설을 지지하는 철수는 일출을 보면서 "태양이 떠오르는 것"을 보는 데 비해 태양중심설을 지지하는 영희는 "지구가 지평선 아래로 서서히 내려가는 것"을 본다. 여기서 중요한 것은 그들이 일출을 'X로서 보는 것'(seeing as X)이 아니라 'X를 본다'(seeing that X)라는 것이다. 만약 철수와 영희가 일출을 'X로서' 보았다면, 과학적 실재론자들이 주장하듯이, 관찰과 독립적으로 존재하는 세계가 존재할 것이다. 그러나 이것이 사실이라고 하더라도, 우리는 감각 현상 배후에 존재한다고 가정되는 실제 세계를 직접적으로 경험할 수 없다. 철학자 칸트Immanuel Kant(1724-1804)가 말했듯이 그것은 이성의 한계를 넘어서 물자체(Ding-an-sich)이다. 사정이 이러하다면, 과학자들에게는 크게 두 가지 선택권이 있다. 즉, 그들은 현상 배후에 존재한다고 가정되는 세계를 과학적으로 설명하려고 시도하거나, 아니면 세계에 대한 설명을 포기하고 경험적 현상만을 설명하려고 할 것이다. 이런 상황에서 과학적 실재론자들은 전자의 길을 선택한다. 그들은 관찰불가능하거나 현재 과학적으로 설명불가능하다는 것이 실제 세계가 존재하지 않는다는 점을 함축하지 않는다고 강조한다.

그러나, 만약 철수와 영희가 'X를 본다면', 그리고 그 두 사람이 지지하는 패러다임에 따라 각각 X_1(오리)과 X_2(토끼)를 볼 수밖에 없다면, 그들의 지각 경험의 진위를 가리는 것은 불가능하므로, X_1과 X_2에 관한 감각을 제공하는 실제 세계를 군이 가정할 필요는 없을 것이다. 이런 점에서 쿤은 자신이 반실재론자라고 기꺼이 인정했다. 만약 실제 세계가 존재하지 않는다면, 태양중심설이 지구중심설보다 더 참이라거나 더 참에 가깝다고 말하기는 어렵고, 그런 의미에서 지구중심설에서 태양중심설로의 이행을 과학적 진보라고 부르기도 어려울 것이다. (과학적 진보에 관한 논의는 4장을 참조할 것.)

둘째 비판의 요지는 공약불가능성은 과학 연구를 비합리적으로 만든다는 것이다. 경쟁하는 패러다임들이 공약불가능하다는 것은 그것들에 공유된 독립적 평가 기준이 없다는 것을 의미한다. 그 결과 경쟁하는 패러다임의 지지자들 간 논쟁을 결정하는 것은 경험적 증거나 이론적 논리가 아니라 설득에 의존할 수밖에 없다. 과학사를 보면, 과학혁명이 종식되었음에도 불구하고, 이전 패러다임의 지지자 중 상당수는 새로운 패러다임을 받아들이지 않았다. 예를 들어, 코페르니쿠스 이론은 그의 사후 한 세기가 지나도록 소수의 전향자만을 얻었고, 프리스틀리는 평생 산소 이론을 인정하지 않았다. 쿤은 이런 점에서 패러다임의 전회는 종교적 개종과 같다고 보았다. "때로는 변화를 일으키는 데에 한 세대가 걸리기도 하지만, 과학자 공동체는 계속해서 새로운 패러다임들로 개종해 왔다."[3] 과학적 개종은 자신의 과학적 신념을 포기하는 것이고, 특히 패러다임을 창시했거나 주도했던 연구자일수록, 그것은 자신

---

3   위의 책, 264쪽. (*SSR* p. 151.)

의 과거 연구를 '쓸모없는' 것으로 인정하는 것이나 다름없다. 이런 점에서 과학혁명기에 개종하지 않은 과학자들을 '완고한 고집쟁이'로 보는 것은 잘못이다. 더 정확히 표현하면 그들은 자신이 지지한 패러다임이 여전히 문제 풀이 능력을 갖고 있다고 '끝까지' 신봉했다는 점에서 '합리적 고집쟁이'였다. 이런 점에서 과학혁명은 정치혁명과도 비슷하다. 대표적인 정치혁명인 프랑스혁명에서 나타나듯이 왕정과 공화정이라는 양립불가능한 정치체계를 둘러싼 대립에서 합리적 토론보다는 '단두대'로 상징되는 공포와 처형이 혁명 과정을 이끌었다.

쿤에 대한 셋째 비판의 요지는 그가 제시한 과학관은 상대주의relativism를 함축한다는 것이다. 철학에서 상대주의는 다양한 의미로 사용되는데, 여기서는 진리 및 가치 판단을 위한 보편적 기준을 부정하는 견해를 의미한다. 쿤이 상대주의자로 비판받은 근본 이유는 경쟁하는 패러다임을 비교 평가할 수 있는 합리적 기준을 부정하기 때문이다. 전통적으로 과학철학자들은 이론 평가를 위한 여러 가지 합리적 기준을 제시해 왔다. 이론적 단순성, 설명적 범위, 다른 이론과의 체계성 등이 그 좋은 예인데, 그것들은 정상과학에서는 잘 작동하지만, 과학혁명에서는 그렇지 못하다. 그러므로 과학혁명기의 과학자들은 경쟁하는 패러다임의 지지자들과 합리적 근거를 들어 논의하기보다는 설득을 통해 그들을 전향시키도록 노력해야 한다. 이 지점에서 과학의 본성을 창의적 추측과 대담한 논박에서 찾은 포퍼가 보기에 쿤이 기술하는 과학자들은 그들이 지지하는 패러다임이라는 감옥에 갇혀 그것을 탈출할 수도 없고 자신의 감옥을 다른 감옥과 비교할 수도 없는 죄수와 같다. 1장에서 논의되었듯이, 라카토슈Imre Lakatos(1922-1974)는 쿤의 사상과 포퍼의 사상을 연결하려고 시도했지만, 쿤의 사상은 과학혁명을 과학철학의 문제가 아니라 '군중심리학'의 문제로 잘못 설명했다고 비판했다.

이처럼 다수의 과학철학자가 쿤을 전형적인 반실재론자이고 상대론자라고 몰아세운 데 비해 과학철학 밖에서의 쿤에 대한 평가는 비교적 우호적이었다. 특히, 과학사회학 분야에서 그러했다. 초기의 과학지식사회학자들[4]로부터 더 급진적인 사회구성주의자들[5]에 이르기까지 정도의 차이는 있지만, 그들에게 있어 쿤은 머턴Robert Merton(1910-2003)이 시작한 과학사회학의 부족함을 '강한 공약불가능성'으로 채워 준 위대한 인물로 보였다. 그러나 쿤은 자신에 대한 이런 두 가지 상반되는 평가를 모두 달가워하지 않았다. 쿤은 공약불가능성에 대한 비판의 핵심은 공약불가능성이 번역불가능성을 낳는다는 주장에 있다고 보고 그 비판에 대응하기 위해 두 가지 전략을 채택했다. 이는 곧 공약불가능성에 관한 쿤의 초점이 비교불가능성이 아니라 번역불가능성으로 이동함을 의미한다.

첫째, 쿤은 유형 A의 공약불가능성과 관련된 비판을 심각하게 받아들였고 『구조』, 2판 후기(1970)에서 그 비판에 상세히 대응했다. 우선, 쿤은 자신이 처음에 제시한 패러다임의 애매성을 인정했지만, 비판자들이 유형 A의 공약불가능성을 비합리적인 것으로 '잘못 구성'했다고 주장했다. 그런 오해를 없애기 위해 쿤은 패러다임을 전문 분야 매트릭스와 범례로 구분하여 그것의 의미를 명료화하려고 노력했다.

쿤은 새로운 패러다임 개념을 바탕으로 먼저 과학자 공동체가 특정 가치를 고수하려는 측면에서 나타나는 비합리성을 옹호했다. 왜냐하면 과학자 공동체가 위기를 해결하기 위해 사용하는 '중립적 알고리즘'을

---

4   대표적 학자로는 David Bloor, Barry Barnes, Harry Collins 등이 있다.
5   대표적 학자로는 Trevor Pinch, Bruno Latour, Steve Woolgar 등이 있다.

형식화하기는 어렵기 때문이다. 오히려 위기 해결은 정확성, 단순성, 성과 등 과학자 공동체가 공유하는 가치에 따라 달라진다. 예를 들어, 특정 과학자 공동체는 경쟁하는 패러다임 중 하나를 선택하기 위해 '성과'라는 가치를 강조하고 다른 공동체는 '단순성'을 강조할 수 있다. 예를 들어, 지구중심설과 플로지스톤 이론의 지지자들은 성과를 강조했고, 코페르니쿠스 이론과 산소 이론의 지지자들은 단순성을 강조했다. 여기서 쿤이 강조하려는 것은 패러다임 선택이 비합리적인 이유는 공약불가능성 때문이 아니라, 과학자 공동체가 패러다임을 평가하기 위한 공유된 가치 집합이 없기 때문이라는 점이다. 이런 점에서, 공약불가능성이 발생하는 일차적 이유는 "경쟁하는 패러다임 간 공유된 기준이 없다"가 아니라 "경쟁하는 패러다임 간 공통 가치가 없다"이다.

둘째, 쿤은 자신을 비합리주의자로 보는 비판에 대응하기 위해 '언어적 전회'를 시도했다. 쿤은 자신의 주장에 대한 급진적인 해석을 낳는 주 원천인 게슈탈트 유비를 포기하고, 경쟁하는 패러다임의 지지자들은 용어들을 논의할 때, 마치 외국어로 소통하듯이 번역상의 어려움을 경험한다고 지적함으로써 공약불가능성을 번역불가능성으로 한정했다. 경쟁하는 패러다임의 지지자들이 의사소통하기 위해서는 번역이 필요하지만, 어떤 때는 번역이 어렵거나 아예 불가능할 때가 있다. 예를 들어, '플로지스톤'과 '산소'는 각각 플로지스톤 이론과 산소 이론에서 핵심적 용어이었지만, 고전물리학과 상대성 이론 경우의 질량(m)처럼 그중 어느 하나에 해당하는 용어가 상대방 이론에 존재하지 않았고, 또한 그것을 다른 것으로 번역할 수도 없었다.

사정이 이렇다면 어떻게 번역불가능성이 극복될 수 있는가? 이에 대한 쿤의 해결책은 의사소통의 실패를 경험한 과학자들도 신경생리적, 문화적 기반을 공유한다는 점에 있다.

"그들에게 닥치는 자극은 동일하다. 서로 다르게 프로그램되어 있지만, 그들의 일반적인 신경 장치는 동일하다. 게다가 매우 중요하기는 해도 미소한 경험 영역을 제외하면, 그들의 신경 프로그래밍조차도 거의 똑같을 것인데, 이는 바로 직전의 과거를 빼고는 그들이 하나의 역사를 공유하기 때문이다. 그 결과로서, 그들의 일상적 세계와 언어, 그리고 대부분의 과학적 세계와 언어는 모두 공유된다."[6]

쿤은 이러한 특징을 고려하여 각각의 언어 공동체의 구성원은 번역가가 되어야 한다고 주장했다. 먼저 공유된 용어를 시작으로 하여 경쟁하는 패러다임을 대표하는 각각의 공동체의 구성원은 다른 공동체와 공유되지 않는 용어를 확인한다. 과학적 의사소통에서 어려운 영역을 분리한 다음에 그들은 문제를 더욱 명확히 하기 위해 공유된 일상 어휘에 의지할 수 있다. 그 결과 특정 패러다임을 지지하는 공동체의 구성원은 경쟁하는 패러다임을 자신들의 언어로 번역할 수 있는 능력을 갖추게 된다. 그러나 "어느 이론 또는 세계관을 자신의 고유한 언어로 번역한다고 해서 그것이 자신의 것이 되는 것은 아니다. 자기 것으로 만들려면 이전에 낯설었던 언어를 단지 번역하는 것이 아니라, 토착민처럼 살면서 그 언어로 생각하고 행동해야 한다."[7] 따라서 패러다임 간 번역이 이루어지려면, 먼저 한 패러다임에 속하는 특정 과학자가 경쟁 패러다임을 진지하게 고려하도록 설득되어야 하고 그다음에 그가 새로운 패러다임에 익숙해지고 그것을 지지해야 한다. 이런 의미에서 공약불가능성은 비합리적인 과정이 아니라 과학이 합리적으로 발전하는 데

---

6   토머스 쿤, 『과학혁명의 구조』, 김명자, 홍성욱 옮김, 까치글방, 2013, 329-330쪽. (*SSR* p. 200.)

7   위의 책, 333쪽. (*SSR* pp. 202-203.)

필요한 자연적 특징이다.

쿤은 이처럼 공약불가능성을 번역불가능성으로 한정함으로써 유형 A의 공약불가능성에 대한 제기된 다양한 해석과 비판에 대응하고 결과적으로 과학혁명의 혁명적 성격이 의미론적 차원에 있다는 점을 강조했다. 쿤은 공약불가능성을 번역불가능성으로 한정하고 그로부터 비교불가능성으로 나아가는 것을 차단하고자 했다. 이것이 쿤이 주장한 공약불가능성 유형 B의 첫째 버전이다. 번역불가능성은 경쟁하는 패러다임의 주요 용어 간 공유된 의미가 없으므로 발생하지만, 번역불가능성이 견고해진 것은 의미상의 차이가 아니라 공유된 가치가 없으므로 발생한다. 다시 말하면 경쟁하는 패러다임의 지지자들은 서로 다른 가치를 추구하기 때문에 상호 간 번역이 어렵거나 번역의 필요성을 실감하지 않는다. 예를 들어, 지구중심 패러다임과 플로지스톤 패러다임 지지자들은 설명적 완전성을 추구했던 반면에 태양중심 패러다임과 산소 패러다임의 지지자들은 단순성이라는 가치를 추구했다.

어휘 분류 체계에 기반한 국소적 공약불가능성

공약불가능성이 번역불가능성을 의미한다고 하더라도, 쿤이 제안한 방식으로 번역불가능성이 극복되리라는 보장은 없다. 서로 다른 가치를 추구하는 패러다임의 지지자들과 상대방 패러다임의 가치를 수용하고 상대방 언어를 '원주민' 처럼 습득하는 것은 장시간이 필요하고 때로는 불가능할 수도 있다. 쿤은 공약불가능성의 유형 B에서 예상되는 이런 문제를 해결하기 위해 국소적 공약불가능성local incommensurability을 통해 공약불가능성의 범위를 축소하고자 했다. 이것이 바로 유형 B의 두 번째 버전이다.

국소적 공약불가능성은 『구조』 2판 후기(1970)에서 처음으로 나타났다.

"정상과학의 실행은 범례들로부터 습득한, 대상들과 상황들을 유사성 집합들로 분류하는 능력에 달려 있는데 이때 유사성 집합은 "어떤 점에서 유사한가?"라는 물음에 답하지 않고서도 분류될 수 있다는 의미에서 원초적이다. 그러면 혁명의 한 가지 핵심적 측면은 유사성 관계들 중 일부가 변한다는 것이다. 이전에는 동일한 집합으로 묶였던 대상들이 혁명 후에는 서로 다른 집합들로 분류되며, 그 반대도 일어난다."[8]

예를 들어, 천문학 혁명 이전에 지구는 행성 집합의 원소가 아니었지만, 그 이후에는 행성 집합의 원소로 분류되었고, 화학혁명 이전에 금속은 요소 집합의 원소이었지만 그 이후에는 원소 집합의 구성원으로 분류되었다. 여기서 볼 수 있듯이 집합의 이름은 그대로 유지되지만, 집합의 부분집합은 변경될 수 있다. 이제 쿤은 과학혁명 동안 경쟁하는 패러다임 간 공유된 용어 대부분은 동일한 집합의 원소로 남아 있으므로 번역가능성은 크게 문제가 되지 않는다고 주장한다.

"두 이론에 공통으로 사용되는 대부분 용어는 두 이론 모두에서 동일한 방식으로 작동하며, 그 의미가 무엇이든 간에, 그 의미는 보존되며 번역은 단순히 동음이의어에 불과하다. (일반적으로 상호 정의된) 용어의 작은 하위 그룹과 이를 포함하는 문장에 대해서만 번역가능성 문제가 발생한다."[9]

---

8   위의 책, 328쪽. (*SSR* p. 199.)

9   Kuhn, Thomas S., "The Natural and the Human Sciences" in *The Road Since Structure*, ed. by James Conant and John Haugeland, University of Chicago Press,

공약불가능성 유형 B의 두 번째 버전에 따르면, 과학혁명 동안 경쟁하는 패러다임 간에는 의미가 변하지 않는 용어들이 항상 존재하고 번역불가능성은 소수의 원소로 구성된 부분집합에서의 의미 변화로 인해 발생한다. 과학혁명 동안 경쟁하는 패러다임에 공유된 용어는 대부분 의미가 바뀌지 않으므로 번역불가능성은 어휘 집합의 일부와 그것을 포함하는 문장에서만 발생한다. 이제 번역불가능성은 어휘 분류 체계상 '작은 차이'로 인해 발생하고 대부분 어휘는 의미가 유지되므로 공약불가능성은 경쟁하는 패러다임 간 비교불가능성을 의미하지 않는다.

지금까지 논의를 정리하면 쿤은 두 가지 유형의 의미론적 공약불가능성을 주장했는데, 쿤의 관심은 비교불가능성을 함축하는 유형 A에서 번역불가능성을 함축하는 유형 B로 이동했다. 그리고 앞에서 보았듯이 유형 B는 다시 다음과 같이 구분된다.

[표 2] 쿤의 공약불가능성

	의미론적 공약불가능성	방법론적 공약가능성
전반적 공약불가능성	a	c
국소적 공약불가능성	b	d

공약불가능성에 관한 쿤의 논의에서 '게슈탈트적 전회에 기반한 공약불가능성'으로부터 '번역불가능성으로서의 전반적 공약불가능성'으로의 이동이 (a)에서의 변화이었다면, '번역불가능성으로서의 전반적 공약불가능성'에서 '어휘 분류 체계에 기반한 국소적 공약불가능성'으로의 이동은 (a)에서 (b)로의 이행이었다.

2000, p. 36.

5.3 공약불가능성이 과학에서 실제로 발생했는가?

이제 마지막으로 쿤이 주장한 공약불가능성이 과학사에서 '실제로' 발생했는지를 살펴보도록 하자. 공약불가능성은 쿤의 과학혁명 이론을 지지하는 핵심 개념이므로 이 작업은 쿤의 공약불가능성 개념이 역사적으로 타당한지를 묻는 것에 그치지 않고 쿤 이론의 전체적 타당성을 묻는 것에 해당한다. 18세기 화학혁명은 천문학 혁명 및 상대성 이론 등과 더불어 쿤이 즐겨 사용하는 과학혁명의 사례다. 쿤은 천문학 혁명을 『코페르니쿠스 혁명』(1957)에서 상세히 분석했으나 그 나머지에 대해서는 그렇게 하지 않았다. 그러나 화학혁명은 『구조』의 여러 곳에서 비교적 자세히 기술되었다.[10] 이런 이유로 여기서는 화학혁명을 중심으로 공약불가능성을 자세히 분석해 보기로 한다.

화학혁명은 18세기 후반에 플로지스톤 패러다임으로부터 산소 패러다임으로의 전회가 이루어진 혁명이다. 플로지스톤 이론은 원래 연소현상을 설명하기 위해 고안되었다. 베허Johann J. Becher(1635-1682)는 연소란 물질을 구성하는 세 가지 '흙' 중 '기름진 흙'이 빠져나오는 과정이라고 설명했고, 슈탈Georg E. Stahl(1659-1734)은 베허 이론을 이어받아, '기름진 흙'을 '플로지스톤'(phlogiston)이라는 용어로 대체했다. 플로지스톤은 '불에 탄'이라는 의미를 지닌 고대 그리스어 '플로기스토스'(phlogistós)에서 유래한 말이다. 슈탈 이론에 따르면, 플로지스톤은 물질에 포함된 상태로는 검출되지 않고 물질을 빠져나올 때만 검출될 수 있으며, 물질을 빠져나올 때 불, 열, 빛 등의 형태로 나타난다.

---

10 토머스 쿤, 『과학혁명의 구조』, 김명자, 홍성욱 옮김, 까치글방, 2013, 30-136쪽과 234-241쪽 참조.

플로지스톤 이론에 따르면 금속은 일상적으로 '녹'이라고 불리는 금속회와 플로지스톤이 합쳐진 화합물이다. 연소는 물질이 본래 가지고 있는 플로지스톤을 잃어버리는 과정이다. 예를 들어 수은이나 철과 같은 물질을 태우면 나타나는 연소 반응은 다음과 같이 기술될 수 있다.

물질(금속) + 공기 ⇒ 금속회(녹이 슨 금속) + 플로지스톤
(가열)

위의 식을 반대로 적용하면 금속회에서 금속을 추출할 수 있을 것이다. 예를 들어, 금속회를 숯과 함께 가열하면 금속의 녹이 사라진다. 숯은 플로지스톤이 풍부한 물질이라고 가정되므로 그 과정은 다음과 같이 설명된다.

금속회 + 숯 = 금속회 + (플로지스톤 + 재)
⇒ (금속회 + 플로지스톤) + 재
= 금속 + 재

플로지스톤 이론은 이외에도 연소와 관련된 다양한 현상을 설명하는 데 활용되었다. 예를 들어, 보일Robert Boyle(1627-1691)은 자연 속에 진공 상태가 존재한다는 것을 실험적으로 증명하면서, 진공 상태에서는 연소가 발생하지 않거나 생명체가 질식하게 된다는 것을 보였다. 플로지스톤 이론가들은 진공 상태에서 연소가 발생하지 않은 이유를 다음과 같이 제시했다. "공기는 플로지스톤을 잘 흡수하는 성질이 있다. 그러나 진공 상태에서는 물질에서 방출되는 플로지스톤을 흡수할 수 있는

공기가 없으므로 연소 반응이 일어나지 않는다." 플로지스톤 이론은 캐번디시Henry Cavendish(1731-1810), 프리스틀리Joseph Priestley(1733-1804), 돌턴John Dalton(1766-1844)을 거쳐 18세기 말까지 약 1세기 동안 패러다임의 지위를 누렸다.

플로지스톤 패러다임의 위기는, 이 책의 3장에서 자세히 논의되었듯이, 여러 차례 발생했지만 가장 결정적인 것은 라부아지에가 개발한 산소 이론의 등장에서 비롯되었다. 라부아지에는 '수은재'로 불리는 산화수은(HgO)으로부터 어떤 '새로운 기체'를 분리해 내려고 노력했지만 실패를 거듭했다. 그러던 중에 1774년에 프리스틀리가 라부아지에보다 먼저 그 기체를 분리해 냈고, 라부아지에는 프리스틀리의 도움을 받아 1775년 그것을 분리하는 데 성공했다. 프리스틀리가 자신이 발견한 기체를 '플로지스톤이 없는 공기'라는 의미에서 '탈플로지스톤 공기'라고 부른 데 비해 라부아지에는 자신이 발견한 기체를 완전히 새로운 기체로 보고 '산소'oxygen라고 불렀다. '산소'라는 이름은 '산acid을 만들어 내는gen 기체'라는 의미가 있다. 한편 캐번디시는 금속을 산에 담그면 가연성이 높은 '새로운 기체'가 발생한다는 것을 발견했고(1766) 그 기체를 '가연성 공기'라고 불렀다. 가연성 공기가 높은 가연성을 갖는 이유는 그것이 플로지스톤을 과다 함유하기 때문으로 설명되었다.

캐번디시는 1780년대 초 가연성 공기가 탈 때 물이 형성된다는 것을 발견했다. 그는 이 과정을 설명하기 위해, 가연성 공기를 '플로지스톤을 다량으로 포함하고 있다'라는 의미에서 '과플로지스톤 물', 탈플로지스톤 공기를 '탈플로지스톤 물'이라고 보았다. 이제 물의 합성은 다음과 같이 실명된다.

과플로지스톤 물(수소) + 탈플로지스톤 물(산소)

= (물 + 플로지스톤) + (물 −플로지스톤)

⇒ 물

위에서 나타나듯이 플로지스톤 이론은 물을 기체들의 필수 성분으로 보았다는 점에서 물을 더 이상 분해할 수 없는 기본 원소로 보았던 고대철학을 계승했다. 그러나 라부아지에는 물의 합성을 다르게 이해했는데, 그에 따르면 물은 가연성 공기와 산소가 결합하여 생기는 것이다. 라부아지에는 가연성 공기를 프랑스어로 '수소'라고 불렀는데, 그것은 '물을 낳는 자'라는 의미가 있다.

라부아지에는 산화수은을 가열할 때 수은과 기체가 생성되며 생성된 수은의 무게가 감소한다는 것을 발견했다. 그는 방출된 기체의 부피를 측정했고, 수은이 같은 부피의 기체를 흡수하여 다시 산화수은으로 변환될 때, 앞의 실험에서 손실된 것과 같은 무게가 증가하는 것을 알았다. 그는 그 후 다른 금속을 대상으로 실험을 수행했는데, 특히 주석을 이용한 실험에서 많은 성과를 거두었다. 라부아지에의 산소 이론에 따르면 연소는 다음과 같이 기술된다.

주석(Sn) + 산소(O_2) ⇒ 산화주석(SnO_2)

100g   64g   164g

연소 이전에 주석의 질량은 100g이었으나 연소 후 산화주석의 질량은 164g으로 증가했다. 라부아지에는 연소 후 주석 표면에 붙는 것을 '산소'로 보았다.

플로지스톤 이론은 위의 실험 결과를 설명하기가 어려웠다. 앞에서 말했듯이 플로지스톤 이론에 따르면 연소 반응은 물질이 본래 가지고 있었던 플로지스톤을 잃어버리는 과정이다. 그러므로 주석이 연소하는 과정은 다음과 같이 설명되어야 한다.

주석(Sn) $\Rightarrow$ 산화주석(SnO_2) + 플로지스톤

100g   164g   x

위의 등식이 성립하기 위해서는 x는 음의 질량(-64g)을 가져야 한다. 제거적 유물론자들은 플로지스톤 이론은 이런 어처구니없는 설명을 제시할 뿐만 아니라 성숙한 이론으로 발전할 가능성이 없으므로 과학에서 제거되었다고 주장한다.[11] 그러나 플로지스톤 이론가들이 모두 그런 이상한 설명에 만족한 것은 아니었다. 그들은 나중에 더 정교한 설명을 제시했는데, 그것은 바로 금속이 녹슬 때 플로지스톤을 잃으면서 물과 결합한다는 것이었다. 예를 들어, 주석이 녹스는 과정은 다음과 같이 설명된다.

주석 + 물 = (주석 – 플로지스톤) + (물 + 플로지스톤)

100g + x $\Rightarrow$ 주석회 + 가연성공기

            164g   y

위의 도식에서 y(수소)의 무게가 무시할 정도로 작다는 점을 고려하면, 녹이 스는 과정 후 주석회의 질량 증가는 반응 전 결합한 물의 무게로 설명될 수 있다. 프리스틀리는 이런 이유로 계속 산소 패러다임을

---

11 제거적 유물론을 대표하는 학자는 P. M. Churchland와 P. S. Churchland이다.

받아들이지 않았다.

이제 과학사적 지식을 바탕으로 과연 플로지스톤 패러다임과 산소 패러다임 간 공약불가능성이 발생했는지를 살펴보기로 하자. 먼저 쿤이 표 2에서 (b)를 주장했다는 점을 고려하면 여러 가능한 대답 중 우리에게 흥미로운 대답은 다음과 같다.

(1) (a)와 (b)가 발생했다
(2) (a)와 (c)가 발생했다
(3) (b)는 거의 발생하지 않았지만 (d)는 발생했다.

(1)은 쿤의 공약불가능성 개념이 역사적으로 타당하다고 보는 견해다. 예를 들어, 호이닝엔-휘네Paul Hoyningen-Huene(1946-)는 화학혁명이 쿤의 과학혁명 이론에 매우 잘 부합한다고 주장함으로써 (a)와 (b)가 모두 발생했다고 보았다. (2)는 파이어아벤트의 입장이다. 〈상자 5-1〉에서 설명되었듯이, 파이어아벤트가 주장한 공약불가능성은 쿤의 개념보다 더 급진적이다. 파이어아벤트에 따르면, 공약불가능성은 과학에서 항상 발생한다. 경쟁하는 이론은 양립할 수 없을 뿐만 아니라 하나의 이론을 다른 이론보다 더 선호할 객관적 근거도 없다.

(3)은 쿤의 이론을 지지하면서도 반대한다는 점에서 다른 대답들과 차이가 난다. 구체적으로 그것은 방법론적 공약불가능성을 인정하지만 의미론적 공약불가능성을 부정함으로써 쿤의 입장을 부분적으로 지지한다. 쿤은 방법론적 공약불가능성(c, d)이 역사적으로 발생하지 않았거나 그것이 경쟁하는 패러다임의 과학자들이 연구하는 데 큰 장애로 작용하지 않는다고 보았다. 쿤에 따르면, 과학혁명 동안 소통을 위한

번역에 어려움이 있지만 그것은 국소적 영역에 한정되므로 경쟁하는 패러다임의 과학자들은 번역불가능성의 문제를 극복하고 상대방 패러다임을 이해할 수 있다.

장하석(1967-)은 "화학혁명에서 상당한 정도의 방법론적 공약불가능성은 있었지만, 의미론적 공약불가능성은 미미했다"라고 주장함으로써 (3)을 제시했다. 그의 분석에 따르면, 화학혁명 기간 중 과학자들은 이론적으로 의사소통하는 데 큰 문제가 없었지만 그런데도 그들이 실제로 연구하는 데 있어 경쟁하는 패러다임을 평가할 수 있는 방법론적 기준을 마련하는 데는 실패했다. 지금부터 왜 그런지를 살펴보기로 하자.

장하석의 출발점은 산소 패러다임과 플로지스톤 패러다임의 지지자들이 전적으로 동의하지는 않았지만, 서로를 이해하는 데 큰 어려움은 없었다는 데 있다. 경쟁하는 패러다임의 지지자들 간 어떻게 그런 의사소통이 가능했는가? 이에 대해 그 두 가지 패러다임의 언어 사이에 실제로 직역할 수 있었기 때문이라고 대답할 수 있다. 예를 들어 '플로지스톤'을 '음의 산소'로 대치하면 플로지스톤 이론이 제시하는 설명을 산소 이론이 제시하는 설명으로 번역할 수 있다. 그러나 이것은 매우 순진한 생각이다. 프리스틀리의 '탈플로지스톤 공기'를 '산소화된 공기'로 번역할 수 없다. 왜냐하면 공기에서 산소를 제거하여 플로지스톤을 얻을 수는 없기 때문이다. 마찬가지로, 플로지스톤 이론가들이 금속은 "플로지스톤이 풍부하므로" 전형적인 금속 성질을 갖고 있다고 말할 때, 이것을 금속은 "산소가 없으므로" 금속 성질을 갖는다고 번역하는 것은 말이 안 된다.

이처럼 패러다임 간 직역이 안 된다면 의미론적 공약가능성에 관한 적절한 이론은 무엇인가? 장하석에 따르면 그것은 키처$^{Philip Kitch-er(1947-)}$의 이론에서 발견된다. 키처는 플로지스톤이 실제로 존재하지 않는다는 점에는 동의하지만, '플로지스톤' 용어가 어떤 것도 지시하지 않은 것은 아니라고 본다. 프리스틀리의 '탈플로지스톤 공기'는 분명히 무언가(산소)를 지시했고, 프리스틀리는 그것을 사용하여 "실험용 쥐가 그 기체를 호흡하고 살았다"라는 참인 진술을 제시했다고 지적한다. 또한, 키처는 플로지스톤 이론가들이 금속에서 플로지스톤이 제거되는 과정으로 본 것은 산소 이론가들이 금속이 산소와 결합하는 과정으로 본 것과 일치한다고 주장한다. 여기서 키처가 주장하려는 것은 국소적 번역불가능성에도 불구하고 과학자들은 경쟁하는 패러다임의 특정 용어가 지시하는 대상을 확인할 수 있어서 의사소통이 가능하다는 점이다. 예를 들어, 프리스틀리는 '산소'라는 개념이 플로지스톤 이론으로 깔끔하게 번역될 수 없다는 것을 잘 알았지만, 그 개념이 지시하는 대상을 이해하는 데는 크게 문제가 없었다.

장하석은 세계를 기술하는 수준을 조작적, 현상적, 이론적 수준으로 구분한다. 조작적 수준에서는 탈플로지스톤 공기에서 쥐가 얼마나 더 생존하는지를 확인하는 것처럼 실험 조건을 조작하여 대상을 기술하고, 현상적 수준에서는 "가연성이 높다"와 같이 연구 대상의 관찰가능한 성질을 기술한다. 이론적 수준에서는 "가연성 공기는 실제로 과플로지스톤 물이다"와 같이 이론적 용어로 과정과 대상을 기술한다. 장하석은 화학혁명의 경우 전반적으로 현상적 수준과 조작적 수준에서는 공약불가능성이 미약했고, 이론적 수준에서만 강했다고 진단한다. 화학혁명에서 조작적 수준과 현상적 수준에서 성립된 강한 공약가능성으로 인해 경쟁하는 패러다임의 연구자들이 서로를 이해하는 데 큰 어려움이 없었다. 그들 간 기본적 의사소통은 현상적 수준에서 이루어지고,

필요하다면 조작적 수준까지 내려가면 쉽게 가능했다. 이런 진단은 쿤의 의미론적 공약불가능성이 성립하지 않는다는 것뿐만 아니라 화학혁명에서 '세계관의 변화'가 매우 미미했다는 것을 뜻한다.

화학혁명에서 의미론적 공약불가능성이 크게 나타나지 않았다는 점은 과학혁명의 공약불가능성을 강조한 쿤의 주장이 잘못이라는 것을 의미하는가? 이 질문에 대해 장하석은 "그렇지 않다"라고 대답하는데 그 주된 이유는 방법론적으로 강력하고 중요한 공약불가능성이 있었기 때문이다. 방법론적 공약불가능성에 대한 장하석의 논의는 문제 영역, 인식적 가치, 실천 기반 형이상학을 중심으로 전개된다.

공약불가능성에 관한 쿤 주장의 핵심 중 하나는 경쟁하는 패러다임이 정당하고 중요하다고 생각하는 문제 영역이 서로 일치하지 않는다는 것이다. 아래 [표 3]은 화학혁명에서 플로지스톤 패러다임과 산소 패러다임의 주요 문제들의 목록을 보여 준다.[12]

[표 3] 문제 영역

양측이 모두 인정한 문제	플로지스톤 측만 인정한 문제	산소 측만 인정한 문제
연소, 하소-환원, 호흡	요소에 의한 화합물 성질	열 및 상태 변화 이론
산 이론	금속의 본성-공통성질	염의 화학
물질 구성	광물학, 지질학	
	기상학	
	영양학, 생태학	

이처럼 상당히 이질적인 문제 영역을 갖는 패러다임을 어떻게 비교

---

12 장하석, 『물은 H_2O인가?』, 전대호 옮김, 김영사, 2022, 2012b, p. 162.

평가할 수 있는가? 장하석은, 쿤과 마찬가지로, 플로지스톤 패러다임과 산소 패러다임 모두가 중요하다고 생각하는 문제에 대해서는 좋은 해결책을 제시하고 그렇지 않은 문제에 대해서는 그다지 좋은 해결책을 제시하지 않는 경향이 있었다고 지적한다. 여기서 한 가지 흥미로운 점은 의미론적 공약가능성이 양 패러다임의 지지자들 간 논쟁을 장기화하는 데 일조했다는 것이다. 예를 들어, 캐번디시는 앞에서 보았듯이 '산소'를 '탈플로지스톤 물'로, '수소'를 '과플로지스톤 물'로 번역하면 물의 합성에 대해 산소 패러다임이 주장하는 것을 완벽하게 이해할 수 있으므로 굳이 산소 패러다임으로 전환할 이유가 없다고 생각했다. 의미론적 차원에서 패러다임의 빠른 전환을 방해한 것은 공약불가능성이 아니라 오히려 공약가능성이었다!

인식적 가치는 문제 해결의 질에 대한 평가와 관련되는데 화학혁명의 경우 가장 중요한 것은 단순성과 완전성 사이의 대립이었다. 산소 이론가들, 특히 라부아지에는 단순성을 매우 중요하게 여겼다. 이에 비해 플로지스톤 이론가들, 특히 프리스틀리는 완전성이 더 중요하다고 보았고, 주어진 문제 영역에서 관찰되는 모든 현상과 그것의 모든 관찰된 측면을 체계적으로 설명하기를 원했다.

마지막으로, 화학혁명의 형이상학은 요소주의Principlism와 합성주의Compositionism이다. 플로지스톤 이론가들은 요소principle, 즉 다른 물질에 특정한 특성을 부여하는 근본 물질이 존재한다고 보는 요소주의를 지지했다. 요소와 이에 의해 변형되는 물질 사이에는 비대칭이 존재하는데, 요소는 능동적이고 변형된 물질은 수동적이다. 이와 대조적으로, 합성주의는 안정적이고 지속적인 화학 물질의 존재와 모든 기본 물질의 동등한 존재론적 지위에 기반을 두었다. 합성주의는 화학 반응은 물질을 분리하고 그것들을 재배열하여 다른 물질을 구성하거나, 부분들을 다시 조립하여 원래 물질을 재구성하는 과정을 중시했다. 예를 들어, 물 100g을 가져와 15g의 수소와 85g의 산소를 만들 수 있고, 다시 동일한 양의 수소와 산소를 합쳐서 100g의 물을 만들 수 있다.

화학에서 라부아지에가 이바지한 중요한 공로는 무게의 중요성에 대한 인식과 화학적 변화를 통해 무게를 추적하기 위한 정밀 측정의 사용이었다. 라부아지에를 비롯한 산소 이론가들이 플로지스톤 패러다임을 반박할 수 있었던 결정적인 요인은 화학 반응에서의 무게를 고려한 것이었다. 이와 대조적으로, 플로지스톤 이론가 중 일부는 무게를 속성으로 인식하고 심지어 그것을 측정하는 방법을 알고 있었지만, 일반적으로 플로지스톤 이론가들은 무게에 대해 큰 관심을 보이지 않았다.

지금까지의 논의를 바탕으로 장하석은 다음과 같은 결론을 내린다.

(1) 경쟁하는 패러다임의 과학자들이 상호 잘 소통하고 있다면, 의미론적 공약불가능성에 의한 위협은 심각한 문제가 되지 않는다. 그러나 화학혁명의 사례는 경쟁하는 패러다임의 연구자들이 방법론적 차이로 인해 매우 쉽게 상호 양립불가능한 판단에 도달할 수 있다는 것을 보여 준다.

(2) 이러한 위협에 대한 우려 때문에 철학자들은 심각한 형태로 나타나지 않고 발생하더라도 쉽게 해소되는 의미론적 공약불가능성에 관심을 집중한다.

(3) 일반적으로 의미론적 공약불가능성은 과학혁명 동안의 연구자보다 과학사가들에게 더 큰 문제이다.

(4) 경쟁하는 패러다임 중 하나를 선택하기 어려운 것은 방법론적 공약불가능성 때문이다. 그런 선택이 어려운 이유는 의미와 지시에서의 변화 때문이 아니라 경쟁하는 패러다임의 장점을 평가하는 방법에

대한 합의가 부족했기 때문이다.

그러므로 의미론적 차원(그리고 좁은 지시 개념)에 초점을 둔 쿤의 공약불가능성 개념(b)은 이전 개념(a)에 비해 더 정확하긴 하지만 실제 과학 수행과 더 멀어지기 때문에 다산성이 떨어진다. 장하석은, 파이어아벤트와 마찬가지로, 방법론적 공약불가능성이 본질적으로 해로운 것이 아니라 오히려 과학에서 다원주의의 기초를 형성하기 때문에 유익한 것으로 간주한다.

쿤이 살아 있다면 공약불가능성에 관한 이상의 분석 중 상당수는 자기 입장에 대한 오해라고 반발할 것이다. 쿤에 따르면 공약불가능성(b)는 다음과 같은 의미가 있다.

(1) 논쟁 당사자들은 자신들이 의존하는 실험적·관찰적 상황을 다르게 볼 수밖에 없다.
(2) 그런 상황을 기술하는 어휘는 대부분 같은 용어로 구성되기 때문에 그들 간 의사소통은 부분적으로만 공약불가능하다.
(3) 그러나 이론 간 우월성은 논쟁에서 증명될 수 없으므로, 한 편은 다른 편을 설득하여 전향하도록 유도해야 한다.

쿤은 자신의 주장이 왜곡되어 이해되고 있으며, "오직 철학자들만이 내 주장들 중 이 부분의 취지를 심각하게 잘못 해석했다"[13]라고 불평했

---

13 토머스 쿤, 『과학혁명의 구조』, 김명자, 홍성욱 옮김, 까치글방, 2013, 326쪽. (*SSR* p. 197.)

다. 물리학 전공자로서 그리고 과학철학자로서 쿤이 제시하려고 했던 이론은 과학사에 부합하는, 특히 과학혁명을 제대로 이해할 수 있는 이론이었다. 쿤이 보기에 방법론적 공약불가능성은 사이비 문제이다. 이는 장하석의 해석과 정면으로 충돌한다. 『구조』 4판의 서문에서 해킹은 이 점을 적절히 지적했다.

"젊었을 때 상대성 이론으로 전향한 사람들 모두는 뉴턴의 역학을 달달 외던 사람들이었다. 그렇다면 무엇이 공약불가능하다는 말인가? ... 쿤은 이론 선택이라는 개념 그 자체를 의심의 대상으로 삼았다. 연구자가 연구를 하도록 하는 이론을 선택한다고 말하는 것은 대개 허튼소리에 가깝다. 대학원이나 박사후과정에 들어가는 연구 초보자들은 그들의 작업에 필요한 도구를 통달하게 해주는 실험실을 선택해야 한다. 그러나 그들이 미래의 삶의 과정을 선택한다고 해도, 이렇게 하는 것이 이론을 고르는 것은 아니다."[14]

쿤에 따르면 방법론적 공약불가능성은 존재하지 않는다. 그렇다면, 어떻게 과학자들은 다른 패러다임의 지지자를 설득할 수 있는가? 앞에서 언급되었지만 여기서 다시 그 점을 분명히 해 두는 것이 좋을 것이다.

(1) 의사소통에 실패한 당사자는 상대편을 다른 언어 공동체의 일원으로 간주하고 자신이 번역가가 되어야 한다.

(2) 번역이 이루어지면 그것은 의사소통 실패자들의 상호 관점이 가

---

14 위의 책, 41-42쪽. (*SSR* pp. xxxi-xxxii.)

진 장단점이 무엇인지를 경험하도록 해 준다. 이런 이유로 번역은 설득과 개종을 위한 강한 수단이 된다.

(3) 번역이 항상 설득과 개종으로 이어지는 것은 아니다. 왜냐하면 설득은 자신의 이론이 상대편에 비해 우월하며 상대편 이론을 대체해야 한다는 것을 확인시키는 일이기 때문이다.

(4) 다른 이론을 자신의 이론으로 번역하더라도 그것이 자신의 이론이 되는 것도 아니다. 그러기 위해서는 "토착민처럼 살면서 그 언어로 생각하고 행동해야 한다... 그러므로 내가 게슈탈트 전환에 비유했던 개종 경험은 여전히 혁명 과정에서 핵심을 이룬다."[15]

우리는 여기서 다시 한번 쿤의 주장과 해석자들의 생각에 상당한 차이가 있다는 점을 보게 된다. 공약불가능성에 대한 파이어아벤트, 포퍼, 장하석, 키처, 해킹의 의견이 다르고, 특히 쿤이 두 번째로 입장 전환을 하면서 게슈탈트적 접근을 포기했다는 해석이 그렇다. 이런 점에서 쿤의 사상은 적어도 과학철학적으로 다산적이다. 그러나 장하석이 주장하듯이 쿤의 이론이 과학사적으로 다산성이 떨어지는지는 여전히 논쟁의 대상으로 남을 것이다.

〈상자 5-2: 요소주의와 합성주의〉

요소주의와 합성주의는 자연현상을 설명하기 위한 두 가지 경쟁하는 접근으로서 18세기 과학혁명에서 그것들은 각각 플로지스톤 패러다임과 산소 패러다임으로 나타났다. 그 두 가지 접근은 둘 다 화학 현상을 과학적으로 설명하기 위해 자연을 구성하는 기본 단위로서의

---

15 위의 책, 333쪽. (*SSR* p. 203.)

원소element의 존재를 가정했으나 설명 방식에서 다음과 같은 차이를 보였다.

요소주의는 원소를 요소principle로 파악했다. 여기서 요소는 다른 물질에 특정 속성을 부여하는 원소이다. 예를 들어, 수은은 모든 휘발성 물질에서도 발견되는 '휘발성'의 요소였고, 플로지스톤은 모든 연소성 물질에서 발견되는 '연소성'의 요소이다. 그러므로 요소주의 화학은 모든 물질을 속성에 따라 분류하고, 그런 속성을 요소로 설명하고, 요소들을 추가하거나 제거함으로써 물질을 변환하는 데 초점을 둔다. 이런 점에서 요소주의는 흙, 불, 공기, 물을 원소로 보고 그것을 통해 자연현상을 설명하려고 했던 아리스토텔레스적 접근과 밀접하게 연관되어 있다.

이에 비해 합성주의는 화학 물질을 원소와 원소들의 화합물로 보고, 화합물을 원소로 분해하거나 원소들을 결합하여 화합물을 '합성'하는 데 초점을 두었다. 물론 합성주의 화학도 원소를 찾는 것을 중요하게 보았지만, 원소가 무엇이든 간에 그것은 '실재하는 물질'이어야 했다. 예를 들어 라부아지에는 요소 집합을 자신이 만든 '단순 물질'의 목록으로 대체했지만, 그중 어떤 것이 원소인지에 대해서는 아무런 주장도 하지 않았다. 그는 요소가 무엇인지 아는 사람이 과연 있는지를 의심했고, 그 대신 단순 물질에 대한 경험적 정의를 내리는 데 만족했다. 이런 경험적 태도를 취함으로써 합성주의는 요소주의와 달리 원소에 대한 형이상학 요소를 제거하는 데 성공했다.

과학이 항상 관찰가능한 대상만을 탐구하는 것은 아니지만, 18세기 합성주의는 화학을 실험적으로 조작 가능한 대상들에 관한 연구로 한정함으로써 화학혁명 이후 화학이 높은 수준의 연속성을 유지하는 데 크게 기여했다. 1789년 라부아지에는 산소를 요소가 아니라 단순물질의 목록에 포함했다. 라부아지에의 원소 개념 덕분에 화학 이론의 변화에도 불구하고 미래의 화학자들이 그가 제시한 산소의 특성에 대해 동의하지 않더라도 산소나 다른 물질에 대해 의미 있게 이야기할 수 있게 되었고, 그 결과 화학 물질의 연속성을 확보할 수 있게 되었다. 이런 방식을 통해 화학은 실험실의 과학이 되었고, 사변적 자연철학과 점점 더 구분되었다.

6

『과학혁명의 구조』 이후의 과학혁명

6.1 과학자 공동체의 이론 선택은 합리적인가?

과학사에 부합하기와 합리성을 해명하기

쿤은 과학의 발달에 관한 철학적 이론이 실제 과학의 역사에 부합해야 한다고 주장했고, 그러한 관점에서 과학의 변화를 연구했다. 그러한 점에서 쿤이 제안한 과학의 발달 도식은, 즉 패러다임에 기반한 정상과학, 변칙 사례의 누적으로 인한 위기의 심화, 그리고 패러다임 전환으로서의 과학혁명으로 이어지는 패턴은 입증이나 반증에 입각한 과학발달 모형에 비해 우위에 있는 것처럼 보인다. 그러나 과학철학은 단순히 과학의 역사를 서술하는 데에 그치지 않는다. 쿤의 이론은 과학의 발달에 대한 하나의 철학 이론으로 의도되었기에, 과학적 합리성과 진보의 문제를 우회할 수 없다. 즉, 과학에 대한 철학 이론이려면 과학의 발달 과정과 이론 변화가 왜 합리적인지, 그것이 어떻게 진보를 이루는지 해명해야 한다. 예컨대, 귀납주의자는 경험으로부터 잘 지지받는 이론을 선택하는 것이 합리적이라고 주장한다. 반증주의자는 대담한 예측을 제시하는 이론을 장려하고 그것을 지속적으로 반증하라고 주장하며, 반증 사례에 직면했을 때 과감하게 이론을 폐기하고 대안 이론을 제안할 것을 요구한다. 그러나 쿤이 이런 식의 합리성을 말할 수 있을까? 만일 (2장에서 본 것처럼) 정상과학에 종사하는 과학자들이 자신의 패러다임을 시험하지 않는다면, 그리고 (5장에서 다룬 것처럼) 혁명기에 경쟁하는 패러다임들이 서로 공약불가능하다면, 연구자 공동체의 패러다임 선택은 어떻게 합리적일 수 있을까? 그리고 과연 그러한 선택이 지식의 진보를 이루어 낼 수 있을까? 쿤 자신이 과학혁명을 형태 전환이나 강제할 수 없는 개종 경험 등에 비유하면서 이러한 의문은 더 심화되었다. 이 절에서는 과학이 과학자 공동체가 수행하는 역사적인 활동이라는 점을 인정하면서도, 쿤의 이론이 과학의 비판 정신과 합리성을 포착하지 못한다고 비판한 라카토슈의 대안적인 방법론을 소개하고 쿤의 이론과 비교 평가한다.

임레 라카토슈Imre Lakatos(1922-1974)는 칼 포퍼의 철학적 전통 아래에서 자신의 연구를 시작했다. 포퍼의 과학철학에서 가장 중요한 통찰은 모든 것을 설명하는 이론, 그래서 틀릴 수 없는 이론이 좋다는 언뜻 상식적으로 보이는 직관을 타파한 것이다. 과학의 미덕은 오류를 피하려고 몸을 사리는 것이 아니라 오류로 드러날 수도 있는 제안을 과감하게 제시하고 드러난 오류를 제거하는 데 있다. 따라서 포퍼는 과학자들에게 대담하게 추측하고 엄격하게 반박을 시도하라고 요구한다. 그가 보기에, 과학지식의 성장은 이론을 지속적으로 반증하려는 시도를 통해 성취된다. 그런 점에서 과학은 독단적 태도와는 구별되는 비판 정신, 비판적 태도를 보여 준다.

그러나 라카토슈는 곧 포퍼의 소박한 반증주의가 가진 문제점을 비판하고, 더 세련된 형태의 반증주의를 제안하게 된다. 특히, 소박한 형태의 반증주의가 역사의 시험을 견디지 못한다는 점을 지적한다. 반증주의는 시험이 이론과 실험 사이의 양자 대결이며, 유의미한 대결의 결과는 실험에 의한 이론의 반증이나 용인이라고 본다. 그러나 쿤이 설득력 있게 보여 준 것처럼, 시험은 패러다임과 자연의 비교가 아니라 경합하는 두 패러다임과 자연 사이의 삼자 대결이고, 때때로 이론에 대한 입증이 중요한 역할을 수행한다. 따라서 이러한 쿤의 지적을 수용하여, 라카토슈는 포퍼의 소박한 반증주의를 수정한 세련된 방법론적 반증주의를 제안한다.

그러나 라카토슈가 보기에 쿤의 철학은 과학적 합리성을 해명하지 못한다. 반증주의하에서는 비판이 과학적 합리성의 요체이지만, 쿤의 철학에서는 비판의 역할이 거의 없다. 첫째, 정상과학에 종사하는 과학자들은 비판을 삼간다. 그들은 자신이 발 딛고 있는 패러다임이 알려 주는 방식을 따라 그것이 중요하다고 말해 주는 문제를 해결하려고 시도할 뿐이지, 패러다임 자체를 시험하거나 반증하려고 하지 않는다. 오히려, 쿤은 이러한 비판의 절제가 합의에 기반한 공동체적 연구를 가능하게 하고 정상과학자들이 더 세밀한 문제를 풀 수 있도록 격려하며, 그럼으로써 빠른 속도의 발전을 가져온다고 주장한다. 둘째, 패러다임 사이의 선택은 (앞에서 다룬 공약불가능성 때문에) 반증이나 비판이 되기 어렵다. 상이한 패러다임을 수용한 연구자 집단이 서로 다른 문제에 중요성을 부여하고, 그 문제들을 각자의 방식으로 해결하려고 시도한다. 심지어 동일한 용어를 사용하는 경우에도 의미와 지시 대상이 다를 수 있다. 그렇다면 상대방에게 자신의 강점을 주장할 수는 있지만, 그러한 강점은 자신의 관점에서 강점이지 상대방에게는 그렇지 않을 수 있다. 라카토슈는 과학혁명에 대한 이와 같은 쿤의 묘사가 이론 변화를 비합리적으로 만든다고 비판한다. 그가 보기에, 쿤은 혁명 당시의 과학자들을 마치 군중심리에 휩쓸린 사람들처럼 묘사한다. 만일 과학 이론의 평가가 이론의 인식적인 장점이 아니라 지지자들의 수와 목소리 크기에 의해서 이루어진다면, 결국 진리는 힘에 의해 결정될 것이다. 비판을 포기한다면, 쿤은 과학을 비합리적인 활동으로 해석하는 것이고, 부지불식간에 광신주의를 옹호하는 셈이 된다.

과학적 연구 프로그램의 방법론: 개요

소박한 반증주의자는 개별 주장, 진술, 그리고 이론이 경험에 비추어 시험될 수 있다고 보았지만, 이론의 시험은 그렇게 간단치 않다. 뉴턴 이론을 이루고 있는 세 가지 운동 법칙과 중력 법칙이 주어져 있다고 해서, 그 이론을 곧바로 시험할 수는 없다. 태양계 천계들의 운동에 뉴턴 이론을 적용하기 위해서는 우주의 구조, 행성들의 질량, 행성 간 거리 등의 정보가 필요하고, 그러한 정보를 이용함으로써만 예측을 내놓을 수 있다. 예측이 들어맞는지 확인하기 위해서는 관측 기구나 실험 장치 등에 관한 다양한 보조 가설이 필요하다. 즉, 이론은 홀로 시험되는 것이 아니라 다양한 보조 가설이나 초기 조건과 함께 하나의 묶음으로써 평가를 받는다. 더욱이, 이론이 지속적으로 변화하는 과정을 평가하기 위해서는 선행 이론과의 관계를 고려해야 하며, 하나의 이론이 아닌 이론의 계열을 평가의 대상으로 삼아야 한다. 즉, 하나의 이론 T가 아니라 그 이론이 시간에 따라 변화하는 과정, 즉 T1, T2, T3 등에 주목해야 한다.

그렇다면 이론의 계열은 어떻게 평가되는가? 한 이론에 대한 변칙 사례가 발견된 후, 과학자들이 이론의 보조 가설들을 조정하여 반박을 피했다고 하자. 조정된 새로운 이론이 알려지지 않았던 사실을 예측하고 경험적 내용이 늘어난다면, 이를 이론적으로 전진한다고 한다. 이론적으로 전진하는 이론의 계열에서 새롭게 첨가된 내용 중 일부가 실제로 들어맞는다면, 즉 예측 중 일부가 입증된다면, 이는 경험적으로 전진한다고 한다. 라카토슈는 이렇게 이론적으로, 경험적으로 전진하는 이론의 계열을 전진하는 프로그램으로 부르고, 그렇지 못한 경우 퇴행하는 프로그램이라고 부른다. 이론의 계열이 전진할 때 우리는 그것을 과학적이라고 받아들이고, 퇴행할 때에는 비과학적이라고 간주한다. 경쟁하는 프로그램 가운데 퇴행하는 것이 전진하는 것에 의해 대체될 때, 우리는 퇴행하는 이론이 반증되었다고 간주한다. 라카토슈는 하나의 이론이 과학적인지를 아닌지 따지는 것은 범주 착오이며, 그러한 평가는 오직 이론의 계열, 즉 연구 프로그램에만 적용된다고 주장한다.

　과학은 이론을 지속적으로 수정하는 작업이다. 예컨대, 뉴턴의 중력 이론은 처음 제안되었을 때 여러 변칙 사례에 직면했지만, 점차 이러한 변칙 사례들을 입증 사례들로 바꾸어 나가면서 발전했다. 프로그램 안의 난점들을 오히려 새로운 승리로 바꾼 것이다. 연구 프로그램 내에는 변하지 않으면서 프로그램의 정체성을 유지하는 부분이 있고, 그 부분을 보호하면서 프로그램을 발전시켜 나가는 가변적인 부분이 있다. 연구 프로그램의 정체성을 유지하는 부분은 견고한 핵으로 불린다. 뉴턴 프로그램의 견고한 핵은 세 가지 운동 법칙과 중력 법칙이다. 견고한 핵을 자연에 연결하기 위해서는 다양한 보조 가설들이 필요하며 이들이 견고한 핵을 감싸는 보호대를 형성한다. 결국 연구 프로그램은 보호대를 지속적으로 수정하는 작업을 통해 발전해 나간다. 보호대의 수정은 마구잡이가 아니라 프로그램이 알려 주는 지침에 따라서 이루어진다. 이를 발견법이라 한다. 발견법에는 무언가를 금지하는 부정석 발견법과 무언가를 추구하는 긍정적 발견법이 있다. 연구 프로그램의 부정적 발견법은 견고한 핵에 대한 반박을 금지한다. 예컨대, 뉴턴 프로그램의 부정적 발견법은 세 가지 운동 법칙과 중력 법칙이 반박될 수 없는 것으로 보는 지지자들의 방법론적 결정이다. 변칙 사례가 나타나면 이를 해결하기 위해 오직 보조 가설, 관찰 진술, 초기 조건 등에만 변화를 일으켜야 한다. 많은 변칙 사례들을 성공 사례로 바꾸려면, 체계적인 연구의 수행을 위한 순서와 지침이 있어야 한다. 어떻게 연구 프로그램의 보호대를 수정하고 정교하게 할 것인지에 관한 일련의 지침들을 제공하는 것이 바로 긍정적 발견법이다. 뉴턴 프로그램의 경우, 최초에는 행성 간에 작용하는 힘을 무시하고 태양과 행성의 질량이 하나의 점에 모인 것으로 간주하는 모형을 개발했으나, 점차 행성 간의 힘을 고려하는 섭동 연구와 질량이 한 점이 아니라 구에 분포된 모형을 연구하는 방향으로 진행되었다. 연구 프로그램 초기의 변칙 사례들이 이론을 입증하는 사례들로 변모하게 되는 이런 경우, 이론을 전진한다고 평가받는다.

라카토슈가 제안한 연구 프로그램의 방법론은 포퍼의 반증주의와 쿤의 역사주의 사이의 종합으로 이해될 수 있다. 라카토슈는 과학적 평가의 대상은 단일 이론이 아니라 연구 프로그램이며 과학자들이 자신의 이론을 쉽게 포기하지 않는다는 점을 강조하는데, 이는 패러다임의 합의에 기반한 공동체적 연구를 주장했던 쿤의 통찰을 수용한 것으로 보인다. 이는 소박한 반증주의가 그러한 역사적 사실을 설명할 수 없다는 점을 인정한 것이기도 하다. 포퍼가 반증의 방법을 통해 제시하는 즉각적 합리성과 쿤의 비합리주의 모두를 비판하면서, 라카토슈는 역사적 합리성을 주장한다. 라카토슈가 보기에, 혁명 시기 과학자들에 대한 쿤의 묘사는 사회심리학적이다. 과학자들은 변칙 사례에 대해 심리적으로 우려하고 거기에 매달리며, 대안이 등장하면 합리적인 이유 없이 집단적 사고와 군중심리에 의해 이론을 교체한다는 것이다. 그러나 연구 프로그램의 방법론은 이론 변화의 국면을 합리적으로 설명한다. 위기에 대한 의식과 과학자들의 변심이 아니라, 하나의 연구 프로그램이 활력을 잃고 퇴행하다 결국 경쟁하는 프로그램에 의해서 대체되는 것이다. 그것은 시간이 걸리는 과정이기는 하지만 이론에 대한 반증이다. 이것이 라카토슈가 과학적 합리성을 구제하는 방식이다. 이제 라카토슈의 방법론을 구체적인 역사적 사례를 통해 이해해 보자.

보어의 초기 양자 연구 프로그램

고전 양자론을 제안하고 발전시켰던 보어의 양자역학 연구 프로그램을 통해, 라카토슈의 방법론이 실제 과학사의 사례에 어떻게 적용되는지 살펴보자. 그의 방법론은 과학적 합리성의 이론이면서 동시에 과학사의 사례들을 탐구하는 역사 서술 방법을 제안한다. 역사 연구자는 각 프로그램의 생성, 발전, 퇴행, 그리고 반증 과정을 추적할 수 있다. 연구 프로그램의 최초 이론은 무엇이었는지, 견고한 핵, 부정적 발견법과 긍정적 발견법은 무엇이었는지, 그 이론들이 해결하고자 했던 문제와 새로운 예측은 무엇이었고, 언제 프로그램이 퇴행하기 시작했는지, 그리고 어떤 대안에 의해 대체되었는지를 살펴봄으로써 우리는 과학의 역사를 탐구할 수 있다.

보어의 원자론이 제안된 배경은 원자의 구조에 대한 러더퍼드의 태양계 모형이다. 러더퍼드 모형에서 전자는 원자 중심에 위치한 원자핵 주변을 돈다. 고전 전자기 이론에 따르면, 원자핵 주변을 도는 전자는 에너지를 방출하면서 붕괴해야 하지만, 원자는 안정을 유지하는 것처럼 보였다. 보어의 제안은 맥스웰-로렌츠 전자기 이론과의 비정합성을 의도적으로 무시하는 것이었다. 코페르니쿠스의 새로운 우주 구조가 아리스토텔레스의 지상 역학과 부조화로 인해 어정쩡한 상태로 공존했던 것처럼 말이다. 보어의 연구 프로그램은 다음과 같은 다섯 원리를 견고한 핵으로 가진다. 첫째, 원자 내부의 에너지 방출은 불연속적이며, 상이한 정상 상태에 있는 계들 사이를 통과하는 동안에만 방출이 이루어진다. 둘째, 정상 상태에 있는 계들의 역학적 평형은 통상적인 역학 법칙의 지배를 받지만, 계 사이를 통과하는 경우에는 적용되지 않는다. 셋째, 정상 상태 사이의 전이 동안 일어나는 에너지 방출은 $E = hv$ 이다. (h는 플랑크 상수, v는 진동수) 넷째, 핵 주변을 도는 하나의 전자로 이루어진 단순계의 정상 상태들은 방출되는 총 에너지와 전자의 회전 진동수의 비율이 $(1/2)h$의 정수배라는 조건에 의해 결정된다. (전자의 궤도가 원형이라면, 전자의 각 운동량이 $(h/2\pi)$의 정수배와 같다.) 다섯째, 방출 에너지가 최대가 되는 상태, 즉 원자계의 영구적 상태는 궤도 중심을 도는 모든 전자의 각 운동량이 $h/2\pi$와 같다는 조건에 의해 결정된다.

물론 정합성은 지켜져야 할 중요한 규제 원리이므로, 비정합성은 문제임에 틀림없다. 지식을 추구하는 어떠한 활동이 정합성을 포기한다면, 진리를 포기하는 것과 다를 바 없지 않은가? 따라서 보수적 입장을 취하는 연구자는 비정합성이 해소될 때까지 새로운 프로그램을 중지하자고 제안한다. 반대로, 1925년 이후 소위 코펜하겐 해석과 더불어, 일군의 학자들은 비정합성을 자연 자체의 특성으로 여기고, 인간 지식의 궁극적인 한계로 인해 비정합성을 어쩔 수 없는 귀결로 받아들인다. 그러나 1925년 이전 초기양자론의 옹호자들은 비교적 온건한 노선을 채택한다. 비정합적인 사례의 발견이 프로그램의 즉각적인 중지를 의미하는 것은 아니지만, 우리는 비정합성을 일시적으로만 무시할 수 있다는 것이다. 실제로 전자기 이론과의 비정합성을 무시했던 보어의 프로그램은 분명 일정한 성공을 거두었다. 그들은 일시적인 비정합성을 견디면서, 양자론 프로그램의 발전 가능성을 시험해 보았던 것이다.

고전 양자론 프로그램은 그것의 긍정적 발견법을 따라 발전했다. 수소 원자에 대한 이론을 만들기 위해, 처음에 보어는 고정된 원자핵 주위를 전자가 원형 궤도로 회전하는 모형을 구상했다. 그 다음에는 고정된 평면에서 타원형 궤도를 계산해 내려고 했고, 더 나아가 고정된 평면과 고정된 원자핵이라는 제한이 없는 상태로 나아가려 했고, 그 후에는 전자의 스핀을 고려하려 했다. 다음 단계는 더 복잡한 구조를 가진 원자들로 자신의 프로그램을 확장하고, 전기장이 이 원자들에 미치는 영향을 분석하려 하였다.

첫 번째 모형을 제시한 보어의 1913년 논문은 수소 원자가 방출한 선스펙트럼의 파장을 예측하였다. 이는 이미 알려져 있던 발머 계열과 파센 계열보다 더 넓은 범위를 포괄하는 예측이었는데, 나중에 올바른 것으로 밝혀졌다. 이렇게 새로운 예측이 제안되고 그 예측이 종종 들어맞는 한, 고전 양자론은 전진하는 프로그램이었다. 그러나 보어의 최초 모형이 모든 예측에서 성공적인 것은 아니었다. 그 모형에서는 존재하지 않는다고 예측된 곳에서, 실제로는 변칙적인 수소의 스펙트럼 계열이 존재한다는 증거가 있었다. 바로 피커링-파울러의 자외선 계열이었다. 이러한 변칙 사례에 대응하여 보어는 자신의 모형을 수정하여, 그러한 자외선 계열을 예측할 수 있었다. 그런데 그것은 수소 모형이 아니라 두 양성자 주위를 하나의 전자가 도는, 이온화된 헬륨의 모형이었다. 그리고 헬륨과 염소의 혼합물로 가득 찬 관에서 파울러 계열을 관찰할 수 있을 것으로 예측했고, 그 예측은 사실로 드러난 것처럼 보였다. 연구 프로그램의 최초의 실패는 이제 성공의 사례가 된 것이다.

이러한 승리는 곧 의심을 받게 되었다. 파울러는 그 계열이 수소 계열이 아니라 헬륨 계열이라는 점을 인정했지만, 파울러 계열에서 관측된 파장은 보어의 수정된 모형이 예측한 값과는 상당히 달랐기 때문이다. 보어는 다시금 이론의 수정을 시도한다. 전자는 고정된 핵 주위를 도는 것이 아니라 두 양성자 주위를 돌기 때문에, 두 질량을 고려한 환산 질량 $m_{e'} = m_e/[1+(m_e/m_n)]$으로 대체했다. 이러한 수정은 다시금 변칙 사례를 입증 사례로 바꾸어 놓았다.

프로그램의 다음 단계는 타원 궤도를 계산하는 것이었고, 이를 위해 상대론적 고려가 필요했다. 그러나 고전 양자론 프로그램의 발견 능력은 고갈되기 시작했다. 예컨대, 이원자 분자의 스펙트럼 선에 대한 보어의 예측은 잘못된 것으로 드러났다. 이를 교정하기 위해 보어의 동료들은 임시방편적인 수정을 하기 시작했다. 알칼리 스펙트럼의 설명되지 못한 이중선이 나타난 것에 관해서도 란데(Lande)는 임시방편적인 규칙을 동원해 설명하려 했다. 변칙 사례들이 누적되고 이를 해결하기 위한 이론의 수정이 임시방편적인 성격을 띠게 되면서, 연구 프로그램은 퇴행하는 단계에 들어가게 되었다. 그리고 파동역학이라는 대안적인 연구 프로그램이 등장하여 고전 양자론을 대체하기에 이른다.

보어의 고전 양자론 프로그램은 과학의 변혁기에 기존 이론과의 비정합성을 견디면서도 새로운 프로그램이 발전할 수 있는 가능성을 보여 준다는 점에서 흥미롭다. 고전 양자론 프로그램은 자신의 견고한 핵을 유지하고 긍정적 발견법에 따라 보호대를 수정하는 하나의 연구 프로그램이었다. 이 프로그램이 전진하는 동안, 이전 버전의 이론이 직면한 변칙 사례를 보호대의 수정을 통해 입증 사례로 변모시켰다. 하나의 반증 사례에 직면하여 가설의 폐기를 요구하는 포퍼의 즉각적 합리성은 이러한 과학의 발달 양식을 포착하지 못한다. 과학 이론은 쉽게 포기되지 않으며, 과학자들은 합리적인 고집을 부린다는 점을 라카토슈는 인정한다. 그러나 연구 프로그램이 영구히 지속되는 것은 아니다. 발견을 촉진하는 능력을 상실할 때 연구 프로그램은 퇴행하며, 결국에는 전진하는 대안 프로그램에 의해 대체된다. 라카토슈는 이러한 과정이 사회심리적 과정이 아니라 합리적이고 규범적인 과정이라고 보았다.

과학적 연구 프로그램의 방법론에 대한 평가

과학적 발전의 평가 단위가 개별 주장이나 이론이 아니라 이론의 시간적인 계열, 또는 연구 프로그램이라고 주장한다는 점에서, 그리고 과학자들은 반증 사례에 직면하여 이론을 쉽게 포기하지 않는다는 점을 수용한다는 점에서, 라카토슈의 방법론은 역사주의적 과학철학의 한 부류로 간주될 수 있다. 그의 연구 프로그램의 방법론은 과학사를 탐구하는 방식을 제공하는 한편, 쿤의 패러다임 이론에서 불분명했던 연구 프로그램의 내적인 구조를 드러냈다는 점에서 긍정적으로 평가받을 만하다. 동시에 라카토슈의 역사주의는 쿤이나 다른 철학자들의 역사주의와는 상당히 다르다는 점도 지적할 필요가 있겠다. 왜냐하면 라카토슈가 말하는 과학의 역사란 실제로 진행되어 온 역사가 아니라 합리적으로 재구성된 역사이기 때문이다. 한 역사학자는 이를 두고 "머리카락이 곤두서는 역사적 패러디"라고 평가했을 정도이다.

라카토슈가 정식화한 '연구 프로그램'은 철학자의 구성물에 가깝다. 첫째, 연구 프로그램의 정체성을 유지하려면 견고한 핵을 침범하지 않아야 한다는 조건은 비현실적이며 지나치게 강하다. 라가토슈는 이를 연구자 공동체의 방법론적 결정이라고 보았는데, "우리 공동체는 뉴턴역학의 세 법칙에 대해 불가침을 선언합니다"와 같은 명시적 선언이나 암묵적 합의가 있었다는 역사적 근거는 발견하기 어렵다. 둘째, 라카토슈는 연구 프로그램 내에서 이론의 발전은 앞선 이론보다 더 넓은 적용 범위를 가져야 한다고 요구하는데, 때로는 후속 이론의 적용 범위가 더 좁아지는 것이 바람직할 수도 있다. 또한 라카토슈는 연구 프로그램 사이의 관계를 단절적인 것으로 본다. 하지만 한 연구 전통의 일부를 이루는 이론이 분리되어 다른 연구 전통에 흡수되기도 하는 등, 상이한 연구 프로그램이나 연구 전통은 서로 영향을 주고받으면서 변형되기도 한다. 예컨대, 사디 카르노의 열역학 이론(카르노 사이클)은 사실 열을 칼로릭이라는 유체로 보는 연구 전통에서 발전된 것이지만, 시간이 지나면서 열을 물질의 운동으로 보는 경쟁하는 연구 전통으로 포섭되었다. 따라서 이론의 계열들 간의 관계는 라카토슈가 생각했던 것보다 훨씬 더 유연할 수 있다.

쿤에 대한 라카토슈의 비판이 과도하다는 점도 지적할 필요가 있겠다. 라카토슈는 쿤의 역사적 통찰을 수용하면서도 쿤이 서술하는 혁명의 전개 과정이 사회심리적이며 따라서 비합리주의로 귀결된다고 단정하고, 그에 반해 자신의 입장은 즉각적이지 않은 형태의 합리성을 뒷받침한다고 주장한다. 그러나 쿤은 자신의 이론을 비합리주의와 상대주의로 읽는 것은 오독이라고 주장했다. 과학자들이 연구공동체의 구성원으로서 서로 영향을 주고받는 것은 사실이겠지만, 패러다임 선택 과정에서 그들은 패러다임의 문제 해결 능력, 단순성, 정확성 등을 종합적으로 고려한다. 쿤의 주장은 단일한 하나의 기준에 의해서 모든 이들이 동일한 결론에 도달하는 것이 아니며 과학자들은 조금씩 다른 이유에서 선택하지만 결국에는 공동체 수준에서 하나의 결론에 도달한다는 것이다. 이를 단순히 군중심리에 빗댄 것은 적절하다고 보기 어렵다.

게다가, 라카토슈는 포퍼의 즉각적 합리성과 달리 비즉각적 합리성을 옹호하는데, 이는 과학자들이 연구 프로그램을 평가하기 위해서는 역사적 시간이 필요함을 뜻한다. 그러나 언제 퇴행하는 프로그램을 포기해야 하는지, 또는 언제 전진하는 프로그램으로 이행해야 하는지에 대해 구체적인 지침을 줄 수는 없다. 10년이면 충분한지, 아니면 50년이 필요한지를 미리 결정할 수는 없다. 그렇다면 라카토슈가 구제해 낸 합리성은 결국 사후 평가로서의 합리성일 뿐이다. 물론 이러한 작업을 통해 과학적 합리성을 구제한 것은 의의가 있으나, 이를 통해 비합리주의자 쿤과 합리주의자 라카토슈를 구분할 수는 없다.

6.2 이론 선택에는 사회적 가치도 개입하는가?

이론 선택의 기준은 규칙인가 가치인가?

앞서 살펴본 것처럼 『구조』에 따르면, 이론이나 패러다임을 결정하는 문제는 증명에 의해 해결될 수 없고 경험적 자료만으로도 해결될 수 없다. 그렇다면 이론 결정에 대한 논의란 설득의 기술이나 논증과 반대 논증에 관해 이야기하는 것일 따름이다. 쿤에 따르면, 패러다임을 달리하는 상대방을 논리로 굴복시킬 수 있는 방법은 없고, 과학혁명기에 새로운 패러다임에 동참하지 않고 과거 패러다임을 고집하는 것도 비합리적이라고 볼 수 없다. 그러나 쿤은 과학자들이 합리적인 사람들이며, 그래서 결국에는 이런 저런 논증들에 의해 설득될 것이라고 본다. 다만, "그들 모두를 설득할 수 있거나 설득시켜야 하는 단일한 하나의 논증은 존재하지 않는다. 실제로 일어나는 일은 단일 그룹의 개종이라기보다는 전문 분야의 신념의 분포에서 점차로 전이가 증대되는 것이다."[1] 과학자 한 사람 한 사람의 판단이 모아져 과학자 공동체의 집단적인 판단이 이루어지는데, 모두가 한 가지 근거에 의해 설득되는 것은 아니지만 각자 나름의 근거를 가지고 입장을 바꾸게 되며, 이러한 과정은 합리적이라는 것이다.

과학자들의 집단적인 판단에 호소하는 쿤의 전략은 과학의 합리성을 훼손한다는 비판에 직면했다. 특히, 바로 앞 절에서 살펴보았듯이, 라카토슈는 쿤이 과학의 이론 변화를 군중심리로 만들어 버렸다고 비난했다. 쿤은 그러한 비판이 오해에서 비롯된 것이라고 항변했으며, 오해를 불식시키기 위한 한 방편으로 가치에 의한 이론 선택을 제안하였다. 쿤에 따르면, 과학혁명 시기의 변화는 비합리적인 입장의 전환이 아니라 합리적인 이론 선택이며, 다만 엄격한 논리적 규칙에 의해서가 아니라 가치에 의거해 선택이 이루어질 뿐이다. 과학에서의 이론 선택이란 가치 판단이라는 것이다. 이것이 무엇을 의미하는지, 그러한 주장의 함의는 무엇인지 살펴보자.

쿤은 좋은 과학 이론을 식별할 수 있는 다섯 가지 기준을 제시한다. 첫째, 이론은 정확해야 한다. 이론의 귀결들은 실험이나 관찰 결과와 정량적, 정성적으로 일치해야 한다. 둘째, 이론은 내적인 모순이 없어야 하며, 이미 수용된 다른 이론들과 일관적이어야 한다. 셋째, 이론은 애초에 그것이 설명하도록 고안된 영역을 넘어 더 폭넓은 귀결을 제공해야 한다. 넷째, 이론은 제각기 고립되고 혼란스러운 현상들에 질서를 부여한다는 의미에서 단순해야 한다. 다섯째, 이론은 새로운 연구 결과

---

1   토머스 쿤, 『과학혁명의 구조』, 김명자, 홍성욱 옮김, 까치글방, 2013, 273쪽. (*SSR* p. 158.)

를 많이 낳을 수 있어야 한다. 이와 같은 정확성, 일관성, 넓은 범위, 단순성, 그리고 다산성은 이론의 적합성을 평가하는 표준적인 기준들이며, 합리적으로 이론을 선택하는 기초가 된다. 그런데 이러한 평가 기준들은 전통적인 과학철학자들도 동의할 만한 내용이다. 쿤의 차별점은 이러한 기준들이 규칙이 아니라 가치라는 점에 있다. 즉, 이론의 평가는 규칙을 기계적으로 적용하여 답을 내는 것이 아니라 일종의 가치판단이다.

위의 기준들이 가치라는 것은 그것이 적용될 때 발생할 수 있는 난점들에서 드러난다. 첫째, 각 기준이 무엇을 의미하는지 분명치 않을 수 있다. 그래서 구체적인 사례에 그 기준을 적용할 때 과학자들은 서로 다른 의견을 가질 수 있다. 둘째, 둘 이상의 기준을 적용할 때에도 과학자들은 상대성 중요성을 둘러싸고 상이한 결론을 내릴 수 있다. 예를 들어, 정확성의 기준은 매우 명백해 보이지만, 이를 적용하여 이론을 차별화하는 것이 언제나 분명한 것은 아니다. 코페르니쿠스 이론은 기존 이론보다 더 정확해지기 이전에 이미 다른 이유에 의해서 케플러 등에 의해 선택되었다. 산소 이론은 화학 반응에서 무게 변화에 대한 더 정확한 설명을 제공했지만, 반대로 다양한 종류의 금속이 왜 모두 공통의 특성을 지니는지 설명하지 못했다. 어떤 영역에서 이론이 정확해야 하는가 하는 문제가 등장한다. 단순성이 여러 의미로 해석될 수 있다는 것은 잘 알려져 있다. 가정된 존재자의 수가 적은 이론이 더 단순한지, 법칙의 수가 적은 것이 핵심적인지, 얼마나 단순해야 하는지 등은 미리 결정되어 있지 않다. 그것은 결국 판단해야 할 문제다.

복수의 기준을 적용하는 경우를 생각해 보자. 예를 들어, 일관성과 단순성이라는 두 기준에 의해 이론을 평가하는 사례를 고려해 보자. 근대 천문학 혁명 당시, 지구중심설은 태양중심설보다 당시의 지상계 역학과 더 일관적이었다. 태양중심설은 왜 위로 던져 올린 물체가 뒤로 떨어지지 않고 바로 그 자리로 떨어지는지 잘 설명하지 못했다. 흔히 코페르니쿠스의 태양중심설이 지구중심설보다 더 단순하다고 생각하기 쉽지만, 이는 단순성에 대한 평가 방식에 달려 있다. 정량적으로 행성의 각도를 예측하는 데에는 두 체계가 실질적으로 동등했다. 천체 움직임을 정성적으로 설명하는 경우에만 코페르니쿠스 체계의 설명이 더 단순했다. 일반적으로 말해, 더 단순하고 덜 일관적인 이론과 덜 단순하고 더 일관적인 이론 가운데 무엇이 더 좋은 이론인지를 말하기는 쉽지 않다. 그 역시 가치 판단이다.

이렇듯, 동일한 평가 기준을 받아들이는 과학자들도 어떤 이론이 더 나은지에 대해서는 서로 다른 결론에 도달할 수 있다. 그 기준들은 과학을 과학이게끔 만들어 주는 규범을 제시하기는 하지만, 과학자 개인의 선택을 결정하기에는 불충분하다. 각 기준의 적용에 있어서, 또 상이한 기준들의 중요도 평가에 있어서 과학자들이 가진 주관적인 요인이 개입한다. 여기에는 개별 과학자의 성장, 배경, 기질, 이력, 성취 등이 포함되며, 과학자 중에서는 위험을 회피하려는 사람도 있고 적극적으로 위험을 감수하고 대담한 이론을 제안하려는 사람도 있다. 여러 사회적 가치의 영향도 배제할 수 없다. 천문학 혁명 당시 코페르니쿠스 체계를 지지했던 케플러와 같은 소수의 천문학자들은 수학적 신비주의와 태양숭배 사상과 결합된 신플라톤주의로부터 영향을 받았고, 19세기 에너지 보존법칙을 동시 발견했던 여러 사람들은 독일의 낭만주의적 자연철학의 영향을 받았다. 경쟁 이론 사이의 선택은 객관적 요인과 주관적 요인의 결합에 의해 이루어진다.

〈상자 6-1: 케플러가 코페르니쿠스 체계를 선호한 이유〉

"[태양은] 유익한 열이 풍부한, 우리 눈에 가장 공정하고 맑고 깨끗하게 보이는 빛의 원천이자, 시각의 원천이자, 자기 자신은 색이 없지만 모든 색을 그려 내는 화가로, 그의 운동 때문에 행성들의 왕으로 불리고, 그의 힘 때문에 세계의 심장으로 불리고, 그의 아름다움 때문에 세계의 눈으로 불린다. 또한 홀로 최고신으로 평가받을 만한 그는 주목할 만한 거주지에 만족하며 축복받은 천사들과 함께 살 장소를 선택할 것이다. … 왜냐하면 독일인들이 전체 제국에서 가장 큰 힘을 가진 황제로 그를 선출한다면, 천상계 운동에서는 자신이 전적으로 소유하고 있는 빛의 은총을 통해 이미 다른 모든 운동과 변화를 지배하고 있던 그에게 투표하는 것을 누가 주저하겠는가? … [따라서] 우리가 태양을 선출하는 것은 최고로 올바른 판단이며, 그 태양은 제1원동력(신)이라고는 말하지 못하더라도, 그의 위엄과 힘을 통해 홀로 이러한 원동력을 발휘하는 임무에 알맞아 보이고 신 자신의 보금자리가 될 만해 보인다."[2]

과학적 합리성의 요체가 좋은 이유에 근거해 경쟁하는 이론 가운데 하나를 선택하는 데 있다면, 쿤이 묘사하는 과학혁명은 종교적 개종과 같은 비합리적인 과정과는 다르다. 과학자들은 각자 저마다의 이유를 가지고 입장을 바꾸며, 그들이 합의에 이를 때 혁명은 종결된다. 이론을 평가하는 각 기준은 개인의 선택을 강제할 정도로 강력하지는 않지

---

2   Edwin A. Burtt, *The Metaphysical Foundations of Modern Physical Science*, 2nd ed. (New York: Harcourt, Brace, 1932), p. 48. 토머스 쿤, 『코페르니쿠스 혁명 : 행성 천문학과 서구 사상의 발전』, 정동욱 옮김, 지식을만드는지식, 2016, 250-251쪽에서 재인용.

만, 쿤은 이러한 유연하면서도 효율적인 평가 방식, 즉 가치에 의한 판단이 장점을 가진다고 주장한다. 모두가 동일한 선택을 하도록 만드는 엄격한 선택 규칙을 고수하는 것은 과학의 장기적 전망에 바람직하지 않다. 그보다는 전반적인 선택에 영향을 미치기는 하지만 구체적 결정을 지정하지는 않는 유연한 가치들이 과학의 합리성을 지탱한다. 계란을 한 바구니에 담지 말라는 투자의 격언과 같이, 유연한 가치의 적용은 과학자들의 선택을 분산함으로써 실패했을 때의 위험을 완화하고 장기적인 성공의 확률을 높일 수 있기 때문이다.

가치에 의한 이론 선택은 객관적일 수 있는가?

과학적 판단이 논리 규칙과 경험 자료에 의해 결정되지 않는 가치 판단이라면, 그리고 그런 가치 판단이 주관적인 요인을 포함할 수밖에 없다면, 과학은 과연 객관적일 수 있을까? 이를 제대로 살펴보려면, 가치가 과학에 개입한다는 주장이 다양한 방식으로 해석될 수 있다는 점을 먼저 인식해야 한다. 철학자 어난 맥멀린Ernan McMullin은 과학 이론의 평가가 규칙기반 추론이 아니라 가치 판단에 가깝다는 쿤의 주장에 동의하고, 또 이를 정교화하면서, 가치가 개입하는 다른 방식과 구별한다. 예컨대, 진리는 그 자체로 하나의 가치이다. 과학은 진리를 추구하며 진리의 가치를 높이 산다. 물론, 과학 이론을 통해 과학자들이 추가하는 것이 진리가 아니라 경험 적합성이라는 주장하는 학자도 있다. 이때, 과학이 경험 적합성을 추구한다는 것은 이론이 관찰할 수 있는 경험 영역에서 이야기하는 것들만 참으로 받아들이고, 관찰할 수 없는 영역에 대해 이론이 이야기하는 것에 관해서는 불가지론적 입장을 취한다는 것이다. 이 경우에도 과학이 경험 적합성이라는 가치를 추구한다고 말할 수 있다. 그러나 진리나 다른 가치들이 과학에서 추구된다는 점은 현재 논의에서 핵심은 아니다.

과학자들이 지켜야 할 윤리적 규범이 있다는 의미에서도 과학이 가치와 관계되지만 이 역시 현재 논의에서 주목하는 바가 아니다. 예컨대, 과학자들은 정직하고 진실해야 한다. 인간이나 동물, 인체유래물 등을 대상으로 하는 실험을 설계하고 수행하는 경우에는 특정한 절차를 따라서 조심스럽게 연구를 수행해야 하고, 실험대상인 동물에게 불필요한 고통을 가하는 실험은 비윤리적인 것으로 간주된다. 이러한 가치의 역할이 중요하지만, 지금의 문제는 이상의 가치 문제와 구분되는 것으로서 이론에 대한 평가가 과연 가치 판단이냐는 것이다.

이론 선택이 순수하게 규칙을 기반으로 이루어지는 추론이라고 보기 어려운 이유들이 존재한다. 포퍼의 반증주의에 따르면, 반증의 토대가 되는 기초 문장도 역시 반증가능해야 한다는 문제에 직면한다. 만일 기초 문장도 반증에 열려 있다면 어떻게 반증이 가능할까? 이러한 퇴행을 막기 위해 포퍼는 놀랍게도 규약에 호소한다. 한 문장을 반증이 불필요한 기초 문장으로 보겠다는 결정이 필요하다는 것이다. 그러나 이러한 규약은 규칙에 기반한 결정이 아니라 가치 판단으로 보인다. 대표적인 논리실증주의자인 카르납은 하나의 언어 틀이 주어졌을 때 그 안에서 해결될 수 있는 내적인 물음과 특정한 언어 틀을 선택하는 외적인 문제를 구별하였는데, 후자의 문제는 목표에 대한 효과성, 생산성, 단순성 등의 영향을 받는 가치 판단의 문제일 수밖에 없다.

만일 이론을 평가하는 일이 가치 판단의 문제라면, 정확히 어떤 식의 가치 판단일까? 맥멀린은 두 가지 유형의 가치 판단을 구분한다. 이때 가치는 어떤 대상이 가진 속성으로서의 가치로 국한하자. 예컨대, 영양에게 빠른 움직임은 바람직한 속성이고 그래서 가치가 있다. 한 유형의 가치 판단은 어떤 대상이 특정한 가치를 얼마만큼 실현하는지를 판단하는 것이고, 다른 하나는 그 대상(의 종류)에 대해 그 특성(가치)이 얼마나 가치 있는지를 판단하는 것이다. 이를 각각 가치평가^{evaluation} 와 가치부여^{valuing}라고 부를 수 있다. 예컨대, 영양의 빠르기에 대해 판단한다고 할 때, 두 종류의 가치 판단이 가능하다. 가치평가란 특정한 영양이 과연 얼마나 빠른지를 판단하는 것이고, 가치부여는 빠르다는 것이 영양들에게 얼마나 가치 있는지를 판단하는 것이다. 이러한 구분을 이론 평가에 적용해 볼 수 있다. 첫째는 이론에 대한 가치평가인데, 특정한 이론이 단순성이나 다산성과 같은 가치를 얼마만큼 실현하고 있는지 평가하는 것이다. 그런데 가치평가는 알고리듬이 아니기에 개인의 훈련과 경험에 의존하며, 따라서 서로 다른 과학자들은 주어진 이론에 대한 가치평가에서 서로 다른 의견을 가질 수 있다. 둘째는 이론에 대한 가치부여인데, 이론이 가진 특성(예, 예측력)이 얼마나 중요한지에 관해 가치 판단을 내리는 것이다. 이론은 정확성, 일관성, 단순성 등 다양한 특성들을 가지므로, 과학자들은 이러한 특성들이 얼마나 중요한지를 판단하여 각 특성에 상이한 가중치를 부여할 수 있다. 그것이 가치 판단이므로, 과학자들은 이론의 여러 특성들이 얼마나 중요한지에 관해 서로 다른 판단을 내릴 수 있다. 예컨대, 보어와 아인슈타인은 좋은 과학 이론이 무엇인지에 대해 서로 다른 견해를 가졌다. 양자역학을 둘러싸고 둘 사이에 형이상학적 믿음의 차이가 있었던 것을 인정하더라도, 그들은 예측적 정확성이 얼마나 중요한지, 다른 이론(특히, 상대성 이론)과의 일관성이 얼마나 중요한지에 대해 상이한 판단을 내렸다. 아인슈타인은 양자역학이 상대론과 양립하기 어렵다고 생각했고, 보어와 하이젠베르크는 그럼에도 불구하고 경험 세계에 대한 정확한 예측력을 높이 샀다. 이렇게 이론 평가를 가치 판단으로 보면, 규칙기반으로 보는 철학자들이 설명하지 못하는 것을 설명할 수 있다. 즉, 왜 과학에서 쉽게 해결되지 않는 논쟁이 존재하고 또 지속되는지를 설명할 수 있다. 과학자들은 대부분 합리적인 사람들인데도 불구하고 말이다. 이론 평가가 단순한 규칙의 적용이 아니라 복잡한 형태의 가치 판단이라면, 경합하는 이론들이 지속적으로 존재한다는 것은 자연스럽게 예상되는 바이다.

가치 판단이 과학에 스며들어 있다면, 과학은 어떻게 객관적일 수 있는가? 이에 대한 한 답변은 인식적 가치와 비인식적 가치를 구별하고, 과학에는 비인식적 가치가 개입하지 않기 때문에 객관성을 유지한다는 것이다. 맥멀린은 (쿤이 그랬던 것처럼) 현대 과학의 실천에 내재한 가치들은 인식적 가치들이라고 주장한다. 예측의 정확성, 내적 일관성과 외적인 정합성, 현상을 통합하는 힘, 생산성, 그리고 단순성 등이다. 이것이 인식적 가치인 이유는 과학의 진리성을 증진하는 가치들이기 때문이다. 맥멀린에 따르면, 어떤 가치가 이론의 인식적 지위, 세계와의 일치를 증진하는 경우에 인식적 가치이며, 그렇지 않으면 비인식적 가치이다. 정치적, 도덕적, 사회적 가치와 같은 비인식적 가치의 개입은 과학적 객관성에 위협이 될 수 있다. (그러나 이러한 구분하에서, 세계관이나 형이상학적 요소는 정치적 가치나 이해관계와 동일한 비인식적 가치가 아니다. 철학적, 신학적 세계관은 잠재적으로 인식적 지위를 가질 수 있다. 예컨대, 뉴턴의 신학적 세계관은 밖으로부터 과학적 논증에 영향을 미치는 사회적, 심리적 요인들과 달리, 진리를 증진하는 것과 관련된 인식적 요인으로 기능했다.) 이론 평가가 인식적 가치들을 활용한 가치 판단이라면, 그것은 상대주의로 귀결되지는 않을 것이다. 과학자들은 훈련 과정을 통해서, 그리고 선생과 동료 과학자들의 실행들을 통해 배우면서, 스스로 가치 판단하는 법을 배우게 된다. 이렇게 역사적으로 이어 온 복잡한 학습의 경험들을 거치면서 인식적 가치의 목록은 수렴해 왔을 것이다.

과학은 사회적 가치로부터 자유로울 수 있는가?

쿤과 맥멀린과 같은 철학자들은 과학의 이론 평가가 기본적으로 가치 판단임을 주장하면서도, 과학에 내재한 가치는 인식적 가치일 뿐이며 비인식적 가치의 개입은 과학의 객관성을 위협할 수 있다고 보았다. 우리의 물음은 "사회적 가치와 같은 비인식적 가치가 과학에 영향을 끼쳐 왔는가" 하는 것이 아니다. 대신, 우리는 비인식적 가치가 좋은 과학의 추론 과정에 개입하는지 여부에 관심이 있다. 독일의 우생학이나 소련의 리센코 생물학처럼, 정치나 이데올로기가 개입하면서 과학을 망친 사례들을 찾기는 어렵지 않다. 그러나 그런 사례들은 과학의 가치중립성이라는 이상을 훼손하지 못한다. 오히려 "좋은 과학은 가치를 배제해야 한다"는 생각을 강화할 수도 있다. 그러한 이상으로서의 과학의 가치중립성이 과연 유지될 수 있는지에 대해, 1990년대 이후의 철학자들은 많은 관심을 가져왔다. 특히, 하나의 과학적 결론을 도출하기 위해 얼마나 많은 증거가 필요한지 고려할 때 과학의 내적인 추론 과정에 가치가 개입할 수밖에 없다는 주장이 진지하게 제기된다.

〈상자 6-2: 리센코 생물학〉

20세기 초 소비에트의 생물학자 트로핌 리센코Trofim Lysenko (1898-1976)는 스탈린의 지원을 받아 생물학을 연구하면서 농업 생산성을 증대하려는 야심한 계획을 추진했다. 그는 당시 다윈을 따르던 주류 유전 및 진화 이론인 '신다원주의'와 '멘델-모건주의'를 비판했다. 대신 그는 환경적 조건을 조절함으로써 식물이나 동물에게 새로운 능력이 생겨날 수 있다는 라마르크주의를 채택하고, 자신의 이론을 소비에트 다윈주의로 불렀다. 문제는 이것이 진화와 유전을 둘러싼 과학 논쟁의 성격을 띤 것이 아니라 정치적 힘에 의한 폭력이었다는 점이다. 자신의 방법으로 농업 생산성을 획기적으로 늘릴 수 있다는 리센코의 주장은 실험에 의해 적절히 뒷받침되지 않았다. 리센코는 상대방을 관념론이라는 이유로 배격했는데, 신다윈주의는 경쟁을 강조하는 부르주아 사상의 영향을 받았다고 보았고, 멘델-모건주의 유전학은 변치 않고 대물림되는 유전자라는 불합리한 가정을 포함한다고 보았기 때문이었다. 리센코는 저명한 생물학자인 니콜라이 바빌로프 등 반대자들을 숙청하였고, 바빌로프는 수용소에 갇혀 지내다 생을 마감했다. 그리고 당시 소비에트에서는 멘델-모건주의 유전학이 아닌 리센코 생물학을 교육했기에, 유전학의 교육과 연구는 위축되었다.

철학자 헤더 더글러스는 강력한 발암물질인 다이옥신에 대한 연구를 통해 이와 같은 주장을 구체화한다. 다이옥신은 베트남전에서 밀림 제거용으로 사용되어 많은 사람들에게 노출된 고엽제 사례에서 널리 알려졌고, 다이옥신의 독성을 연구한 산업계의 연구 결과들이 의심스러운 방법론에 기초한 것임이 훗날 드러나기도 했다. 만일 몬산토와 같은 업체를 위해 일하는 연구자가 증거와 무관하게 다이옥신이 무해하다는 결론을 내도록 압력을 받았다면, 이는 그의 "과학적" 결론이 가치에 의해 부적절하게 영향을 받는 것이다. 그러나 가치가 증거의 역할을 대신하지 않고 간접적으로 영향을 미칠 수도 있다. 다이옥신의 독성을 연구하는 과학자가 올바른 결론을 이끌어 내기 위해서, 그는 얼마나 많은 증거를 고려해야 할까?

더글러스에 따르면, 과학자들은 다른 모든 시민들과 마찬가지로 다른 사람들에게 해를 끼치지 않을 도덕적인 책임을 가진다. 우리는 어떠한 행위를 할 때 (그 결과가 예측가능하다면) 잠재적 결과를 예측하고 해로운 결과가 나오지 않도록 (혹은, 해로운 결과가 유익한 결과를 초과하지 않도록) 조치를 취할 책임을 지닌다. 과학자들도 자신의 연구와 관련한 이와 유사한 책임을 지닌다고 볼 수 있다. 더글러스는 과학자들에게 정책조언자의 역할이 부여되는 경우가 많아진다는 사실에 주목한다. 많은 과학자들은 순수하게 연구에 전담하지만, 일부는 의사결정 과정에 참여하여 정책결정을 위해 조언하는 역할을 담당한다. 그런데 과학자들이 내리는 결론은 언제나 귀납적으로 위험하다. 과학은 최선의 증거를 통해 합리적으로 결론에 도달하고자 하지만, 100% 확실한 경우는 없다. 그렇다면 결론을 내리기 위해 얼마나 많은 증거가 필요한지 판단해야 하고, 이러한 판단을 위해서는 결론이 잘못될 경우 그것이 끼칠 영향에 대한 고려가 필요하다.

다이옥신과 같은 물질이 암을 유발하는지 여부를 결정하기 위해 쥐를 대상으로 동물실험을 수행한다고 하자. 한 집단에는 다이옥신을 노출시키고 다른 집단에는 노출시키지 않고, 종양 발생에 관해 두 집단을 비교할 것이다. 그런데 얼마나 차이가 나야 다이옥신이 암 발생의 원인이라고 할 수 있을까? 통상적으로 많은 통계 분석은 유의수준 95%를 채택한다. 그런데 꼭 그래야 할 인식적인 이유가 있는 것은 아니다. 90%나 99%, 혹은 99.9%일 수도 있지 않은가. 더글러스는 이와 같이 통계적 유의수준을 결정하거나 충분한 증거를 결정하는 경우, 잘못되었을 때의 결과를 고려할 윤리적 책임이 있다고 주장한다. 오류는 두 가지 방향에서 나타날 수 있다. 하나는 실제로는 해롭지 않은데 실험 결과 해롭다고 판단하는 경우(위양성), 다른 경우는 실제로 해로운데 해롭지 않다고 잘못 판단하는 경우(위음성)이다. 전자의 경우에는 산업체에게 부당한 규제 비용을 부과할 우려가 있고, 후자의 경우 사람들에게 해로운 물질을 노출시킬 우려가 있다. 그렇다면 유의수준의 선택은 산업의 경제적 성장을 촉진할 것인지, 아니면 공중보건의 가치를 더 높이 평가할 것인지 등과 같은 가치 판단과 무관하지 않다. 단지 과학 내적인 인식적 가치가 아닌 가치의 개입이 불가피하다면, 가치중립성의 이상은 유지하기 어렵다.

과학의 가치중립성을 옹호하는 한 방식은 소위 '깨끗한 손 과학, 더러운 손 정책'의 접근을 채택하는 것이다. 과학자들은 이용가능한 증거를 정책결정자들에게 제시하고, 다이옥신이 암을 유발하는지 아닌지의 결론은 정책결정자들이 내리는 것이다. 이 접근이 불가능한 것은 아니지만, 정책결정자들이 과연 복잡한 실험 증거로부터 타당한 결론을 내릴 수 있는지 의심스러운 경우들이 있다는 점을 지적할 필요가 있다. 더 나아가, 증거 자체가 생산되는 여러 단계에서 이미 가치 판단이 개입되었을 수도 있다. 예컨대, 실험 쥐가 실제로 종양을 가졌는지 보기 위해 쥐에서 채취한 조직의 표본을 평가해야 했는데, 이에 대해 병리학자들의 의견이 불일치하는 경우도 존재했다. 해석하기 애매한 표본을 보고 이를 종양을 가진 것으로 해석하는 것은 가치가 개입된 판단이었을 수 있다.

과학과 가치: 소결

쿤은 이론 선택이 알고리듬적 규칙의 적용이 아니라 가치에 의한 선택이라고 주장했지만, 그때의 가치는 정확성, 단순성, 생산성 등의 인식적 가치로 국한되었다. 그러나 과학적 추론과 판단이 단순히 논리 규칙의 적용이나 경험 자료를 넘어선 가치 판단이라면, 비인식적 가치의 개입을 원천적으로 배제하기는 어려울지도 모른다. 그렇지만 과학의 진실성integrity을 위협하고 과학을 타락시키는 형태의 가치 개입과 과학의 객관성을 훼손하지 않으면서 인류의 복리를 증진하는 형태로 가치가 과학에 개입하는 경우를 우리는 구분해야 한다. 새로운 구획 문제 new demarcation problem로 불리는 이러한 문제에 대해 더 많은 토론이 필요할 것이다.

6.3 토머스 쿤의 과학철학 : 평가와 전망

철학자들의 오해

쿤은 스스로를 "철학을 위해 역사로 전향한 물리학자"로 소개했다. 그는 하버드대에서 물리학을 공부하고 박사학위를 받은 물리학자였지만, 한 인터뷰에서 과학지식의 인식론적 차원에 대한 그의 오래된 관심을 드러냈다. 이러한 인식론적 관심은 그를 과학사를 거쳐 철학으로 이끌었다. 쿤의 통찰력 있는 과학 발전 모형과 그것이 촉발한 과학철학의 혁신은, 다른 혁신의 사례들에서 종종 볼 수 있듯이, 외부적 충격이었다. 아리스토텔레스주의가 지배하던 중세 대학의 철학이 대학 밖의 철학자 데카르트에 의해서 커다란 변화를 겪은 것처럼, 철학 외부의 물리학자 출신인 쿤은 당대 주류 과학철학을 혁신하는 데 커다란 공헌을 했다고 볼 수 있다.

이러한 쿤의 철학사적 위치는 쿤의 철학을 정확히 이해하는 데 어려움을 낳았다. 『구조』는 출판 직후 엄청난 반향을 불러일으켰고 '패러다임'과 '패러다임 전환'과 같은 개념을 널리 유행시켰지만, 철학계 내에서는 수많은 반론을 불러일으켰다. 쿤은 자신의 과학철학적 입장에 대한 당대 철학자들의 독해가 잘못된 것임을 강변하면서, 꾸준히 자신의 주장을 해명하고 정교화하고자 했다. 이러한 상황은 부분적으로는 쿤이 공식적 철학 훈련을 받지 않은 데에서도 기인하는데, 실제로 『구조』 1판에서 인용된 철학자는 포퍼와 핸슨 정도였다. 당대의 표준적인 과학관을 비판하려 했다는 책의 야망에 비추어볼 때, 당시 주류 과학철학인 논리경험주의자들의 입장이 면밀하게 검토되지 않았다는 점은 분명하다.

역사와 심리학에 호소하는 쿤의 논의 방식이 합리적 재구성이나 개념의 해명에 치중했던 당대 철학자들의 작업 방식과 달랐다는 점도 주목할 필요가 있다. 쿤의 철학은 20세기 후반에 폭넓게 논의된 자연주의의 선구적인 한 형태로 간주될 수 있다. 철학을 과학과 질적으로 다른 것으로 보는 전통적 입장과 달리, 자연주의자들은 철학을 과학과 연속적인 것으로 파악하고, 사실의 문제와 규범의 문제가 분리될 수 없다고 본다. 그러나, 우리가 앞에서 살펴본 것처럼, 라카토슈는 과학혁명기 과학자들에 대한 쿤의 묘사를 사회심리적인 것으로 간주하면서 그것이 비합리주의로 귀결된다고 비판했다. 포퍼는 쿤이 서술하는 정상 과학자들이 존재한다는 점을 부정하지 않으면서도, 과학의 본질인 비판 정신을 결여한 세뇌받은 자일 뿐이라고 평가절하했다. 파이어아벤트는 쿤이 역사에 대한 서술과 규범적 주장 사이를 왔다 갔다 한다고 불평했다. 그러나 이러한 비판을 받게 된 것은, 역사적 사료와 그 해석에 근거를 두는 쿤의 자연주의적 논법이 당대에 잘 이해받지 못한 데에서 부분적으로 기인한다.

한편, 경쟁하는 패러다임 사이에는 공약불가능성이 성립한다는 주장은 그가 상대주의의 혐의를 받게 된 주된 이유였다. 공약불가능성과 그 혐의를 둘러싼 논쟁이 과학 이론에 사용된 용어들 사이의 의미론적 공약불가능성에 대한 논의로 좁혀지면서, 쿤은 용어의 의미 보존이나 번역과 관련된 언어철학자들의 비판에 직면했고, 이를 해명하기 위해 상당한 노력을 기울여야 했다. 쿤은 패러다임 사이의 공약불가능성을 이론들에 사용된 용어들 사이의 번역불가능성을 통해 해명하고자 하였다. 한편으로는 번역불가능한 용어들의 범위를 한정함으로써 자신의 공약불가능성이 전면적이기보다는 국소적임을 강조하였다. 다른 한편으로, 국소적인 용어들 사이의 번역불가능성이 이론들의 합리적 비교와 의사소통을 원천적으로 봉쇄하지 않음을 보여 주고자 하였다.

번역불가능성의 상대주의적 함의를 피하기 위해, 쿤은 의미의 손실 없이 한 이론의 용어를 다른 이론의 용어로 일대일로 옮기는 것(즉, 기계적인 번역)과 그보다 넓은 의미의 해석을 구분하고, 자신이 말하는 번역은 전자에 속한다고 주장하였다. 이는 공약불가능한 이론에 종사하는 과학자들은 일대일 번역이 불가능한 상황에서도, 상대 이론의 용어들을 새로 학습하거나 적절히 해석함으로써 제한적인 의사소통을 할 수 있고 더 나아가 이론들을 합리적으로 비교할 수 있는 가능성을 확보하기 위함이었다. 쿤은 종종 자신이 아리스토텔레스의 자연학 문헌을 읽었던 경험을 술회했다. 20세기 언어를 사용하는, 그리고 현대 물리학 지식으로 무장한 그는 과거 문헌에서 서술하는 자연의 작동 방식을 이해할 수 없었다. 그러나 그는 도저히 이해되지 않는 그 문헌이 어느 순간 이해되었다고 회상한다. 마치 아리스토텔레스주의자들이 세계를 이해하는 방식과 같은 방식으로 그는 세계를 이해하게 된 것이다. 이는 고대 문헌의 용어들을 일대일로 현대 물리학의 언어로 옮긴 것이 아니다. 마치 인류학자가 미지의 종족을 탐험하듯이, 과거 문헌이 쓰인 언어를 새롭게 배워 이중언어자가 된 것이다. 그는 현대 물리학의 언어와 고대 자연학의 언어를 모두 습득한 것이다. 기계적 번역의 어려움은 해석과 언어 학습의 가능성을 배제하지 않는다. 쿤은 자신이 아리스토텔

레스를 읽고 이해했던 경험에서 얼핏 발견한 공약불가능성을 통해 과
학혁명을 특징지으려 했던 것이다.

쿤과 사회구성주의

쿤은 과학사와 철학 분야를 넘어 사회과학 분야에 커다란 영향을 미
쳤지만, 특히 과학지식을 연구주제로 삼는 과학지식사회학 Sociology of
Scientific Knowledge, 그중에서도 스트롱 프로그램 Strong Programme에 큰 영
향을 미쳤다. 쿤의 핵심적인 주장 가운데 하나는 과학자들이 명시적이
든 암묵적이든 정해진 규칙을 따르는 방식으로 과학적 판단을 내리지
않는다는 점이다. 과학자들은 패러다임의 모범 사례들이 보여 주는 추
론과 문제 해결 방법을 따라 새로운 문제들을 발견하고 해결을 시도하
며, 또 제안된 해결책들을 평가한다. 정상과학 시기에는 이러한 방식의
탐구 활동이 강하게 제약되어 있지만, 혁명기에는 제약이 느슨해지기
마련이고 이에 따라 과학자들은 자신이 받은 훈련, 이력, 기질 등에 따
라서 서로 다른 판단에 도달할 수 있다. 앞 절에서 우리는 과학자들의
판단에 여러 가치가 영향을 미친 사례들을 언급한 바 있다. 케플러가
코페르니쿠스 체계를 수용하는 데 그의 태양숭배 사상이 영향을 미쳤
고, 독일의 낭만주의 자연철학은 에너지 보존 법칙의 발견에 영향을 끼
쳤다. 또는 영국 빅토리아 시대의 경쟁적인 사회적 환경이 다윈주의의
수용을 가능케 했다는 점도 쿤은 지적한다.

과학 외부의 사회적, 정치적 요인이 과학 논쟁에 영향을 미친다면,
그러한 영향을 탐구하는 과학에 대한 새로운 방식의 연구가 가능할 것
이다. 과학지식에 대한 사회구성주의는 외부적 영향이 과학적 논쟁에
개입할 뿐 아니라 논쟁에서 승리하여 받아들여진 이론의 내용을 결정
한다는 입장으로 나아갔는데, 쿤의 통찰은 사회구성주의자들에게 있어

핵심적인 것이었다. 쿤에 따르면, 경험적 증거는 패러다임 선택을 결정하기에 불충분하다. 즉, 증거는 경쟁하는 이론 가운데 하나를 집어낼 수 없다. 철학자들은 이를 증거에 의한 이론의 미결정성이라고 부른다. 쿤은 과학자들이 공유된 가치들에 의해서 판단을 내린다고 보지만, 그 역시 한 이론이 올바르다는 합의를 이끌어 내는 데 충분치 않다. 그러나 실제로 과학에서의 이론 간 논쟁은 영원히 지속되지 않으며 대체로 일정 시기를 지나면 종결된다. 그렇다면 논쟁을 종결하고 과학자들이 합의에 이르게 하는 다른 요인이 있어야 한다. 즉, 외적인 요인들이 과학 이론의 내용을 결정하는 것이다.

과학자들과 그를 둘러싼 사회구성원들 사이의 이해관계나 권력 관계, 그리고 이를 중재하기 위한 협상이 실험이나 이론의 내용을 결정한다는 견해를 쿤은 받아들이지 않았다. 쿤이 보기에, 과학적 발견을 결정하는 주된 요인은 과학 내부에서 찾아야 했다. 외적 과학사는 과학적 변화의 원인을 사회적, 정치적, 종교적 측면에서 찾고자 하지만, 쿤은 자신의 작업을 내적 과학사pretty straight internalist에 위치시켰다. 이는 이론 선택이 가치 판단이라고 보면서도 그가 인식적 가치로만 논의를 한정했던 점에서도 잘 드러난다. 물론 그와 같은 가치들을 적용하는 데 개별 과학자들은 다양한 주관적 요소의 영향을 받지만, 그 주관성은 대개 과학이라는 제도 내에서 의미를 갖는 것들이다. 예컨대, 이론 선택에 대한 쿤의 이론에서 개인의 기질이 어떤 이론을 채택할지 영향을 미친다고 할 때, 그것은 위험을 감수하고 새로운 이론을 대담하게 채택할지 아니면 더 신중하게 접근할지의 차이를 말한다. 과학자로서의 명성이 영향을 끼친다고 할 때, 그것은 주로 과학자 공동체 내부에서 동료들로부터 받는 인정을 말한다. 개별 과학자들이 다양한 주관적 요인과 가치의 영향을 받는다고 할지라도, 과학 연구와 판단의 주체는 과학자 공동체라는 점도 간과하지 말아야 한다. 개별 과학자들의 의견들이 조금씩 다를 수 있지만, 과학자 공동체의 집단적 판단을 수렴한다. 이는 과학을 진리 추구 활동으로 보는 전통적 견해와 결이 다르지만, 그렇다고 외적인 요소에 의해 과학의 내용이 결정된다는 주장은 쿤의 의도와 거리가 멀다.

쿤과 사회구성주의의 또 다른 차이는 상대주의에 대한 태도에서 찾아볼 수 있다. 사회구성주의자들은 스스로 상대주의를 자처했을 뿐 아니라 쿤의 이론이 분명한 상대주의적 함의를 가진 것으로 보았다. 반면, 쿤은 상대주의의 혐의를 지속적으로 부인했다. 상대주의는 악명 높은 개념이며, 무엇에 대한 어떠한 상대주의인지를 정의하지 않으면 논의가 공전하기 쉽다. 따라서 상대주의를 둘러싼 양자 사이의 유사성과 차이점을 드러내기 위해, 철학자 사이델Markus Seidel이 정리한 인식적 상대주의를 채택해 보자. 그에 따르면, 인식적 상대주의는 네 가지 논제에 의해 정의될 수 있다.

- 합리적 의견 불일치faultless disagreement : 상이한 인식 체계나 기준을 사용하는 사람들은 어떤 믿음이 인식적으로 정당한지 아닌지에 대해서 합리적으로 다른 의견을 가질 수 있다.
- 초월성 반대non-transcendency : 믿음은 언제나 특정 인식 체계에 대해서만 정당화될 수 있다.
- 인식적 다원성epistemic plurality : 합리적 의견 불일치가 허용되는 상이한 인식 체계를 사람들이 사용하고 있다.
- 메타정당화 불가능성non-metajustifiability : 합리적 논증을 통해 자신의 인식 체계가 다른 체계보다 더 우월함을 보이는 것은 불가능하다.

　사회구성주의는 이러한 네 가지 논제를 모두 수용한다는 의미에서 인식적 상대주의에 해당한다. 서로 다른 과학자들은 상이한 인식 체계 하에서 연구하고, 어떤 실험 결과나 이론적 주장은 특정한 인식 체계하에서만 정당화될 수 있으며, 동일한 주장이더라도 그것이 정당화되는지 여부는 그가 어떤 인식 체계를 가지고 있는지에 따라 달라진다. 그런데 이러한 주장은 쿤에게서도 발견되는 것 아닌가? 패러다임이 하나의 인식 체계라고 할 때, 특정한 발견은 패러다임에 대해서만 정당화될 수 있고, 과학자들은 종종 서로 다른 패러다임에 종사하며, 상이한 패러다임에 종사하는 연구자들은 어떤 주장의 정당성에 대해 다른 판단을 내릴 수 있다. 그렇다면 쿤은 인식적 상대주의의 여러 요소들을 지니고 있는 셈이다. 다만, 쿤이 네 번째 요소인 메타정당화 불가능성에 대해 어떤 태도를 취했는지는 조금 더 따져 볼 필요가 있다.

　『구조』에서 쿤은 과학자 공동체의 집단적인 판단을 초월하는 독립적인 기준이 없고, 오직 자신의 패러다임이 제시하는 기준에 의해서만 다른 패러다임의 주장들을 평가할 수밖에 없다고 주장한 바 있다. 반면, 『구조』의 다른 부분에서는 (그리고 이후의 논문들에서) 패러다임이 가진 전반적인 문제 풀이 능력에 호소하며 사실상 여러 패러다임을 관통하는 기준을 과학자 공동체의 성격과 관련지어 언급하고 있다. 즉, 과학자 공동체란 이론과 자연의 일치를 추구하고 이를 통해 해결되는 문제의 수와 정확도를 증진하는 활동에 전념하는 단위이고, 바로 이것이 과학을 규정하는 근본적인 가치들이다. 그와 같은 가치를 가지지 않는 활동은 과학이 될 수 없다. 『구조』 이후 쿤은 상대주의에 반대한다는 점을 분명히 하면서, 우리가 앞서 살펴본 가치에 의한 이론 선택을 명료하게 제시하고자 하였다. 비록 공유된 가치들이 경직된 규칙으로서 적용되는 것은 아니지만 이는 한 패러다임이 다른 패러다임보다 우월함을 보이는 기준으로서 작동할 수 있다. 따라서 쿤은 메타정당화의 가능성을 허용하고 있고, 사회구성주의자들과는 이 점에서 차별화된다.

남겨진 유산, 쿤 사상의 발전, 그리고 전망

쿤은 우리에게 어떤 철학적 유산을 남겼나? 그는 무엇보다 과학철학의 역사적 전환을 이끈 인물이었다. 쿤은 과학철학이 실제로 실행되는 과학의 모습과 과학의 역사적 발전 과정으로부터 괴리되지 않아야 함을 알려 주었다. 그에게 과학은 완성된 지식이 아니라 하나의 역사적으로 전개되어 온 활동이었다. 이 과정에서 쿤은 과학을 공동체에 기반한 집단적 탐구 활동으로 파악했다. 개인 과학자의 영웅적인 발견이나 이론에 대한 논리적 정당화에 치중했던 과거 철학자들과 달리, 쿤은 근대 과학이란 합의에 기반한 공동체적 연구 활동이라는 점을 강조했다. 과학자 공동체는 자연에 대한 문제들을 해결하는 가장 효과적인 단위였고, 과학적 합리성의 담지자는 곧 과학자 공동체였다. 또한, 쿤은 입증이나 반증처럼 자료와 논리에만 의존하여 이론이 합리적으로 선택될 수 없음을 보여 주었다. 규칙에 기반한 이론 선택이란 실제 과학사의 사례에 부합하지 않으며, 실제로 과학자들의 판단은 가치에 근거하여 이루어진다는 통찰을 제시하였다. 일부 연구자는 쿤을 따르는 학파가 없고 쿤에게서 철학으로 박사학위를 받은 제자가 없다는 점에서 쿤의 철학적 유산을 평가절하하기도 하지만, 쿤의 저술들은 우리가 과학철학 연구를 수행하는 방식을 영구적으로 변형시켰다고 해도 과언이 아닐 것이다. 쿤 이후의 철학은 그전과 같을 수 없다.

동시에, 쿤의 과학사상이 그 나름의 한계를 지녔다는 점도 지적할 필요가 있겠다. 가장 주요하게는 세 가지를 언급할 수 있다. 첫째는 소위 "세계 변화 논제"의 해석에 관한 것이고, 둘째는 패러다임에 기반한 과학 활동에 대한 더 충실한 자연주의적 해명과 관련된 것이고, 끝으로 쿤의 과학 발전 모형이 적용되는 범위에 관한 것이다.

첫째, 세계 변화 논제란 과학혁명 시 단지 과학자들이 연구를 수행하는 방식이 변화할 뿐 아니라 그들이 연구하는 세계가 변화한다는 쿤의 주장을 말한다. 한편으로 쿤은 "패러다임이 변화할 때에 세계 그 자체도 더불어 변화한다고 주장하고 싶어질 것이다"[3]라고 주장하면서도, 다른 한편으로 "세계가 패러다임의 변화와 더불어서 변화하지는 않지만, 그 이후 과학자들은 이전과는 다른 세계에서 연구 활동을 하게 된다는 것이다"[4]라고 주장한다. 쿤은 과학혁명 시 과학자들이 동일한 세계를 다르게 해석하는 것이 아니라 다른 세계를 경험하게 된다는 점을 강조한다. 그에 따르면, "새로운 패러다임을 채택한 과학자는 해석자이기보다는 차라리 거꾸로 보는 렌즈를 낀 사람과 비슷하다. 이전과 똑같은 무수한 대상들을 마주 대하고 그렇게 변함없는 대상을 보고 있다는 것을 알면서도, 과학자는 대상들의 세부적인 것의 여기저기에서 속속들이 그 대상들이 변형되었음을 깨닫게 된다."[5]

세계는 혁명과 더불어 변화하는가, 아니면 변하지 않는가? 만일 변화한다면, 그 세계란 무엇을 의미하는가? 이러한 까다로운 물음에 대한 한 가지 답변은 쿤의 철학을 칸트주의 철학에 접목함으로써 얻어질 수 있었다. 독일의 철학자 폴 호이닝엔-휘네는 그의 저서 『과학혁명을 재구성하기』에서, 칸트적인 두 세계 이론을 채택한다. 칸트적인 의미에서 세계 자체는 불변하지만 과학자들이 경험하고 상호작용하는 현상

3　토머스 쿤, 『과학혁명의 구조』, 김명자, 홍성욱 옮김, 까치글방, 2013, 209쪽. (SSR p. 111.)

4　위의 책, 223쪽. (SSR p. 121)

5　위의 책, 223쪽. (SSR pp. 121-122.)

세계는 변화한다는 것이다. 현상 세계는 마음-독립적으로 주어지는 세계가 아니라 객관적 계기와 주관적 계기가 결합하여 구성되는 것이다. 과학자들의 관찰 경험이 패러다임에 따라 좌우된다면, 패러다임의 변화와 더불어 그들의 관찰 경험이 달라지고, 그 총체인 현상 세계도 변화할 것이다. 그렇지만 불변하는 세계 자체가 여전히 존재한다고도 말할 수 있다. 따라서 이러한 해석에 따르면, 패러다임 변화와 더불어 세계 자체가 변화하는 것은 아니지만 과학자들의 현상 세계는 변화한다.

쿤의 이론에서 취약하다고 지적되는 또 다른 대목은 그의 패러다임 이론에 대한 충실한 해명의 부족이다. 물론, 패러다임 개념이 복수로 사용되고 있다는 지적 이후, 쿤은 과학자들이 채택한 모범적인 문제와 그 해결책들의 모임인 범례들이 패러다임의 가장 기초적인 용법이라는 해명을 제시했다. 그리고 어린아이가 명시적인 규칙이 없이도 물새들을 오리, 백조, 거위 등으로 구분하는 법을 배우듯, 과학자들이 명시적인 규칙, 정의, 원리 없이도 대상들을 분류하고 개념화할 수 있다고 주장했다. 그러나 이러한 주장은 대체로 사변적이거나 일상적 사례들에 국한되어 있었다. 규칙 없이 사례들과 그들 사이의 유사성을 바탕으로 개념 체계를 확립하고 이것이 동료들과 후대에 전승되는 과정에 대한 세밀한 그림을 제시하지 못했던 것이다.

이것이 왜 쿤의 이론에서 약점인가? 쿤은 사례에 기반한 패러다임의 형성과 전승 과정을 당시 컴퓨터 시뮬레이션을 통해 구현하고자 했으나, 결국 성공하지 못했다. 당대 인공지능의 주된 흐름은 규칙기반이어서 쿤이 시도하려던 사례 기반의 프로그램과 잘 맞지 않았고, 개념 학습과 범주화에 대한 경험심리학의 연구도 1970년대 이후로 활발히 연구되기 시작했다. 쿤은 말년까지 심리학자들과 교류하면서 자신의 공약불가능성 문제를 해명하는 데 심리학적 자원을 활용하고자 했지만,

그것이 완성된 형태로 제시되지는 못했다. 1980년대와 90년대 이후, 몇몇 철학자들은 개념 학습, 사례 기반 추론, 유비 추론, 모형과 모델링 등에 대한 발전된 심리학과 인지과학의 자원들을 활용할 수 있게 되었다. 예컨대, 앤더슨, 바커, 첸의 공동연구는 개념에 대한 동적 프레임 이론을 채택하여, 사물에 대한 과학자들의 개념화와 그것의 변화 과정에 관한 미시적 분석을 제안하였고, 철학자 니클스는 쿤의 패러다임 이론을 사례기반 추론을 통해 더 정교화하고자 했다. 이와 같이, 후대의 철학자들은 패러다임에 기반한 과학 활동이라는 쿤의 통찰을 더 구체적인 수준에서 해명하는 방안들을 제시하였다.

끝으로, 『구조』 4판의 서문에서 철학자 이언 해킹도 지적했듯이, 패러다임에 기반한 정상과학과 패러다임 전환으로서의 과학혁명이라는 쿤의 과학 발전 모형은 물리과학에 기반한 것으로 보인다. 쿤은 천문학, 역학, 화학에서 다양한 역사적 사례들을 활용했고, 그 자신이 근대 천문학 혁명, 양자 혁명 등에 관한 전문적인 연구를 수행했다. 반면, 통상 혁명적으로 여겨졌던 DNA의 이중나선 구조의 발견이나 분자생물학의 발전에 관해 쿤 자신은 거의 언급하지 않았다. 쿤의 모형이 생명과학의 발전 과정을 잘 설명하는지도 논란거리이다. 저명한 생물학자이면서 동시에 생물학의 역사와 철학에도 관심을 가져온 에른스트 마이어는 생물학에는 쿤이 묘사한 것과 같은 방식의 혁명이 존재하지 않았고, 생물학의 진보는 혁명을 통한 진보가 아니었다고 주장하였다. 예컨대, 1953년 DNA 이중나선 구조의 발견은 혁명적이었고 분자 생물학 혁명을 촉발했다고 볼 수 있지만, 그러한 발견이 기존 패러다임에서 포섭되지 않는 변칙 사례로서 등장했다고 보기 어렵고, DNA 구조의 발견으로 인해 기존 패러다임과 공약불가능한 새로운 패러다임이 등장했다고 보기도 어렵다. 1953년 발견은 생물학의 실천을 급진적으로 변화시켰지만, 쿤의 과학 발전 모형이 그러한 사례에 어떻게 적용될 수 있는지는 분명치 않다. 쿤에게서 영향을 받은 철학자 필립 키처Phillip Kitcher는 고전 유전학과 분자 유전학이 특정한 언어를 가지고, 고유한 물음들을 묻고, 그 물음에 답하기 위해 고유한 추론 패턴을 활용하는 하나의 실천으로 파악할 것을 제안하기도 하였다. 패러다임 이론이나 그에서 영향을 받은 실천 시스템 이론을 통해 물리과학뿐 아니라 생물학을 포함한 다양한 과학적 활동이 잘 설명될 수 있는지는 각 사례 별로 검토가 필요할 것이다.

쿤의 철학을 대상으로 하는 철학사 연구들도 활발히 연구되고 있다. 철학 외부의 물리학자가 과학철학의 혁신을 가져왔다면, 쿤의 사상적 기원은 무엇이고, 그가 자신의 이론을 발전시키는 데 영향을 끼친 철학자들은 누구였을까? 알렉산더 코이레와 같은 지성사학자들의 과학사 연구들이 끼친 영향이 잘 알려져 있고, 쿤이 심리학자 장 삐아제나 지각심리학자 제롬 브루너 등의 연구들에서 받은 영향들도 엿볼 수 있다. 쿤이 루트비히 플렉으로부터 받은 영향에 관해서도 연구되고 있다. 쿤은 『구조』의 서문에서 당시 영미권에 잘 알려져 있지 않던 플렉의 『과학적 사실의 생성과 발전』을 언급하였고, 나중에는 그 책의 영역판의 서문을 쓰기도 했는데, 플렉의 사고집단이나 사고스타일은 쿤의 과학자 공동체와 패러다임 개념에 영향을 미친 것으로 보인다. 쿤이 얼마만큼 비트겐슈타인의 영향을 받았는지도 궁금한 사항인데, 캘리포니아 대학 버클리 캠퍼스에 재직하던 시절 동료 철학자였던 스탠리 카벨을 통해 비트겐슈타인의 철학에 깊은 영향을 받았음을 시사하는 근거들이 있다. 예컨대, 『구조』의 핵심 내용이 담겨 있던 로월 강연Lowell Lecture에서는 쿤이 비트겐슈타인을 언급하지 않았다는 점, 비트겐슈타인의 가족유사성 개념을 도입하고 활용하는 『구조』의 5장이 가장 뒤늦게 쓰였고, 바로 그때 쿤이 버클리에 있었다는 점 등이 언급될 수 있다. 또한, 물리학자였던 쿤을 과학사를 강의하는 하버드대 강사로 발탁했던 제임스 코넌트 총장의 영향도 검토될 필요가 있으며, 실제로 상당한 유사성을 가진 것으로 볼 증거들이 제출되고 있다. 물론 이러한 철학사적 연구들이 쿤의 과학철학적 주장에 대한 정당화를 제공하지는 못할 것이다. 그러나 쿤이 자신의 주장을 제기하고 전개해 나간 배경을 이해함으로써 쿤에 대한, 그리고 과학혁명에 대한 우리의 이해는 더 넓어질 수 있을 것이다.

더 읽을거리

쿤의 저술

토머스 쿤 지음, 『과학혁명의 구조』 출간 50주년 기념 제4판, 김명자, 홍성욱 옮김, 까치글방, 2013. *The Structure of Scientific Revolutions*, 50th Anniversary ed., The Univ. of Chicago Press, 2012.

토머스 쿤 지음, 『코페르니쿠스 혁명』, 정동욱 옮김, 지식을만드는지식, 2016. *The Copernican Revolution: Planetary Astronomy in the Development of Western Thought*, Harvard University Press, 1992.

Kuhn, Thomas S., *The Essential Tension: Selected Studies in Scientific Tradition and Changes*, The Univ. of Chicago Press, 1977.

Kuhn, Thomas S., *The Road since Structure: Philosophical Essays, 1970–1993*, with an Autobiographical Interview, ed. by J. Conant & J. Haugeland, Chicago: The Univ. of Chicago Press, 2000.

쿤에 관한 연구서

조인래, 『토머스 쿤의 과학철학: 쟁점과 전망』, 소화, 2018.

천현득, 『토머스 쿤, 미완의 혁명: 역사주의자의 언어적 전회와 자연주의적 재구성』, 서울대학교출판문화원, 2023.

Wray, K. B. (ed)., *Interpreting Kuhn: Critical Essays*, Cambridge University Press, 2021.

Bird, Alexander., *Thomas Kuhn*: Princeton University Press, 2001.

Hoyningen-Huene, P., *Reconstructing Scientific Revolutions: Thomas S. Kuhn's Philosophy of Science*, University of Chicago Press, 1993.

1장

A. F. 찰머스 지음, 신중섭, 이상원 옮김, 『과학이란 무엇인가?』, 서광사, 2003.

이영의, 최원배, 여영서, 박일호, 『입증』, 서광사, 2018.

조인래, 박은진, 김유신, 이봉재, 신중섭, 『현대 과학철학의 문제들』, 아르케, 2018.

칼 포퍼 지음, 『과학적 발견의 논리』, 박우석 옮김, 고려원, 1994.

https://plato.stanford.edu/ENTRIES/thomas-kuhn/

2장

Kuhn, Thomas S., "Logic of Discovery or Psychology of Research?" in *The Philosophy of Karl Popper*, ed. by P. A. Schilpp, Open Court, 1974, pp. 798-819.

Kuhn, Thomas S., "The Natural and the Human Sciences" in *The Road Since Structure*, ed. by James Conant and John Haugeland, University of Chicago Press, 2000, pp. 216-223.

3장

Thagard, P., *Conceptual Revolutions*, Princeton: Princeton Univ. Press, 1992.

Leicester, Henry M. (1956), *The Historical Background of Chemistry*, Dover, 1971.

https://en.wikipedia.org/wiki/Leyden_jar.

https://en.wikipedia.org/wiki/Antoine_Lavoisier.

4장

이정민, "쿤의 세계 변화-해석과 재구성", 『과학철학』 제25권 제1호. 한국과학철학회, 2022.

https://plato.stanford.edu/entries/scientific-revolutions/

5장

장하석 지음, 『물은 H_2O인가?』, 전대호 옮김, 김영사, 2022. *Is Water H_2O? Evidence, Realism and Pluralism*, Springer, 2012.

6장

임레 라카토스 지음, 『과학적 연구 프로그램의 방법론』, 신중섭 옮김, 아카넷, 2002. The J. Worrall and G. Currie (eds)., *Methodology of Scientific Research Programmes (Philosophical Papers: Volume 1)*, Cambridge University Press, 1978.

이중원, 홍성욱 엮음, 『과학과 가치: 테크노사이언스에서 코스모테크닉스로』, 이음, 2023.